二〇二四年　安居次講

『西方指南抄』序説

山田恵文

開講の辞

この度、山命をこうむり、二〇二四年度の安居次講を務めさせて頂くこととなった。貴重な機会を頂いたことに感謝するとともに、安居の伝統を思うと、責務の重さを痛切に感じる次第である。懸席の皆様とともに、『西方指南抄』を拝読し、その務めを果たしていきたいと願うことである。

『西方指南抄』は、親鸞聖人が執筆した法然上人に関わる遺文の集成である。その中には、法然上人の法語、伝記、消息など全部で二十八篇の資料が収められている。現存最古の法然上人の遺文集であり、法然研究において貴重な遺文集であることはもちろんのこと、これを親鸞聖人が執筆しているということにおいて、親鸞研究における重要な文献であることは言うまでもない。しかしながら、本書は聖人執筆の諸本の中でも、拝読する機会の少ない聖教の一つであるのではないだろうか。この度の安居では、本書が有する特色と課題とを確かめた上で、親鸞聖人の法然観を窺うことができる書として、拝読していきたいと考えている。

まずは、本書の形態を確かめ、本書成立の背景を尋ねることから始めていきたい。親鸞聖人は八十四歳から八十五歳の初めにかけての数ヶ月の間に、『西方指南抄』全六冊を執筆している。その執筆に先立つこと、八十四歳時の五月に聖人は子息善鸞を義絶している。本書執筆の背景を尋ねるには、当然、この善鸞事件を視野に入れるべきであろう。

本書の表紙には、「釈真仏」と記されているように、関東の門弟真仏に与えた書であることが判明している。本文は整然と筆記されており、漢字には振り仮名が丁寧に付され、適宜左訓が施されている。また、朱筆で区切点が打たれ、漢文には訓点が付されて読み下しができるようになっている。いずれも門弟たちが読むことを想定しての細やかな配慮である。このような本書の形態は、本書が教化という課題のもと、執筆されたことを物語っている。善鸞事件による混乱を背景として、聖人は法然上人に関する資料を門弟たちに託し、法然上人の教えと姿とを伝えようとしたものと思われる。

また、善鸞を義絶するという深い悲しみの中で、法然上人に関わる大部の資料を執筆したことは、聖人にとって、大きな意味を持つ営みであったと思われる。その執筆後まもなく、「うれしさにかきつけまいらせたるなり」と『正像末法和讃』（草稿本）に書きつけられた夢告和讃との繋がりも無視できないと考えている。

本書の内容に目を向けると、親鸞聖人の手によると想定される編集の形跡が種々見られることに注目できる。原資料から一部省略して収録されている資料がいくつかあるが、その中でも上巻に収録されている「法然聖人御説法事」は異本との比較を通して大部の省略があることが、先学によって指摘されてきた。聖人は省略という手法で、法然上人の説法の主意を明らかにして門弟たちに伝えようとしているのである。今回、異本である『漢語灯録』所収「逆修説法」との校異を行うことで明らかになったことを踏まえ、「法然聖人御説法事」を拝読し、親鸞聖人による法然上人の教えの受け止めを確かめてみたいと思う。

また、『西方指南抄』には、法然上人の本地が勢至菩薩であると讃える資料が複数収められている。親鸞聖人自身も、その著作の中で法然上人を勢至菩薩の化身と讃えている。親鸞聖人がどのような意味で法然上人を勢至菩薩と讃仰しているのかを尋ね、聖人の法然観を確かめていきたいと思う。

親鸞聖人が、法然上人を「よきひと」と仰ぎ、師から受けた本願念仏の教えを拠り所として生きた仏教者であることは、『歎異抄』第二条に伝える言葉からよく知られていることである。また、年時が記されたものとして最後の消息である『末燈鈔』第六通には、法然上人の言葉とともに、吉水時代に見た上人の姿を記し、「いまにいたるまで、おもいあわせられ候うなり」と述懐している。このように、親鸞聖人の著作や言説の至る所に、法然上人を憶う親鸞聖人の姿が窺える。聖人は吉水での出遇いを原点として、法然上人の教えと姿とを憶念して生きた仏教者であると確かめることができる。

この度、拝読する『西方指南抄』は、まさに親鸞聖人が法然上人の教えと姿とに集中的に向き合って成立した書であると言うことができるであろう。親鸞聖人の著作はいずれも、聖人による聞思の書であると言うことができるが、とりわけ『西方指南抄』に関して言えば、法然上人の遺文集であるが故に、師教聞思の書と位置づけることが可能であると思うことである。

この度の機会に、懸席の皆様とともに本書を拝読し、師の教えと姿とに向き合う親鸞聖人に、少しでも近づくことができればと願うことである。

二〇二四年七月十七日

山田　恵文

目次

凡　例

・『西方指南抄』の引用は、『定本親鸞聖人全集』第五巻輯録篇（法藏館）を用いたが、影印と照らして明らかに誤りと思われる箇所は筆者が訂正して掲載した。
・漢文資料（『西方指南抄』では漢文部分）は書き下した。
・旧漢字は現行通行体に、旧仮名遣いは現代仮名遣いとした。また、片仮名は平仮名に改め、濁点句読点を補った。
・引用資料内の割註は、〔　〕内に記した。
・人名の敬称は省略した。
・書名は左記の通りに略記した。

『定本親鸞聖人全集』…『定親全』
『親鸞聖人真蹟集成』…『真蹟集成』
『真宗聖教全書』…『真聖全』
『昭和新修法然上人全集』…『昭法全』
『大正新脩大蔵経』…『大正蔵』

第一章　『西方指南抄』概説

『西方指南抄』は、親鸞自筆本が三巻六冊（上・中・下の三巻がそれぞれ本・末に分かれている。以下、各冊を上本、上末、中本、中末、下本、下末と表記する）の形態で真宗高田派本山専修寺に蔵せられている。昭和三十二年（一九五七）に、『定本親鸞聖人全集』第五巻（法藏館）において、本文全体の翻刻が初めて公開され、また、昭和四十八年（一九七三）に、その影印が『親鸞聖人真蹟集成』第五巻・第六巻（法藏館）にて公開され、その全容が明らかとなった。近年では、親鸞聖人七五〇回御遠忌記念事業として、カラー影印版（同朋舎メディアプラン・二〇一二年）が刊行され、親鸞による朱筆も明確に確認ができ、今日の研究者に資するものとなっている。

また、真筆本を真仏と顕智とが書写した本（以下、直弟本と記す）が同じく専修寺に伝わっており、これも『影印高田古典』第五巻・第六巻（真宗高田派教学院・二〇〇八年）にて公開されている。この直弟本は、真筆本の成立を考証する上で重要な情報を種々提供している。

本章ではまず、先学の研究成果を踏まえながら、真筆本の形態、成立問題、収録資料の構成を確認

し、様々な編集の形跡が見られるなど、本書の特色と検討すべき課題を明らかにすることとしたい。(1)

第一節　書誌情報

(一) 表紙・内題・尾題

各冊の表紙・内題・尾題は次の通りである。

	表紙（外題・袖書）	内題	尾題
上本	なし	西方指南抄　上本	なし
上末	西方指南抄　上末　釈真仏	なし	なし
中本	西方指南抄　中本　釈真仏	西方指南抄　中本	なし
中末	西方指南抄　中末　釈真仏	なし	西方指南抄　中
下本	西方指南抄　下本　釈真仏	西方指南抄　下本	なし
下末	西方指南抄	なし	なし

傍線部は、親鸞筆と認められている箇所であり、それ以外は別筆である。以下、影印から判明する特徴をそれぞれ掲げておくこととする。

1、表紙について

本書は江戸時代の修理による装幀が施されており、旧表紙は各冊冒頭に綴じ込まれている。上末と下末の表紙は本文と同じ料紙が用いられており、そこに記された外題と袖書は親鸞の真筆と認められ、それ以外は室町時代の別筆と見られている(2)。上末に親鸞の手により「釈真仏」と記されていることから、本書は真仏に与えられた書であると考えられている。また、下末の袖書は剥ぎ取られた跡が残る。

2、内題について

上本の内題「西方指南抄　上本」の「上」は何らかの字を抹消して上書されている。抹消された字は、先学により「曰」「中」「甲」と推定されており(3)、これは本書の成立に関わる重要な情報となっている。

内題に関して特に注目すべきは、上中下の三巻とも、それぞれ本巻にはあり、末巻にはないことである。また、中本の「本」の字は周辺の字と比較して明らかに墨が濃く、追筆されたものと見られている(4)。これらの特徴は後に述べるように、本書の成立を検討するに当たり重要な情報を提供していると考えるものである。

3、尾題について

尾題は中末のみに見られ、「西方指南抄 中」と親鸞によって書かれている。「中末」と記さず「中」とのみ書かれていることも、同じく成立に関わる情報を提供していると考える。

(二) 本文について

本書は縦二十八・二糎×横十八・二糎の袋綴の形態であり、六冊とも本文全体が親鸞の筆による。(5) 本文は原則六行書きで整然と書かれている。各収録資料の末尾は六行で収まるとは限らないので二行書きで終わるところなどはあるが、その末尾を除くと、わずかながら各冊毎に数カ所、五行書き、七行書きで記されているところが散見される。

本文中の漢字には、親鸞により丁寧に振り仮名が付され、言葉の意味を伝える左訓も適宜施されている。また、区切点が朱筆で打たれ、引用漢文には、読み仮名、送り仮名、返り点が同じく朱筆で記されている。(6) このように、門弟に読まれることを想定して、親鸞による様々な配慮が窺えるところに本書の大きな特徴がある。

奥書については、次節において別途取り上げることとする。

第二節　奥書の問題

（一）奥書の情報

奥書は書物の成立状況を伝える重要な情報である。『西方指南抄』は六冊すべてに親鸞による奥書が記載されている。

上本　康元元（ママ 二）丁巳正月二日書之　愚禿親鸞〔八十五歳〕

上末　康元元年〔丙辰〕十月十三日　愚禿親鸞〔八十四歳〕書之

康元二歳正月一日校之　＊朱筆

中本　康元元（ママ 二）丁巳正月二日　愚禿親鸞〔八十五歳〕校了　＊朱筆

愚禿親鸞〔八十五歳〕書之　＊別丁[7]

中末　康元元年〔丙辰〕十月十四日　愚禿親鸞〔八十四歳〕書写之

下本　康元元丙辰十月卅日書之　愚禿親鸞〔八十四歳〕

下末　康元元丙辰十一月八日　愚禿親鸞〔八十四歳〕書之

以上のように、六冊すべてに親鸞が執筆または校合を完了した年時が詳しく記されている。時系列で述べれば、上末が康元元年（一二五六）の十月十三日、中末が翌日の十月十四日に書かれ、下本が十月三十日に、下末が十一月八日に書かれたことになる。その後、年が明けて康元二年（一二五七）の一月二日、上本の執筆を完了している。その他、前日の一月一日に上末の校合を完了したこと、一月二日に中本の校合を完了したことが、朱筆で記されている。

このように奥書の情報は、親鸞が八十四歳の十月から十一月にかけて集中的に、上末・中末・下本・下末を執筆したこと、そして、翌年の正月一日と二日にかけて、上本・上末・中本の執筆と校合を行ったことを伝えている。つまり、この奥書は、『西方指南抄』は上巻より順番に成立した書物ではないということを物語っているのである。更には、上末と中末の成立が一日違いであるということ、また、上本の執筆と、上末と中本の校合とが、正月一日と二日に合わせて行われているという事実も、にわかには理解しがたいことである。

この不可解な奥書をどのように理解するかが、これまでの『西方指南抄』研究の中心課題の一つとなり、本書の成立を語る際の判断材料となってきた。今ここでは研究者に大きな影響を与えてきた浅野教信の分冊説を紹介しておきたい。

(二) 分冊説

浅野は親鸞編集説の立場から、次のように述べる。

聖人にあっては、初めにわりつけされざる個々の資料が手もとにあって、初めは三冊の予定ではなかったかと考えられるのである。そして上巻・中巻は共に筆を進められたために、康元元年丙辰十月十三日（上末）・康元元年丙辰十月十四日（中末）という一日の差ができたと考えられるのである。上本と中本の朱書との「康元丁巳正月二日」とある同日奥書と、上末の「康元二歳正月一日」の校了の日付とを考え合わすと、中巻を完成した頃に六冊に分冊しようという考えに達して下本・下末の完成を見、その後、上巻の校了を終えた翌日、中巻の校正にかかって中巻を二分し、それとともに上巻を本と末との二冊に分ったために同日の奥書が生じたのではなかろうか。(8)

親鸞は当初三巻構想で上巻と中巻との執筆を平行して進め、それぞれ十月十三日と十四日に上巻と中巻とを書き終えたとするのである。そして、下巻は最初から分冊（本・末）することとし、十月三十日に下本が完成し、十一月八日に下末が完成することとなる。その後、翌年の正月一日に上巻を校了し、その翌日の二日に中巻の校正に取りかかって中巻を本末に分冊、同じく上巻を本末に分冊したために、同日の奥書が生じたとするのである。このユニークな見解は、奥書の謎を解明する有力な説として、その後の『西方指南抄』研究に大きな影響を与えることとなった。

この浅野の見解を裏付けるものと言える本書の特徴が、平松令三によって指摘されている。(9) それは、第一節で確認した内題、尾題の状況である。内題は三巻とも、「本」巻にはあり、「末」巻にはないという特徴を有していた。そして、中本の「本」の字は追筆と見られていた。つまり、内題が「本」巻の方にしかなく、しかも「中本」の「本」の字が後から書かれたものとするならば、それは、分冊することになってから書き入れられた可能性が高いということである。(10)

更には、尾題は中末にしか見られないが、それは「西方指南抄 中」と書かれており、「本・末」が記されていない。つまり、これを書いた時点では、まだ本末構想ではなかったという事実を指し示していると言えるのである。(11)

以上のように、真筆本の状態から得られる情報は、親鸞による分冊の可能性を十分に指し示している。上末・中末の一日違いの奥書は平行筆記であったことによるという仮説には、筆記理由が不明なこともあり、疑問も残るところではあるが、(12) 現在のところ、先学の研究成果に順って、当初三巻構想から分冊することによって生まれた奥書であると理解しておきたいと思う。(13)

本節の最後に、『西方指南抄』の編集説と転写説についても触れておきたい。ここで言う編集説とは、親鸞自身が自ら所持する各資料を編集して本書を執筆したという見解である。一方で、転写説は別人による何らかの底本をもとに親鸞が転写したという見解を指す。編集説は、主として生桑完明、浅野教信、霊山勝海の諸氏、転写説は赤松俊秀、平松令三（同時に折衷説と言える見解を提示している）、中野正明の諸氏によって主張されてきた。

次節以降で明らかになるように、本書に収録されている各資料は親鸞の手によると思われる様々な編集の跡が認められる。また、和讃や『教行信証』後序、消息など親鸞の著作と、『西方指南抄』所収資料との関係性も指摘されており、早くから親鸞は法然関係の資料を所持していたことが予想される。(14) 親鸞による編集と見なすことは、分冊の可能性も含めて、本書が有する様々な情報から言えば、自然なことと言えるであろう。

一方で、第一節で触れたように、上本の内題である「西方指南抄　上本」の「上」の字は、何らかの字を抹消して上書訂正していることが明らかであり、抹消された字は「曰」の字であった可能性が指摘されている。(15)「曰」であるならば、「『西方指南抄』に曰く」として、執筆が始められたことになり、『西方指南抄』と称する何らかの先行する書物の存在が予想されることとなる。(16)

このように、大別すると論者の間に親鸞編集説と転写説との両者があり、いずれにもそれを主張するに足る根拠があり、本書の成立を巡ってはいずれかに決することは現状ではできない。(17) しかし、いずれにしても、『西方指南抄』は親鸞が所持する資料（その形態は不明であるが）をもとにして自ら書写した資料集であることには変わりがない。

確かなことは、親鸞が八十四歳から八十五歳にかけて、本書を執筆したという事実である。そして、読み手のことを想定した、親鸞の手による様々な配慮や編集の形跡が窺えるということである。

本論で問題としたいのは、なぜこの時期に本書を執筆したのか、本書の執筆が親鸞にとってどういう意味を持つ営みであったのかということ、そして、本書と親鸞思想との関わりを尋ねることである。それが、結果的に成立問題に関心を寄せる研究者に資する検討材料を提供することになればと思う。

第三節　収録資料と構成

本節では、『西方指南抄』の構成を確かめておきたい。収録資料の構成に編集者の何らかの意図が見られるのであるならば、それが親鸞編集であった場合、そこに親鸞の思想を読み取ることになるであろう。一方で、仮に別人による編集であったとしても、それを転写した親鸞は、その構成（資料の配列順序）の意味を十分理解していたと考えられる。つまり、なぜこの位置に、この資料がなければならないのか、ということである。よって、構成を理解することは、いずれにしても本書の執筆者である親鸞に対する理解を深めることに繋がると考える。

本書は、全部で二十八篇の資料が収録されている。その多くが法然の他の遺文集に異本として存在している。

法然の遺文集としては、最も初期に成立したとされるのが『法然上人伝記』、いわゆる『醍醐本』である。これは法然滅後二十九年頃（一二四一年頃）、源智の弟子の系統の者によって編纂されたと言われている。そして、法然滅後六十二年頃（一二七四年頃）、了恵道光によって編纂された『黒谷上人語灯録』（漢語灯録・和語灯録）がある。『拾遺黒谷上人語灯録』（拾遺漢語灯録・拾遺和語灯録）と合わせて、全十八巻五十二章あり、その収録遺文の多さから集大成と位置づけられ得る遺文集である(18)。

『西方指南抄』に収められている資料は、『醍醐本』および『黒谷上人語灯録』に収められている資料とその多くが重複している。一方で、『西方指南抄』にしか収められていない資料もある。

以下、収録資料名と対応資料を掲げておく。資料名は原則『定親全』第五巻の表記に順った。

『西方指南抄』収録資料　　＊（　）内は主たる対応資料

【上本】

（1）法然聖人御説法事（漢語灯録七・八「逆修説法」）

【上末】

（1）法然聖人御説法事（漢語灯録七・八「逆修説法」）

(2) 建保四年公胤夢告（醍醐本法然上人伝記「別伝記」）

【中本】

(3) 三昧発得記（拾遺語灯録上　醍醐本法然上人伝記「三昧発得記」）

(4) 法然聖人御夢想記（拾遺語灯録上「夢感聖相記」）

(5) 法語十八条

(6) 法然聖人臨終行儀（拾遺語灯録上「臨終祥瑞記」、醍醐本法然上人伝記「御臨終日記」）

(7) 聖人の御事諸人夢記（法然上人行状絵図三十八等）

【中末】

(8) 七箇条起請文（漢語灯録十「七箇条起請文」）

(9) 起請　没後二箇条事（漢語灯録十「没後起請文」）

(10) 源空聖人私日記

(11) 決定往生三機行相

(12) 鎌倉の二品比丘尼へ御返事（和語灯録三「鎌倉の二位の禅尼へ進ずる御返事」）

(13) 名号の勝徳と本願の体用

【下本】

⒁　念仏の事御返事〈和語灯録四「大胡の太郎実秀の妻室のもとへ遣わす御返事」〉
⒂　おほごの太郎へ御返事〈和語灯録三「大胡の太郎実秀へ遣わす御返事」〉
⒃　しゃう如ばうへ御消息〈和語灯録四「正如房へ遣わす御文」〉
⒄　故聖人の御坊の御消息〈和語灯録四「越中国光明房へ遣わす御返事」〉
⒅　基親取信信本願之様〈漢語灯録十「基親取信信本願之様」〉
⒆　基親上書と御返事〈漢語灯録十「基親卿状と遣兵部卿基親之返報」〉
⒇　或人念仏之不審聖人に奉問次第〈和語灯録四「十二の問答」、醍醐本法然上人伝記「禅勝房との十一箇条問答」〉
㉑　浄土宗の大意

【下末】

㉒　四種往生事
㉓　法語〈末代の衆生を云々〉〈和語灯録四「黒田の聖人へ遣わす御文」〉
㉔　法語〈末代悪世の衆生の云々〉〈和語灯録二「念仏大意」〉
㉕　九条殿北政所御返事〈和語灯録三「九条殿下の北政所へ進ずる御返事」〉
㉖　九月十六日付御返事〈和語灯録四「熊谷の入道へ遣わす御返事」〉

(27)　法語十三問答（和語灯録三「要義問答」）
(28)　つのとの三郎殿御返事（和語灯録四「津戸の三郎入道へ遣わす御返事」）

以上、二十八篇の資料の内、『西方指南抄』にのみ収録されているのが、(5)「法語十八条」、(10)「源空聖人私日記」、(11)「決定往生三機行相」、(13)「名号の勝徳と本願の体用」、(21)「浄土宗の大意」、(22)「四種往生事」の六篇である。

さて、収録資料の構成は、一瞥すると、上巻のほぼすべてが法然の説法の記録である「法然聖人御説法事」であり、中巻に法然の行実に関係する資料が多く見られ、下巻は主に消息で埋められていることが分かる。その配列順序に、編纂者の意図を窺うことができるようである。

先学の見解を参考にすると、霊山は二十八篇の資料を、その内容から「教義篇」、「伝記篇」、「書簡篇」（消息法語篇）と名づけ整理している。[19] すなわち、(1)「法然聖人御説法事」を「教義篇」、(2)「建保四年公胤夢告」から(10)「源空聖人私日記」までを「伝記篇」、(11)「決定往生三機行相」から(28)「つのとの三郎殿御返事」までを「書簡篇」とまとめているのである。

更には、「伝記篇」の内、(2)から(7)の資料が、権化の人としての法然伝、(8)から(9)が歴史上の法然資料、(10)が法然一代記として整理できることを指摘している。たとえば、霊山が「伝記篇」と呼ぶ中に、⑸「法語十八条」があるように、完全にこの枠組みで整理できるわけではないが、霊山の指摘通り、編纂者の意図のもと、秩序立って構成されていることは確かであると言えよう。

特に、注目したいのは、⑵「公胤夢告」の資料である。中野は⑴「法然聖人御説法事」を『西方指南抄』の中の最重要遺文と位置づけて、そこにある法然の説法を権威づけるために、法然が勢至菩薩の権化であることを伝える「公胤夢告」の資料がここに置かれていると推論している[20]。筆者もこの位置に「公胤夢告」が置かれることには重要な意味があると感じ、また、親鸞思想との関わりを見出すことができると考えている。詳細は、第四章で論じることとする。

第四節　編集の形跡

本書は全体に渡って、親鸞によると思われる編集の形跡が見られる。先学の指摘をもとに四点取り上げておきたい[21]。

1、尊称の用例

親鸞は各著作や消息において、法然の名を挙げる時は、必ず「聖人」の尊称を付けている。それは、

『西方指南抄』にも見られる傾向である。本書に収録されている資料タイトルを一瞥するだけでも「法然聖人御説法事」「法然聖人御夢想記」「法然聖人臨終行儀」「源空聖人私日記」等とあり、本文中においても一貫して「聖人」と記している。原資料に「聖人」と表記されていた可能性もあるが、本文中に登場する法然以外の人物については、念仏上人、信空上人、解脱上人、勧進上人等と、すべて「上人」で統一されているように、その態度は一貫しており、本書執筆者の意図を感じざるを得ない。親鸞による編集の可能性が十分に高いと言えるであろう。(22)

2、「法然聖人御説法事」の編集

『西方指南抄』収録資料の異本との比較から、原資料から一部省略して収録されている資料がいくつか見られる。

「法然聖人御説法事」は、その異本が「逆修説法」という名で『黒谷上人語灯録』(漢語灯録)に収められている。これは法然が安楽房遵西の父のために行った第一七日から第六七日までの説法の記録である。大部の資料であり、『西方指南抄』全体の三分の一の分量がある。この「法然聖人御説法事」は、多くの箇所が省略されており、その分量は「逆修説法」の四割にもなる。

その省略箇所の傾向としては、法然の『観無量寿経』の説法の内、定善散善の二善三福、九品往生を説いているところに顕著に見られる。そこに明確な編集意図が窺えるのであるが、恐らくこれは親鸞の編集と思われる。[23] 親鸞は省略するという形で、法然の説法の主意を明らかにしようとしているのである。法然の説法の主意は、定善や散善を説明するところではなくて、本願念仏を説くところにあるという親鸞の受け止めが省略という形で表現されているのである。この問題は第三章で取り上げることとする。なお、省略箇所の詳細については、本書の資料篇を参照されたい。[24]

3、「七箇条起請文」（七箇条制誡）の署名の省略

嵯峨の二尊院に所蔵される「七箇条制誡」は、元久元年（一二〇四）十一月、法然が門弟たちに対して七箇条に亘り自戒を求め、一八九名の門弟たちが署名した文書である。『西方指南抄』中末にこれが収録されているが、署名部分が大きく異なる。原本と同様に、十九番目までは同じ順序で記載されているが、その後は、順番を繰り上げ、またその先後も移動し、二十番目に「蓮生」（もとは八十九番目）、二十一番目に「善信」（もとは八十七番目に「僧綽空」と署名）、二十二番目に「行空」（もとは四十番目）となっている。そして「已上二百余人連署了」と記し、二十二名の記載のみで他は省略されている。

親鸞所持の原本に元からこのようにあったというよりは、親鸞による省略と見るのが自然であろう。

ではなぜ二十番目以降、この二人の名が特に記載されたのか、そして、なぜ親鸞は自らの名を「善信」と記したのか、検討を要するところである。少なくともこの親鸞の書写態度から言えることは、親鸞はこれを歴史資料として残そうとしているのではないということである。『西方指南抄』全体に通じて言えることであるが、本書は教化という課題のもと、門弟たちにいかに読まれるかということを意識して書写されていることに注意しなければならない。

よって、「善信」という署名に関して言えば、吉水入室時の名である綽空ではなく、善信と記したのは、それが門弟たちに通じる名であったことが理由であろう。更に言えば、「善信」は親鸞が最晩年まで使用している名である。その使用例から鑑みるに、吉水時代における聖徳太子と法然との縁を憶念する中で善信と名のっている可能性がある[25]。とするならば、法然の遺文集である『西方指南抄』の中で善信と親鸞が名のることにも理解ができるのではないであろうか。あえて善信と署名することの意味について、また、その時の親鸞の思いについて、我々はよく思いを致すべきであろう。

4、「起請　没後二箇条事」の一部省略

中末に収録されている「起請　没後二箇条事」は、「没後起請文」という名称で同資料が『漢語灯録』巻十に収録されている。それによると、建久九年（一一九八）四月八日、法然が六十六歳時に、自らの没後のことを記した遺戒であることが分かる。「起請　没後二箇条事」という標題の後、第一に「一　葬家追善事」という題に始まる遺戒と、第二に「一　不可諍論房舎資具衣鉢遺物等事」（房舎・資具・衣鉢・遺物等を諍論すべからざる事）と題が付けられた遺戒とが記されている。

『西方指南抄』所収資料も、同じく「起請　没後二箇条事」と標題が記され、二箇条あることを示している。しかしながら、ここには二箇条目（不可諍論房舎資具衣鉢遺物等事）が記載されていない。これは、信空など数名の門弟に対する財産分与に関する内容である。親鸞には都合の悪い記述であるので削除したという見解もあるが[26]、『西方指南抄』全体の編集意図から窺うに、これは法然の勧める念仏の教えとは直接的には関係のない内容であるので省略したと見るべきであろう。

ちなみに、一箇条目（葬家追善事）では、「一所に群会すべからず」（『定親全』五・一七一頁）という法然の遺戒と、「追善報恩の志有らん人は、唯一向に念仏の行を修すべし」（『定親全』五・一七二頁）という「追善の次第」が記されている。二箇条とは、人は群れ集まると闘諍を起こすが故に、私の没後は一カ所に群れ集まってはならないという遺戒と、追善報恩の志があるものは、念仏の行を修めるようにという、二つの遺戒を指して親鸞が了解している可能性もある。親鸞の流罪以降の歩みをこの法然の遺戒に順って生きた姿として捉えることも可能であろう。

第五節　題号について

本章の最後に、『西方指南抄』というタイトルについて言及しておきたい。「西方指南」という用語自体は、法然の『選択本願念仏集』（以下、『選択集』と記す）の中に次のように見られる。

静に以みれば、善導の『観経疏』は、これ西方の指南、行者の目足なり。然れば則ち西方の行人、必ず須く珍敬すべし。

『選択集』（『真聖全』一・九九三頁）

法然は善導の『観経疏』（『観経四帖疏』）を仰いで、この書は「西方の指南」、すなわち念仏者の導きとなる書であると述べている。法然自身、四十三歳の時にこの『観経疏』の文言との出会いによって専修念仏の仏教者へと回心している。よって法然がこれを西方の指南と仰ぐことは言うまでもないことであろう。更には、法然が続けて次のように本書を評していることにも注意すべきである。

毎夜、夢の中に僧ありて、玄義を指授す。僧というは恐らくはこれ弥陀の応現なり。しからば謂つべし、この『疏』はこれ弥陀の伝説なりと。いかに況んや、大唐の相伝に云わく、「善導はこれ弥陀の化身なり」と。しからば謂つべし、又、この文はこれ弥陀の直説なりと。既に「写さんと欲わん者は、もっぱらに経法の如くせよ」と。この言誠なるかな。

『選択集』(『真聖全』一・九九三頁)

『観経疏』の跋文では、毎晩夢の中に一人の僧が現れて、玄義を指授したと善導は記し、『観経疏』成立の由来を明かしている(『真聖全』一・五五九〜五六〇頁)。これについて、法然は、この僧というのは「弥陀の応現」であると言い、それによって成立した『観経疏』は、「弥陀の伝説」であるとまで言うのである。更には、善導は「弥陀の化身」であるという伝記を引いて、『観経疏』は「弥陀の直説」そのものであると位置づけるのである。

よって、法然による「西方指南」という言葉は、『観経疏』を生み出した背景を含む、奥行きを持った言葉として使用されていると理解すべきであろう。すなわち、『観経疏』はすべての衆生の平等の往生を願う阿弥陀仏の願いを背景として生まれた書であり、だからこそ「西方の指南」と言い得るということである。

このような由来を持つ用語をもって、法然の遺文集であるこの書が『西方指南抄』と名づけられていることに、我々は注意すべきであろう。つまり、「西方指南抄」というタイトルは、本書に収録されている法然の説法、法語、消息、行実などを、西方の指南と仰いでいることを意味する名であることはもちろんのこと、それを生み出した背景にまで思いを致して付されたタイトルであると想定することが許されるからである。

本書には、法然が勢至菩薩の化身であることを伝える資料が複数収められている。「建保四年公胤夢告」、「聖人の御事諸人夢記」、「源空聖人私日記」がそれである。これらの資料内容と収録位置を窺うに、本書からは法然を阿弥陀仏の智慧の象徴である勢至菩薩の化身として仰ぐ意図が強く感じられる。恐らくは、法然を勢至菩薩の化身として、また善導の化現として仰ぐところから、法然の遺文を「西方指南」と呼ぶこととなったのであろう。

繰り返しになるが、法然の遺文を「西方指南」と仰ぐということは、法然の背景に善導の言葉を、更に言えば、その根源に弥陀の本願を見出しているということである。それは、親鸞が法然との出遇いの背景を述べる中で、弥陀、釈尊、善導に言及する『歎異抄』第二条に伝える言説とよく符合していることにも気づかされる。

ただし、『西方指南抄』というタイトルを親鸞が命名したとは、本書の書誌情報や親鸞の著作に同様の用語が見られないことから考えがたい。しかしながら、法然の遺文を西方の指南と仰ぐこの名を以て本書六冊を執筆したところにこそ、我々は親鸞による法然讃仰の思いを汲み取るべきであると思うことである。

以上、本章では、『西方指南抄』の書誌、収録資料の構成、編集の形跡等を確かめてきた。ここまでを振り返って、本書の性格を一旦まとめておきたい。

『西方指南抄』は、法然の教言（説法、法語、消息等）と、法然の姿（行状、伝記等）とを伝える書物である。その内、法然の姿を伝える資料からは、法然を勢至菩薩の化身として讃仰する意図が強く窺える。

そして、本書の本文に目を向けると、原則六行書きで統一され、その丁寧な書写状況からは法然の教言と行実を伝える諸資料を尊ぶ親鸞の姿が窺えるようでもある。また、漢字には総ルビと言い得るほどに振り仮名があり、左訓が適宜施され、文章の区切点が付されている。引用漢文には、その全体に音読での振り仮名があり、加えて朱筆にて返り点、読み仮名、送り仮名が付され、訓読できるようになっている。言うまでもなく、これらの特徴は、門弟たちが読むことを想定しての細やかな配慮である。そこに、法然の教えと姿とを正しく伝え残さねばならないという、親鸞の強い思いが感じられる。親鸞の手によると思われる様々な編集の理由もそこにある。法然が勧める本願念仏の教えを正しく伝えようとする意図から行われた編集と見るべきであろう。

次章以降では、本書執筆の背景と編集の意図について、更に尋ねていくこととしたい。

註

（1）生桑完明『定親全』第五巻解説（法藏館）一九五七、平松令三『真蹟集成』第六巻解説（法藏館）一九七三、浅野教信『親鸞聖人編『西方指南抄』の研究 上巻』（永田文昌堂）一九八七、霊山勝海『西方指南抄論』（永田文昌堂）一九九三、中野正明『増補改訂 法然遺文の基礎的研究』（法藏館）二〇一〇、参照。

（2）平松令三『真蹟集成』第六巻解説。

（3）霊山勝海は「甲」、中野正明は「中」、平松令三は「曰」と判断。

（4）平松令三『真蹟集成』第六巻解説、同「西方指南抄の編集をめぐって」（『日本文化と浄土教論攷』所収・井川博士喜寿記念会出版部）一九七四。

（5）ただし、一カ所のみ明らかな別筆が存するとの指摘がある。清水谷正尊『『西方指南抄』ダイジェスト版別冊「西方指南抄」について」』（同朋舎メディアプラン）二〇一三・二九頁。

（6）朱筆には、第一の朱と、第二の朱があると指摘し、書かれた時期が異なるとする見解がある。そして、直弟本はその内、第一の朱のみが反映されているとするので、これが事実であるならば、本書の成立を考証する上で重要な情報となり得るであろう。清水谷正尊『『西方指南抄』ダイジェスト版別冊』二七〜三〇頁。

（7）中末の別丁にあるこの奥書は『唯信鈔文意』の奥書の後半部分が紛れ込んだものと指摘されている。小山正文「『西方指南抄』中本をめぐって―二つの小さな発見―」（『真宗研究』第四十輯）一九九六。

（8）浅野教信『親鸞聖人編『西方指南抄』の研究 上巻』（永田文昌堂）一九八七・二七頁。

（9）平松令三『真蹟集成』第六巻解説、同「西方指南抄の編集をめぐって」、同「西方指南抄をめぐって―宝物展観の問題点―」（『真宗研究』二二）一九七七。

（10）直弟本では、上本・中本・下本の内題は本文中に、上末・中末・下末の内題は表紙の見返しに書かれ、「本」

巻と「末」巻とで位置が明確に分かれている。これも書写当時、本末に分冊されていなかったことを予想させる特徴である。平松令三「西方指南抄をめぐって—宝物展観の問題点—」参照。

(11) 平松は更に上本の奥書が記された料紙に違和感があることを指摘し、後からの挿入を示唆している。同『真蹟集成』第六巻解説、同「西方指南抄の編集をめぐって」。

(12) 霊山は、親鸞は中巻の執筆中に、「公胤夢告」の資料を上巻の末尾に追記し、更に上巻奥書をも付した。そして、中巻の残りの執筆を終えて更に中巻奥書を付したので、書写の日付が一日違いになっていると推論し、その問題への解答を試みている（霊山勝海『西方指南抄論』四九頁）。中野は、「公胤夢告」を追記と見なすのは霊山の誤認であるとして、この見解を否定している（中野正明『増補改訂 法然遺文の基礎的研究』一一四頁）。

(13) 転写説に立つ中野は、奥書の記述通りに親鸞が書写したという見解を示している。親鸞が手元にあったものから書写したため上本から順番通りに成立していないとし、また、上本の内題「西方指南抄 上本」の「上」の字は、もとは「中」との書き損じであったと推論し、後に全体の体裁の不都合に気づいて訂正したとする。

(14) 生桑完明『定親全』第五巻解説、赤松俊秀「西方指南抄について」（『塚本博士頌寿記念 仏教史学論集』所収・塚本博士頌寿記念会）一九六一、等。

たとえば、和讃に関して言えば、『高僧和讃』源空讃は、『西方指南抄』中末所収の「源空聖人私日記」や中本所収「法然聖人臨終行儀」などを利用していると思われる。つまり、『高僧和讃』を制作した七十六歳時に、親鸞は「源空聖人私日記」などの諸資料を所持し目にしていたことが想定されるということである。

一例

源空みずからのたまわく　霊山会上にありしとき
声聞僧にまじわりて　頭陀を行じて化度せしむ

『高僧和讃』(『真宗聖典 第二版』六〇五〜六〇六頁)

・或る時聖人弟子に相語りて云く。我昔天竺に有りて、声聞僧に交わりて常に頭陀を行じき。本はこれ極楽世界に有り、今来たりて日本国に、天台宗を学ぶ。又念仏を勧む、身心苦痛無し、蒙昧忽ちに分明なり。

『西方指南抄』中末「源空聖人私日記」(『定親全』五・一八四頁)

・聖人看病の弟子どもにつげてのたまわく。われはもと天竺にありて、声聞僧にまじわりて頭陀を行ぜしみの、この日本にきたりて、天台宗に入りて、またこの念仏の法門にあえりとのたまいけり。

『西方指南抄』中本「法然聖人臨終行儀」(『定親全』五・一三三頁)

(15) 平松は真筆本を調査して「曰」と判断している。同『真蹟集成』第六巻解説、同「西方指南抄の編集をめぐって」、同「西方指南抄をめぐって—宝物展観の問題点—」。なお、直弟本も同様の訂正がある。

(16) 転写説に対しても様々な疑問は残る。たとえば、仮に本書に先行する書物があったとして、聖覚や隆寛の著作のように親鸞がなぜそれに言及することが一度もなかったのか。また、抹消した字が「曰」であったとして、なぜ親鸞は当初記した「曰」の字を抹消したのか。なぜそれを本書のタイトルとしたのであろうか。これらの疑問にも答えていかねばならないであろう。

(17) 両説に対して折衷説と位置づけられる見解も提示されている。平松は、真宗高田派に伝わる『見聞』のように様々な聖教を集めた冊子と同じく、その当時残っていた法然に関する記録を、ただ雑然と集めて綴じたような冊子が存在しており、それに「西方指南抄」という題がつけられていたのではないかと推論している。「法然上人の言行について、その当時残っていたいろんな記録を、いろんな人が書き写したものを、ただ雑然と集めて綴じたような冊子が存在したのではないか。そしてそれに「西方指南抄」という題がつけられていたのではないか」(「西方指南抄をめぐって—宝物展観の問題点—」)。つまり、「西方指南抄」と称する資料集のようなもの(それが本書収録資料の一部か全体かはさておき）があって、それをもとに編集し成立したのが、『西方指南抄』と言えるのではないかとする。

(18) 『西方指南抄』は、法然滅後四十四年の成立に当たり、『醍醐本』以降の成立になる。ところが、『醍醐本』は現存する本が最古のもので江戸初期の写本であるため、成立当時のまま現存しているものとしては、『西方指南抄』が法然の遺文集として最も古いものとなる。

(19) 霊山勝海『西方指南抄論』六三頁。

(20) 中野正明『増補改訂 法然遺文の基礎的研究』四七～四八頁。

(21) その他、霊山は親鸞には古来のかな用法に反して「オバ、オモ、オヤ、スナワチ」など親鸞独特の表記法があるとし、『西方指南抄』にはそれが統一的、意志的に用いられていると指摘する（『西方指南抄論』六〇～六二頁）。また、各収録資料に見られる付記 (2)「建保四年公胤夢告」、(3)「三昧発得記」、(15)「おほごの太郎へ御返事」、(17)「故聖人の御坊の御消息」、(19)「基親上書と御返事」、(28)「つのとの三郎殿御返事」）も親鸞による付記の可能性があると指摘する（『西方指南抄論』五七～五九頁）。一方、中野は自筆本の筆記状況から親鸞による付記は以上の六点の内、(2)「公胤夢告」の後記のみとし、その他は底本に存した付記であるという見解を示している。また、親鸞による加筆と考えられるものとして、その他「法然聖人御説法事」の題目と「法然聖人御夢想記」の副題「善導御事」を挙げている（『増補改訂 法然遺文の基礎的研究』一一〇～一一六頁）。

(22) 霊山勝海『西方指南抄論』六〇頁、参照。

(23) 浅野は、親鸞の編集という見解のもと、「法然聖人御説法事」の読解を行っている（『親鸞聖人編『西方指南抄』の研究 上巻』）。また、他の先学の見解も同様である。霊山勝海『西方指南抄論』八五頁、中野正明『増補改訂 法然遺文の基礎的研究』一一〇頁、等。

(24)「法然聖人御説法事」の省略については、霊山、浅野、中野など先学に指摘されているが、その全体は公開されていない。本講録では資料篇に「逆修説法」の全体を掲載し、省略・欠落箇所を明示した。

(25) たとえば、消息ではわずかながら善信の名が用いられるが、日付が残るものでは最後の消息である『末燈鈔』第六通に、本文中で善信の名を使用し、「善信　八十八歳」との署名も残る（『真宗聖典　第二版』七三八〜七三九頁）。吉水時代の法然の言葉と姿とを伝える消息の中で、あえて善信の名を使用していることには注意すべきであろう。また、文明版『正像末和讃』冒頭の夢告和讃と題号に続いて記される撰号、「皇太子聖徳奉讃」の撰号に「善信」の名があることにも注意したい。

(26) 中野正明『増補改訂　法然遺文の基礎的研究』一〇九、三一七頁。

第二章　親鸞と『西方指南抄』

親鸞は八十四歳から八十五歳にかけての数ヶ月の間に『西方指南抄』を執筆している。なぜこの時期に法然の遺文集を執筆したのであろうか。[1]また、この書の執筆は親鸞にとってどのような意味を持つ行為であったのであろうか。本章ではこの問題を取り上げたい。まずは、『西方指南抄』執筆前後の行実を確かめてみよう。

第一節　執筆前後の行実

『西方指南抄』の執筆を行った建長八年（一二五六）と康元二年（一二五七）の二年間における親鸞の行実を示すと次のようになる。

和暦	西暦	年齢	親鸞行実	関連事項
建長八 康元元 （10／5改元）	一二五六	八四	5／29 善鸞を義絶する。 7／25『論註』に加点する。 10／13『西方指南抄』上末を書く。 10／14『西方指南抄』中末を書く。 10／25 八字名号・十字名号を作成。 10／28 六字名号・十字名号を作成。 10／30『西方指南抄』下本を書く。 11／8『西方指南抄』下末を書く。 11／29『如来二種回向文』を著す。	10／13 真仏・顕智・専信等が三河に到着。その後、上洛する。
康元二	一二五七	八五	1／1『西方指南抄』上末を校合する。 1／2『西方指南抄』上本を書く。 1／2『西方指南抄』中本を校合する。 1／11『唯信鈔文意』を書写する。 1／27『唯信鈔文意』を書写する。 2／9 夢告を受ける。 2／17『一念多念文意』を著す。	2／5～3／20 真仏『西方指南抄』を書写する。

正嘉元（3／14改元）			2／30『大日本国粟散王聖徳太子奉讃』を著す。 3／2『浄土三経往生文類』（広本）を著す。 閏3／1 執筆中の『正像末法和讃』（草稿本）に2／9の夢告讃を記す。 閏3／2 消息内で『西方指南抄』所収資料の解説を行う（『末燈鈔』第八通）。 5／11『上宮太子御記』を著す。 6／4『浄土文類聚鈔』を書写する。 8／6『一念多念文意』を書写する。 8／19『唯信鈔文意』を書写する。	

建長八年（一二五六）以降の二年間における出来事の中、親鸞にとって最も痛切なる事件は、建長八年五月二十九日付の義絶状に伝えるように、善鸞を義絶したことである。『西方指南抄』の執筆は、その約四ヶ月後の十月から翌年の初めにかけて行われている。この時期に本書の執筆が集中的に行わ

れたことと、善鸞事件との関係は無視できないであろう。
この時期に注目すべきこととして、『三河念仏相承日記』に伝えるように、関東から門弟たちが上洛した事実がある。

建長八年〔丙辰〕十月十三日に薬師寺にして念仏をはじむ。このとき真仏聖人・顕智聖人・専信房〔俗名弥藤五殿下人弥太郎男出家後随念〕そうじて主従四人御正洛のとき〔やはぎ薬師寺につきたまう〕。御下向には顕智聖は京のみもとに御とうりう。三人はすなわち御くだり。ときに真仏上人おおせにて、顕智坊のくだらんをば、しばらくこれにとどめて念仏を勧進すべしと。おおせにしたがいて、顕智ひじりおなじきとしのすえに御下向のとき、権守どの〔出家の後円善房云々〕のもとにわたらせたまう。〔かのひのえたつよりつちのえうまにいたるまで、そうじて三年、このあいだ薬師寺より称名寺にうつりたまう。正嘉二〕ここに御のぼりのとき、顕智ひじりの御すすめにて権守殿の嫡子袈裟太郎殿〔出家して信願房〕念仏法名出家ともに顕智聖人相伝なり。そのほか御居住のあいだに念（仏脱か）に入、人数名性（姓か）事。(2)

これによると、建長八年十月十三日（実際は十月五日に改元がされてこの時は康元元年）、真仏と顕智と専信房専海と下人の弥太郎の四人が上洛の途中、三河の矢作薬師寺で念仏を始めた。上洛後、顕智はそのまま京都にとどまり、残りの三人は国元に帰ったのであるが、その時、真仏の指示に従って顕智はその年の末に下向する時に、三河にとどまって念仏を勧めたので、たくさんの念仏者が三河に誕生したことを伝えている。

この四人が上洛する目的は、善鸞義絶後の関東の動向を報告するためであったとも指摘されている。(3)この頃、親鸞は『西方指南抄』上末奥書に十月十三日、中末奥書に十月十四日と、その書写年時を記している。そして、十月二十五日に八字名号と十字名号、十月二十八日に六字名号と十字名号を認め、上洛した門弟たちにこれらの名号本尊を与えている。(4)『西方指南抄』の執筆は、引き続き行われており、下本奥書には十月三十日、下末奥書には十一月八日の日付が記されている。この時期、親鸞は継続して『西方指南抄』を執筆しているのである。

すでに、第一章で確認したが、『西方指南抄』上末の表紙には親鸞による「釈真仏」という袖書があるように、本書は親鸞が真仏に与えた書であることが明らかである。真仏たちの上洛の時期と、本書の執筆時期が一致していることは、上洛に合わせて親鸞が執筆を始めたことを十分に予想させる事実である。(5)善鸞事件を背景として上洛する真仏たちに与えるために執筆した書であるということならば、当然、本書執筆の背景に善鸞事件を想定しなければならないであろう。そして、本書を門弟たちに与えることによって、親鸞は何を伝えようとしたのかを明らかにしなければならない。

更に本書執筆後の行実を概観すると、『唯信鈔文意』の書写、『一念多念文意』、『大日本国粟散王聖徳太子奉讃』、『浄土三経往生文類』（広本）の執筆が行われている。そして、『正像末法和讃』（草稿本）制作中、二月九日に夢告を得たことが、閏三月一日に草稿本に記される。その後は、『上宮太子御記』の執筆、『浄土文類聚鈔』、『一念多念文意』、『唯信鈔文意』の書写が行われ、またこの時期、性信や真仏などの門弟たちに消息を送り、信心の人は「如来とひとし」と伝えるようになる。翌年の八十六歳時には『尊号真像銘文』（広本）を著すように、執筆書写が精力的に続けられていることが分かる。これらの行実の中でとりわけ注目したいのが、夢告和讃の感得である。これは『西方指南抄』の執筆から、約三ヶ月後の出来事であり、やはり本書との関係を想起せざるを得ない。よって、以下では『西方指南抄』の執筆前後に起きた善鸞事件と夢告和讃を取り上げて、両者の関係から本書執筆の背景と、その意義について私見を述べておきたいと思う(6)。

第二節　善鸞事件との関わり

善鸞の義絶を伝える資料は、建長八年五月二十九日付善鸞宛の消息（善鸞義絶状）と、善鸞の義絶を知らせる性信宛の同日の消息である。そのいずれも善鸞による秘事法門の主張と、第十八願の否定とを伝えている。特に善鸞が第十八願をしぼめる花に喩えて否定したことによって、関東の門弟たちが本願を捨ててしまったことが、親鸞にとって痛切なる悲しみであったとともに、大きな課題として受け止められたことであったのではないであろうか。

善鸞宛と性信宛の消息にはそれぞれ次のように記されている。

第十八の本願をば、しぼめるはなにたとえて、人ごとにみなすてまいらせたりときこゆること、まことにほうぼうのとが、又、五逆のつみをこのみて、人をそんじまどわさるること、かなしきことなり。

「御消息拾遺」（『真宗聖典　第二版』七四九頁）

弥陀の本願をすてまいらせてそうろうことに、人々のつきて、親鸞をもそらごともうしたるものになしてそうろう。こころうく、うたてきことにそうろう。おおかたは、『唯信抄』・『自力他力の文』・『後世ものがたりのききがき』・『一念多念の証文』・『唯信鈔の文意』・『一念多念の文意』、これらを御覧じながら、慈信が法文によりて、おおくの念仏者達の、弥陀の本願をすてまいらせおうてそうろうらんこと、もうすばかりなくそうらえば、かようの御ふみども、これよりのちにはおおせらるべからずそうろう。

『親鸞聖人血脈文集』第二通（『真宗聖典　第二版』七三二頁）

この内、性信宛の消息には、力を尽くして書き送った聖覚と隆寛の著作、そしてそれらの文意である自らの著作の名を挙げて、それらを読みながらも善鸞の教えによって多くの念仏者たちが本願を捨ててしまったようであると、親鸞の悲しみが綴られている。更にこの消息では追伸においても、門弟たちが本願を捨てたことに言及され歎かれている。

なおなお、よくよく念仏者達の信心は一定とそうらいしことは、みな御そらごとどもにてそうらいけり。これほどに第十八の本願をすてまいらせおうてそうろう人々の御ことばを、たのみまいらせてとしごろそうらいけるこそ、あさましゅうそうろう。このふみを、かくさるべきことならねば、よくよく人々にみせもうしたまうべし。

『親鸞聖人血脈文集』第二通（『真宗聖典 第二版』七三二頁）

以上の消息から窺えるように、関東の門弟たちが第十八願を捨ててしまったと聞くことが、特に親鸞にとって悲しむべきことであったのであろう。第十八願を捨てるということは、拠り所を捨てるということであり、更に言えば、そもそも第十八願が門弟たちの拠り所ではなかったということの現れでもある。だからこそこの事実は、本願の信を伝えることに力を尽くしてきた親鸞に、深い悲しみを与えることになったであろうことは容易に想像ができることである。

さて、改めて善鸞による第十八願の否定について考えてみよう。善鸞による第十八願の否定を親鸞は「ほうぼうのとが」と呼んでいた。これは、親鸞にとっては自らの念仏者としての原点である法然との出遇い、すなわち阿弥陀の本願との出遇いを否定することにとどまらず、門弟たちの本願念仏による救いの道を閉ざしてしまう謗法の罪なのである。そこに親鸞は危機感を抱いたことであろう。

この出来事を背景として『西方指南抄』が成立しているという視点を持った時に、次のことに目が留まる。それは上本・上末に収録されている「法然聖人御説法事」には、念仏往生は阿弥陀の第十八願を根本とするという法然の主張が一貫して述べられていることである。今、試みに法然が第十八願に言及する部分を抜き出してみよう。

上の本願というは、四十八願の中の第十八の念仏往生の願をさすなり。一向のことば、二三向に対する義なり。もし念仏のほかにならべて余善を修せば、一向の義にそむくべきなり。往生をもとめん人はもっぱらこの『経』によって、かならずこのむねをこころうべきなり。

（『定親全』五・二三頁）

いま浄土宗を宗とせん人は、この『経』によって四十八願法門をたもつべきなり。この『経』をたもつというは、すなわち弥陀の本願をたもつなり。弥陀の本願というは、法蔵菩薩の四十八願法門なり。その四十八願の中に第十八の念仏往生の願を本体とするなり。

（『定親全』五・六四〜六五頁）

しかれば『観経』・『弥陀経』にとくところの念仏往生のむねも、乃至余の経の中にとくところも、みなこの『経』にとけるところの本願を根本とするなり。

（『定親全』五・六五頁）

凡そこの三部経にかぎらず一切諸経の中にあかすところの念仏往生は、みなこの『経』の本願をのぞまんとてとけるなりとしるべし。
（『定親全』五・六六〜六七頁）

しかれば念仏往生ともうすことは、本願を根本とする也。詮ずるところ、この『経』ははじめよりおわりまで、弥陀の本願を説くとこころうべき也。『双巻経』の大意略してかくのごとし。
（『定親全』五・九九頁）

「法然聖人御説法事」の詳細については、次章にて取り上げるが、本資料には親鸞の編集が加わっていると想定される。その編集によって、法然による説法の主意が、第十八願に基づく称名念仏の勧めであることが明確となっている。そもそもの説法の内容に加え、編集による親鸞の意図が反映しているという点も含めて考えるに、これは善鸞事件を背景として、親鸞が関東の門弟たちに伝え、残さなければならないという強い思いのもと収録された資料と見ることができるのではなかろうか。すなわち、法然の教言として、第十八願に基づく念仏往生の道を伝えようとしたということである。そこには師法然から継承した本願念仏の法を「後に託しておかねばならない」という、ある意味危機感の中での執筆であったという視点も持つべきであろう。ここに本書執筆の事情を見出すことができると思うのである。

そして、法然の説法、法語、伝記等の個々の資料を書写し、『西方指南抄』を書き上げたことが、親鸞にとっても、大きな意味を持つ行為となったと思われる。この点を次節で論じたい。

第三節　夢告和讃の表出

本節では、『西方指南抄』を執筆したことが、親鸞にとってどのような意味を持つ行為であったのかという観点から、本書執筆の意義について考えてみたい。本書は、法然の説法、法語、伝記、消息等を収める資料集である。これらの様々な資料を書写するとは、当然、親鸞自身が法然の教えと姿とに集中的に向き合ったということになる。そのことが親鸞の思索や心境に影響を与えたであろうことは容易に想像できるだろう。

親鸞の念仏者としての人生は、法然との出遇い、すなわち阿弥陀の本願との出遇いが原点である。親鸞は本書の執筆を通して、法然の教言と姿とに向き合う中で、自らの念仏者としての原点である法然との出遇いを憶い、自らの拠り所を改めて確かめることとなったのではなかろうか。もちろん本書は門弟たちに読まれることを前提として、門弟たちのために執筆したのであるが、親鸞自身においては、師教を聞思するという貴重な営みになったと推察できよう。そしてこの書の完成後の二月九日に思いがけないことが親鸞の身に起きたのである。

康元二歳丁巳二月九日の夜寅時夢告にいわく

弥陀の本願信ずべし　本願信ずるひとはみな
　摂取不捨の利益にて　無上覚をばさとるなり
この和讃をゆめにおおせをかぶりてうれしさにかきつけまいらせたるなり
正嘉元年丁巳壬三月一日　愚禿親鸞〔八十五歳〕書之

『正像末法和讃』草稿本（『定親全』二（和讃篇）・一五一〜一五二頁）

『正像末法和讃』の草稿本には三十五首連ねた後、この夢告和讃が置かれている。これによれば、親鸞八十五歳二月九日の夜、寅の時に夢告を受けた。そしてこれをうれしさのあまり書き付けたと言う。そしてその年の閏三月一日、つまり夢告を受けてから約二ヶ月後に『正像末法和讃』に記したということが知られる。

更に八十六歳九月二十四日には、この草稿本を大幅に改訂して『正像末法和讃』（初稿本）を完成する。この時、先の和讃は冒頭に置かれている。つまり、この夢告和讃を受けて『正像末法和讃』を作成したという形式に改められていく。このことから、親鸞にとってこの夢告がどれほど大きな意味を持っていたかが知られる。

従来、この和讃は、善鸞事件を受けて八ヶ月後に生まれたものであり、その関係性が指摘されてきた。つまり、関東の混乱と善鸞事件は親鸞に末法の自覚を痛切に抱かせた。その痛みから『正像末法和讃』が構想されて、その制作の途中に夢告を感得したという。つまり、宗教的な試練をくぐって生まれた夢告和讃であるということである。

だから、この夢告とは、『正像末法和讃』を制作し、末法を痛み、本願を憶念する中で「無上覚、すなわちこの上ないさとりを得る道は、本願を信じる一道にしかない」という親鸞の確かな頷きが表出したものであると言えよう。

しかし、注意すべきは『正像末法和讃』の草稿本は、後に改訂された初稿本、あるいは文明本と異なり、末法を悲歎する和讃が初めから積極的に謳われているわけではない。むしろ冒頭の三首が、

〔第一首〕五十六億七千万　弥勒菩薩はとしをへん
　　念仏往生信ずれば　このたびさとりはひらくべし
〔第二首〕念仏往生の願により　等正覚にいたる人
　　すなわち弥勒におなじくて　大般涅槃をさとるべし
〔第三首〕真実信心をうるゆえに　すなわち定聚にいりぬれば
　　補処の弥勒におなじくて　無上覚を証すべし
『正像末法和讃』草稿本（『定親全』二（和讃篇）・一四三頁）

とあるように、「信心を得た人は、弥勒と同じく等正覚にいたり、無上覚をさとる存在である」とい

うことが述べられている。つまり、信心の利益が謳われているのである。

更に二十三首目には次のようにある。

弥陀智願の回向の　信楽まことにうるひとは

摂取不捨の利益ゆえ　等正覚にはいたるなり

『正像末法和讃』草稿本（『定親全』二（和讃篇）・一四八頁）

とあるように、夢告和讃と非常に近い表現の和讃もある。よって本願への信を謳うこのような和讃を作成していく中で、夢にあの和讃が恵まれたということが確かめられるのである。

すると、親鸞に本願の信を謳う和讃の作成を促したものは一体何であったのか、更には「弥陀の本願信ずべし」という夢告を生ませる直接的原因となったものは一体何であったのか考えてみる余地はあろう。そして、そこに『西方指南抄』の執筆を見ることができるのではないかと思うのである。

たとえばこの中には、「法然聖人臨終行儀」（中本）、「源空聖人私日記」（中末）など、法然の臨終の場面を伝える資料が複数収められている。親鸞は流罪の地、越後で法然の入滅を知り、法然の臨終には立ち会えていない。だからこそこれらの伝記を通して、法然の臨終に思いを馳せたということは容易に想像できよう。また、吉水時代の出来事に関する資料として、「七箇条起請文」（中末）に注目できよう。親鸞が法然と共に過ごした吉水時代に成立した資料である。親鸞自らこれに署名しているように、資料成立時に現場に居合わせた親鸞は、『西方指南抄』執筆時にこの資料を書写するに当たり、当然の如く法然と共に過ごした吉水時代のことを憶念したことであろう。

更には、法然の法語や消息を書くという行為には、当然のことながら、師の教えを聞思していくという意味が生まれるであろう。このように吉水時代のことを憶い、師の姿に出遇い、師の教えを聞思していくということは、改めて自分自身の原点である本願との出遇いを確かめていくこととなったのではないだろうか。そして『正像末法和讃』の制作を経て、「弥陀の本願信ずべし　本願信ずるひとはみな　摂取不捨の利益にて　無上覚をさとるなり」という夢告を感得するのであった。すると夢告の感得は、親鸞の回心である「雑行を棄てて本願に帰す」（『教行信証』後序『真宗聖典 第二版』四七四頁）という原体験を再確認したという意味を持つ出来事であったと位置づけることができるであろう。

ちなみに、『正像末法和讃』の草稿本では、二十五首目、二十六首目に、

無碍光仏のたまわく　未来の有情利せんとて
　大勢至菩薩に　智慧の念仏さずけしむ
濁世の有情をあわれみて　勢至念仏すすめしむ
　信心のひとを摂取して　浄土に帰入せしめけり

『正像末法和讃』草稿本（『定親全』二（和讃篇）・一四九頁）

とあるように、勢至菩薩の徳を讃えた和讃が載せられている。

更にこの草稿本の三十五首目の和讃であり、夢告和讃の直前にあるのは恩徳讃である。

如来大悲の恩徳は　身を粉にしても報ずべし

師主知識の恩徳も　骨をくだきても謝すべし　已上三十四首

『正像末法和讃』草稿本（『定親全』二（和讃篇）・一五一頁）

このように記されて、その次に夢告和讃が載せられている。親鸞は如来大悲と師主知識の恩徳に対する謝念の思いを謳っている。この恩徳讃の典拠は親鸞の法兄である聖覚が法然を讃えた「聖覚法印表白文」(7)である。そのことも合わせて鑑みると、「師主知識の恩徳」と謳うところに、当然法然の姿が憶われていることであろう。法然から受けた恩徳を憶って和讃を制作する中で、この夢告和讃が生まれたとするならば、そこに直接的、具体的な背景として『西方指南抄』の執筆を見ることも可能であると思う。

夢告の後、親鸞は積極的に門弟たちと消息のやりとりをしているようである。その年に書かれたと推定される九月七日から年末にかけての日付を有する消息が多く残されている。そこからは真の信心を得て欲しいという門弟たちに願いをかける親鸞の姿が窺える。

その内容は、これまでと異なり「如来等同」「便同弥勒」の主張が頻繁に見られる。夢告を受けて、信心の人は如来と等しいということを積極的に関東の門弟に語り、門弟たちがその意味を尋ねることからやりとりが繰り返されたのであろうと想像される。また法然のおおせである「義なきを義とす」を語り始めるのもこの時期である。『西方指南抄』執筆以後の親鸞の言説と所収資料との関係性に我々は目を配る必要があるであろう。

註

（1）浅野は次のように執筆の背景を推察している。「かの建長八年五月の慈信房の義絶を頂点として、聖人の帰洛後に輩出した異義異解に対して、聖人自らの正統性を確立するためにも、日頃手許に蒐集しつつあった法然上人関係の法語・書簡等を急遽まとめあげる必要に迫られたのであろう」（『親鸞聖人編『西方指南抄』の研究 上巻』三二頁）。自らの正統性を確立するためという見解には賛同しがたいが、浅野が指摘するように関東の動向を視野に入れて執筆理由を検討すべきであろう。

（2）『三本対照親鸞聖人門弟交名牒・三河念仏相承日記』（丁子屋書店）一九三三。

（3）林信康「親鸞の名号本尊―善鸞事件と関連して―」（『宗学院論集』五五）一九八四。

（4）現存する親鸞真筆の名号本尊七幅の内、四幅がこの時に制作されている。十月二十五日に十字（帰命尽十方無碍光如来）と八字（南無不可思議光仏）の名号本尊、十月二十八日に十字（帰命尽十方無碍光如来）と六字（南無阿弥陀仏）の名号本尊が制作される。八字・十字の名号本尊は高田専修寺に伝来し、六字の名号本尊のみ西本願寺に伝わる。

（5）真仏はその後、康元二年（一二五七）の二月から三月にかけて『西方指南抄』を書写している。上本から下本までの五冊が真仏筆、下末のみ顕智筆であることが判明している。それが同じく高田専修寺に所蔵されている直弟本である。表紙には「釈覚信」とあり、真仏が覚信のために書写した本であると見られている。覚信は下野国高田の門弟であり、親鸞のもとで亡くなっている。正嘉二年（一二五八）十月二十九日付の蓮位添状には、覚信は上洛の途中に病気にかかり、親鸞のもとで息を引き取っていることが詳しく記されている。また、正元元年（一二五九）閏十月二十九日付の「たかたの入道殿御返事」には「かくしんぼう、ふるとしごろは、かならずかならずさきだちてまたせ給い候うらん」（『真宗聖典 第二版』七四七頁）とあり、覚信が昨年亡くなったと記載されているので、覚信の入滅は正嘉二年（一二五八）と推定される。平松は病床の覚信に与えるために真仏が『西方指南抄』を書写したのではないかと推察している。『増補 親鸞聖人真蹟集成』第六巻補記・二〇〇五。

（6）『西方指南抄』の執筆と『正像末法和讃』（草稿本）制作との関係については、すでに別誌にて論じている。ここに加筆して掲載した。拙稿「親鸞と『西方指南抄』」（『親鸞教学』第九十六号）二〇一一。

（7）「聖覚法印表白文」『定親全』六・二一七頁。

第三章 「法然聖人御説法事」の検討

「法然聖人御説法事」は、『西方指南抄』の上本から上末に渡って収められており、『西方指南抄』全体の約三分の一の分量を占める大部の資料である。これが法然の説法の記録であることは、そのタイトルから明らかであるが、それがどのような背景をもって行われた説法であるのか、本資料にまつわる具体的な情報を本文から得ることはできない。後に述べるように、それらは意図的に省略されているからである。

さて、本資料には複数の異本が存在している。我々はその異本を通して、この説法がいかなる状況下で行われたものであるのかを知ることができる。また、その異本との比較対照を通して、「法然聖人御説法事」の特色を知ることができる。本章においては、まず異本「逆修説法」を取り上げて、その内容を確認することから始めたい。その上で、その「抄出本」[1]とも見なされる「法然聖人御説法事」の内容を確認して、これを編集した親鸞の意図を尋ねていくこととしたい。

第一節　異本「逆修説法」について

（一）「法然聖人御説法事」の異本

「法然聖人御説法事」の異本には、漢語資料と和語（和漢混合文）資料とが存在する。漢語資料は、了恵道光編『黒谷上人語灯録』漢語編（以下、『漢語灯録』と記す）巻第七・巻第八に収録されている「逆修説法」という名称の説法の記録である。『漢語灯録』は、了恵道光（一二四三〜一三三〇）編纂時（一二七四年・道光三十歳頃）のものは現存せず、以下に示すように、複数の写本および刊本が伝来し、その中に「逆修説法」が収められている。また、和語資料は、名称を異にする諸本が存在する。(2)

漢語資料

①浄厳院本『漢語灯録』巻第七所収「逆修説法」（古本系統）
②善照寺本『漢語灯録』巻第七・八所収「逆修説法」（古本）
③大谷大学本『漢語灯録』巻第七・八所収「逆修説法」（古本）
④義山本『漢語灯録』巻第七・八所収「逆修説法」（新本）

和語（和漢混合文）資料
⑤『西方指南抄』所収「法然聖人御説法事」
⑥浄厳院本『無縁集』一巻
⑦法然院本『師秀説草』一巻
⑧通行院本『師秀説草』一巻

①浄厳院本『漢語灯録』は、永享二年（一四三〇）書写の現存最古の『漢語灯録』である。巻第七のみが現存しており、「逆修説法」の前半部分、第一七日から第三七日までが収録されている。②善照寺本と③大谷大学本の「逆修説法」はほぼ同文である。③大谷大学本は恵空本とも称せられ、恵空得岸（一六四四～一七二二）の自筆本と見られていたが、今日では恵空所持本の転写本と見られている。②善照寺本も同様に恵空所持の奥書を載せるが、恵空自筆本ではなく江戸後期の写本と見られている。(3)④義山本に対して古体を留めているので「古本」と称せられる。④義山本は、義山（一六四八～一七一七）が正徳五年（一七一五）に開板した『漢語灯録』であり、義山による編集が加えられているので「新本」と称せられる。よって、義山本の「逆修説法」は古本との大きな違いが認められる。
和語資料の内、⑤『西方指南抄』所収「法然聖人御説法事」は現存する諸本の中で最も初期に成立

した写本となる。⑥浄厳院本『無縁集』は「法然聖人御説法事」に次ぐ年代の古い写本と推測され、⑦法然院本『師秀説草』は江戸中期の写本、⑧通行院本は⑦法然院本の転写本と見られている。(4) ⑤「法然聖人御説法事」を除く三本には、漢語資料にはない第七七日の説法が収録されている。

以上のように「法然聖人御説法事」の異本は複数存在する。その中でも②善照寺本「逆修説法」（および③大谷大学本）と「法然聖人御説法事」は、漢語資料、和語資料という文体の相違はあるけれども、同内容であり、原本を等しくすると見られている。また、②善照寺本（および③大谷大学本）は、現存する諸本の中で「逆修説法」成立当時の原本に最も近いものと評せられている。(5) 本講録においては、②善照寺本『漢語灯録』所収「逆修説法」の本文と「法然聖人御説法事」との校異を資料篇に収録している。

(二)「逆修説法」とは

それでは、「逆修説法」の内容を尋ねてみよう。「逆修」の「逆」とは「預」（あらかじめ）の意であり、死後の菩提に資するために、生前にあらかじめ善根功徳を修めることを指す。よって、「逆修説法」というタイトルは、「逆修」時における法然の説法の記録ということを表している。

末尾には次の奥書が置かれている。

右六ヶ条はこれ外記禅門〔安楽房遵西の父なり〕五十日の逆修を修せん時、上人を以て先六度の導師とす。かの説法の聞書なり。結願の唱導は真観房なり。故に且く之を略す。但、多本を集むるに或いは真字あり、或いは仮字あり。未だ何れが正ということを知らず。今、且く真字の本に就いて之を集む。須く正本を尋ぬべし。

善照寺本『漢語灯録』（『昭法全』一一七三頁）

これは編纂者である了恵が記したと見られる本資料の由来である。この記述より、「逆修説法」は、法然の弟子であった安楽房遵西の父、「外記禅門」（俗名中原師秀）が五十日の逆修法会を行った時の、法然の説法の聞書であるということが分かる。

「右六カ条」とは、「逆修説法」本文中に、「第一七日」「第二七日」「第三七日」・・・「第六七日」と標題があり、七日ごとの説法を指している。法然は第一七日から第六七日までの導師を勤め説法を行ったのであった。そして、結願の第七七日の導師はその弟子である真観房感西であった。了恵はこれを略したと記しているので、了恵の手元には真観房の第七七日の説法まで収まる原資料があったことが分かるが、法然の資料を収録するという編纂方針からか、この真観房の説法は略されているのである。

また、「多本を集む」と述べているように、了恵の時代、「逆修説法」の諸本があり、了恵は漢語の文献と和語の文献とを所持していたことが窺える。しかし、いずれが原本と言えるのかは分からないと述べている。

以上が、奥書より判明する情報であるが、「逆修説法」の本文中においても、この説法に関する具体的な情報を見ることができる。

今、この大法主禅門、四十八の灯明を挑て、四十八の願王に奉りたまえる、即ち光明の業なり、亦、天眼の業なり。

（『昭法全』二四八頁・本書資料篇一七〇頁）

法然は第三七日の説法の中で、阿弥陀仏の光明無量と寿命無量の功徳を説法讃嘆している。いずれも阿弥陀仏が因位法蔵であった時の願行に報いて得られた功徳であることを述べた後、外記禅門の供養を讃えている。すなわち、外記禅門が四十八の灯明を供えたことは、光明を得る行為であり、天眼を得る行為であるとするのである。(6)

また、寿命無量の功徳の讃嘆部分では次のようにある。

この逆修五十ヶ日の間の供仏施僧の営みは、併ら寿命長遠の業なり。

（『昭法全』二五〇頁・本書資料篇一七三頁）

阿弥陀の寿命無量は、戒律を守り、供養を施した兆載永劫の修行の結果得られた功徳である。同じように、外記禅門が仏を供養し僧に施しをすることは、長命を得る行為であると言うのである。先の光明無量の段と同じように、外記禅門の営みは寿命無量の功徳を得る行為であると讃えているのであ

る。(7)

以上のように、外記禅門が逆修の法会を行ったことが本文中から判明する。そして、『西方指南抄』所収本では、上記記述は省略されているのである。そのこともあって、「法然聖人御説法事」が逆修の法会における法然の説法の記録であるという具体的な情報が見えなくなっている。

なお、説法の場所については、和語資料である『師秀説草』の末尾に次のように記されている。

外記大夫師秀、安楽房の父なり。吉水の法然上人の房に於いて、五十ヶ日逆修の七日々々の導師法然上人なり。但、第七座、真観、代を為して之を勤む。或人、之を聞き書き畢りぬ。

『師秀説草』（『昭法全』一二三二頁）

この奥書では、この説法が吉水の禅房で行われたとされている。ちなみに、いつ行われた説法であるのか、漢語資料である「逆修説法」の中からも、和語資料の中からも、説法の時期を伝える情報を得ることはできない。現在のところ、その内容より、建久九年（一一九八）、『選択集』撰述以前に行われた説法であり、文治六年（一一九〇）の東大寺での浄土三部経講説以後ではないかと推定されている。

(三)「逆修説法」の概要

第一七日から第六七日までの各回の標題を確かめ、概要を述べておきたい。その上で、「法然聖人御説法事」では、どこが省略されているのかを確認することとする。

「逆修説法」各回の標題

第一七日　三尺立像の阿弥陀　双巻経　阿弥陀経
第二七日　弥陀　観経　同疏一部
第三七日　阿弥陀仏　双巻経　阿弥陀経
第四七日　阿弥陀仏　観無量寿経
第五七日　阿弥陀仏　双巻経　五祖影
第六七日　阿弥陀仏　観無量寿経

以上の標題より、「逆修説法」は外記が供養した三尺立像の阿弥陀仏像、浄土三部経、そして浄土五祖の影像を前にし、それを主題としてなされた説法であることが推察される。

たとえば、第一七日を見ると「今この造立せられたまえる仏は、祇薗精舎の風を伝えて、三尺の立像を模し、最期終焉の暮を期して、来迎引接の像を造れり」（『昭法全』二三四頁・本書資料篇一四六頁）とあって、説法の場に逆修のために造られた三尺の阿弥陀仏立像があることが分かる。また、「次に五祖とは、此の如く往生浄土の祖師の五影像を図絵したまうに」（『昭法全』二六三頁・本書資料篇一九五頁）とあるのは、外記が供養した浄土五祖像を指しており、「今、この弥陀の三部経も」（『昭法全』二三五頁・本書資料篇一五〇頁）とあるのは、法会のために供養した浄土三部経が、目の前にあることを予想させる。逆修のために用意された、阿弥陀仏立像と経典、そして浄土五祖の影像という具体的な事物を前にしてなされた説法、それが「逆修説法」である。

そして、どの回の説法も、先に阿弥陀仏の功徳を讃え、後に浄土三部経や五祖の功徳を讃えるという形式となっている。つまり、法然は「仏」と「経」（法）とをそれぞれ讃嘆することを意識して、毎回説法をしているということになる（ちなみに、五祖の説法を「僧」とすれば、仏法僧の三宝の讃嘆とも言えよう）。

また、第二七日、第四七日、第六七日の標題に『観無量寿経』（以下、『観経』と記す）の名が見え、それ以外に、『双巻経』（『無量寿経』、以下、『大経』と記す）と『阿弥陀経』（以下、『小経』と記す）の名があることから、『大経』『小経』の説法と、『観経』の説法とが交互に行われたことも分かる。当然、日を変えての説法であるので、内容が重複するところも散見される。

詳細は本書資料篇に譲るとし、ここでは各説法の概要を記しておくこととする。

・第一七日　三尺立像の阿弥陀仏『大経』『小経』

施主が造像した阿弥陀仏立像を前にして、仏身の解説から始まる。仏身には、真身と化身との二身があること、阿弥陀仏の化身には五つの姿があること、そして、施主が造像した阿弥陀仏像はその中の来迎引接の化仏の姿を表しており、特に勝れた形像であると讃嘆する。その上で、臨終来迎の意義について詳しく解説がされる。

後半では、浄土宗には所依の経典として『大経』『観経』『小経』の三部経があること、浄土宗に師資相承の系譜があること、浄土宗の教えは機教相応の法であること、というように、浄土宗の教相が述べられている。最後に『大経』と『小経』の大意を述べて初日の説法が終わる。

・第二七日　阿弥陀仏『観経』『観経疏』一部

第一七日と打って変わって、『観経』を中心にした説法がされる。まず、阿弥陀仏は極楽世界の教主であることと、その身量への言及がされる。その後は、『観経』の説法に移り、『観経』には、定善散善を修めての往生と、称名念仏による往生が説かれていることを説明し、まず日想観から雑想観まで中略をしながら定善十三観の解説を行っている。次に、散善の三福と九品の解説がされている。最後に、善導の『観経』解釈に基づいて、『観経』の主意は称名念仏による往生を勧めるところにあるとし、念仏往生が諸行往生より勝れていることを、八つの理由から説明している。

・第三七日　阿弥陀仏『大経』『小経』

阿弥陀仏の功徳の要は名号の功徳にあるとし、名号の讃嘆を行う。その名には光明と寿命の二つの意味があることを示し、先に光明の功徳を讃嘆し、続いて寿命の功徳を讃嘆している。

光明功徳の讃嘆では、十二光仏および常光と神通光の解説を通して、光明の功徳の説明がされる。更に、阿弥陀の光明の功徳は、諸仏の光明に勝れており、法蔵比丘であった時の因位の願行に報いて得られたものであることを述べる。そして、過去の善行によって光明の功徳を具えた人物の因縁譚を引用して、この度の外記の灯明の供養をそれに匹敵するものであると讃えている。

寿命功徳の讃嘆では、阿弥陀仏の寿命は無量であり、それ故に、阿弥陀仏の光明など様々な功徳も、国土の荘厳功徳もそれによって保たれることから、この寿命無量の功徳があらゆる功徳の根本であるという見解が示される。そして、この寿命無量の功徳も、因位の願行によって成就したものであることを述べた上で、同じく外記の逆修五十日の供仏施僧の営みは寿命長遠の業因であると讃嘆している。

次に、阿弥陀仏の入滅に言及し、念仏によって往生する者は阿弥陀仏の入滅後も仏を拝見することができることから、専修念仏の一門より往生を願うように勧める。

後半では『大経』の内容について、法蔵発願の解説から始め、念仏往生は第十八願を根本とすること、『観経』『小経』を含め、あらゆる経典に説かれる念仏往生の道は、『大経』の第十八願に基づくことを詳説する。また、法蔵による念仏の選びの理由を述べるほか、本願成就文、三輩段、流通分を取り上げて、本経が一貫して本願に基づく念仏往生を説いていることを明かす。

最後に『小経』にも言及している。念仏が多善根であることと、六方の諸仏による証誠を説く経典として、『小経』の内容を押さえている。

・第四七日　阿弥陀仏『観経』

阿弥陀仏の姿には総別の二つの功徳があるとし、総の功徳（四智三身等）と別徳とを讃嘆する。別徳では、特に白毫相が勝れているとし、源信の見解に順って白毫の功徳を詳しく解説している。

次に『観経』の讃嘆に入り、三福の説法がされている。三福については、すでに第二七日の説法で取り上げられているが、ここではより詳しく解説がされている。「孝養父母」の解説中には、「外記が子息（安楽房遵西）の勧めによって、浄土門に入った」ことが述べられており、この説法の背景を窺い知ることができる。説法は三福の解説のみで終わる。その最後には、浄土を宗とする人も三福の行相を理解するために一切経は大切であり、特に解説の師たる者は「諸宗を兼学すべき」という法然の主張も見られる。

・第五七日　阿弥陀仏『大経』五祖影

まず、阿弥陀仏の依報と正報の功徳を讃嘆する。依報の讃嘆では、浄土三部経に説かれる国土の荘厳功徳を説明し、そのすべてが阿弥陀仏の願力所成の功徳であることを述べる。続いて、正報の讃嘆では、阿弥陀仏の他、観音、勢至、浄土の聖衆の功徳の相を説明し、同じく阿弥陀仏の願力による功徳であると述べて、阿弥陀仏の功徳を讃嘆している。

次に、施主によって図絵し供養された浄土五祖（曇鸞・道綽・善導・懐感・少康）の影像を前に、五祖の行実が讃嘆される。

後半部分は『大経』の讃嘆である。この経は専修念仏による往生浄土の法を説く経典であることを、第十八願文と成就文、三輩段、流通分の解説を中心に説明している。説法のまとめでは、念仏往生を説く箇所が本経に七処あるとし、本願の文、願成就の文、上輩中の一向専念の文、中輩中の一向専念の文、下輩中の一向専意の文、無上功徳の文、特留此経の文がそれであるとする。このようにして、本経には一貫して念仏往生が説かれていることを明らかにするとともに、念仏往生は本願を根本とするのであるから、本経は初めから終わりまで阿弥陀の本願を説く経典であるという見解が示されて説法が終わる。

・第六七日　阿弥陀仏『観経』

名号の功徳には通号と別号との功徳がある。阿弥陀仏の別号の功徳については、第三七日の説法ですでに解説しているので、ここでは諸仏に共通する通号の功徳の解説がされている。

続いて『観経』の讃嘆に入る。『観経』の大意を知るには、教相を知るべきということから、諸宗の教相が紹介され、浄土宗の教相では、聖道と浄土の二門を立てることを確かめる。その上で『観経』は往生浄土の教えであって、その行として初めに定散二善が説かれ、次に念仏の一行が特別に未来の衆生のために勧められているとする。

更に、往生浄土の行には、専修と雑修の得失があることを五番の相対をもって論じて、往生を願う人は、専ら正行を修めるべきと勧める。

最後に、専修の者は「百即百生」、雑修の者は「千中無一」という善導の見解を紹介し、往生を願う者は、一向に念仏を修めて雑行を捨てるべきであると述べられて、『観経』の説法が終わる。

第二七日や第四七日に見られるように、『観経』に説かれる定散二善・三福九品が主題の説法もあるけれども、法然が繰り返し、また一貫して述べているのは、釈尊一代の教えの中で、第十八願に基づく称名念仏による往生浄土の法こそが、我々にとっての機教相応の法であるということである。『選択集』の内容と相似する部分が各説法中に見られ、先学が指摘するように、『選択集』に結実するまでの法然の思想をこの説法の中に窺うことができるようである。

第二節　「法然聖人御説法事」の特色

(一) タイトルについて

それでは、『西方指南抄』に収録されている「法然聖人御説法事」の特色を確かめてみよう。まず、「法然聖人御説法事」というタイトルについてであるが、各異本には見られない。親鸞が所持していた資料にもともと付されていたタイトルであるのか、それとも親鸞が付したタイトルであるのかは不明である。(8) 確かなことは、『西方指南抄』収録資料として書写するに当たり、親鸞がこのタイトルを書いたという事実だけである。その点から確かに言えることは、親鸞はこれを、「逆修説法」としてではなく、法然による「御説法」として受け止めているということである。すなわち、ある人物の要請によって行われた特別な説法の記録としては受け止めていないということが、本資料のタイトルからも窺えることである。

さて、すでに先学が明らかにしているように、「逆修説法」と比較して判明するのは、多くの省略がされていることである。親鸞は省略という手法によって、法然の説法の主意を明確にしようとしている。よって、本節では、どの箇所が省略されているのかを確認するとともに、翻って「逆修説法」の何が残り、いかなる説法として構成されているのかを明らかにしていくこととする。

(二)「逆修説法」との対照

それでは、「逆修説法」と「法然聖人御説法事」との対照を行ってみよう。「法然聖人御説法事」は全体に渡って省略がされており、その分量は「逆修説法」の四割に相当する。詳細は資料篇に示したが、今ここでは、省略・欠落箇所の全体を項目で掲げておきたい(語句は除く)。

＊省略・欠落箇所には、「乃至」の指示が有るところと無いところがある。(9) 有るところは〔乃至〕、無いところは〔なし〕と記す。

＊省略が連続する箇所は〔↓〕で示す。

第一七日
・標題〔なし〕
・阿弥陀仏の「修因感果」の功徳に当たる『大経』の箇所を指示する部分〔乃至〕
・『大経』三輩段の中輩「起立塔像」の解説部分〔乃至〕
・『大経』解説の結語「双巻経の大意、略して此の如し」〔なし〕
・『小経』少善根多善根についての解説部分〔乃至↓〕
・『小経』解説の結語「阿弥陀経の大意、略して斯の如し」〔↓乃至〕
・第一七日の末尾「仏経の功徳、略を存ずるに斯の如し。仰ぎ願くは　云云」〔乃至↓〕

第二七日
・標題〔↓〕
・阿弥陀仏の説明（極楽世界の教主、その色と身量について）〔↓乃至〕
・『観経』讃嘆の緒言〔乃至〕
・『観経』十三観（特に日想観・水想観・地想観）の解説部分〔乃至〕
・『観経』十三観（宝樹観から雑想観まで抄出）の解説部分〔乃至〕

・『観経』三福九品（下品中生まで）の解説部分〔乃至〕
・『観経』下品下生の引用経文〔乃至↓〕
・『観経』定散二善解説の結語〔↓乃至〕
・第二七日の末尾「仰ぎ願くは 云云」〔なし↓〕

第三七日

・標題〔↓なし〕
・阿弥陀仏の光明功徳を讃嘆する中で、外記禅門の灯明供養を讃える部分〔乃至↓〕
・光明功徳讃嘆の結語〔↓乃至〕
・阿弥陀仏の寿命功徳を讃嘆する中で、玄奘三蔵のエピソードに言及する部分〔乃至〕
・「今日講讃せられたまえる」「同じく彼の仏の名号なりと雖も」〔なし〕
・阿弥陀仏の寿命功徳を讃嘆する中で、外記禅門の供仏施僧を讃える部分〔乃至↓〕
・光明寿命功徳讃嘆の結語〔↓乃至〕
・「或は父母と成り、或は師弟とも成り」〔なし〕
・第三七日の末尾「仏経の功徳、大略此の如し。仰ぎ願くは 云云」〔乃至↓〕

第四七日

・標題〔↓〕

・阿弥陀仏の仏身の功徳（三身および白毫相）の讃嘆部分〔↓〕

・『観経』三福の解説部分〔↓〕

・第四七日の末尾「仰ぎ願くは　云云」〔↓〕

第五七日

・標題〔↓〕

・讃嘆された阿弥陀仏の形像、書写供養された『大経』、図絵供養された浄土五祖影に言及する冒頭部分〔↓〕

・阿弥陀仏の依正二報の功徳を解説する部分〔乃至〕

・浄土五祖讃嘆の冒頭「五祖とは此の如く」〔なし〕

・『大経』中輩下輩の引用経文の一部〔なし〕

第六七日

・標題〔なし↓〕

・阿弥陀仏の名号の功徳を讃嘆する部分〔なし〕

・『観経』の大意を説く中で、聖道諸宗（禅宗、真言宗、三論宗、法相宗、小乗諸宗）の教相に言及する部分〔なし〕

・第六七日の末尾「仰ぎ願くは　云云」〔なし〕

以下、省略・欠落箇所の傾向を整理しておきたい。

1、各回の標題と末尾の省略

「逆修説法」は第一七日から第六七日まで、各回の冒頭に標題が掲げられている。また、各回の末尾に定型句とも言える文章がある。「法然聖人御説法事」では、それらが省略されて、七七日の説法の記録であることが分からなくなっている。たとえば、第一七日の終わりと第二七日の始まりに注意して見ると、第一七日は『大経』と『小経』の大意を述べて、最後に「仏経の功徳、略を存ずるに、斯の如し。仰ぎ願くは　云云」とある。これは、第一七日の説法が終わったことを示している文章であるが、この部分が省略されて、次の第二七日の標題「弥陀　観経　同疏一部」および冒頭の説法部分も続けて省略されて、第二七日の説法へと連続していく。

第二七日と第三七日の区切りも同様である。第二七日の末尾と第三七日の標題が省略されて、一連の説法の形態に整えられている。

第三七日の末尾からは、第四七日の説法の全体、第五七日の冒頭から途中までが省略されており、同じく区切りがなくなっている。第五七日と第六七日の間では、第六七日の標題と冒頭からの説法部分が省略されて接続している。

以上のように、「法然聖人御説法事」は意図的に、同一時における一連の説法という体裁に整えられているのである。

更に、末尾の言葉に注目してみると次のことに気づく。

各日説法の末尾

第一七日　仏経の功徳、略を存ずるに、斯の如し。仰ぎ願くは　云云

第二七日　念仏往生の旨、要を取ること、之に在り。仰ぎ願くは　云云

第三七日　仏経の功徳、大略、此の如し。仰ぎ願くは　云云

第四七日　仰ぎ願くは　云云

第五七日　双巻経の大意、略して斯の如し

第六七日　仰ぎ願くは　云云

傍線部が省略されている部分であるが、第二七日の末尾（部分）と第五七日の末尾が残っていることに注目できよう。これは、それぞれに一つの説法の区切りを見ていたことの証左と考えられないであろうか。

第一七日の説法の中に『大経』『小経』の大意、第二七日の説法の中に『観経』の大意を述べた説法が収まっている。両日の説法を接続することで、法然が浄土三部経に説かれる念仏往生の法を述べたという形式になり、そのまとめを意味する言葉として、「念仏往生の旨、要を取ること、之に在り」が残されたと見ることができよう。

また、第三七日と第五七日には『大経』の説法がなされている。『観経』を讃嘆した第四七日を省略したことで、『大経』の説法が連続することとなり、その末尾に「双巻経の大意、略して斯の如し」という文章が置かれていることになるのである。第一七日における『大経』の説法の末尾にも「双巻経の大意、略して此の如し」（本書資料篇一五二頁）という結語があるのだが、これが省略されて第五七日末尾の同様の言葉は残されているのである。明らかに、全体の構造を意識した編集の形跡と言うことができるであろう。

2、具体的な情報

本資料は、外記禅門が逆修の法会を行った際の説法の記録であるのだが、それを示す具体的な情報が省略されている。詳細についてはすでに論じたので割愛するが、二点加えておくと、第三七日の説法では、次のように傍線部が省略されている。

是の故に今日講讃せられたまえる『双巻経』の題にも『無量寿経』といえり、

（『昭法全』二四九頁・本書資料篇一七二頁）

この箇所は文意を明瞭にするための省略とも見えるが、第三七日の逆修法会における『大経』の説法であるという情報を避けた可能性もあるだろう。

また、第五七日の説法にて、浄土五祖を讃嘆する部分の冒頭の文章では、次のように傍線部が省略されている。

次に五祖とは、此の如く往生浄土の祖師の五影像を図絵したまうに多の意有り。

（『昭法全』二六三頁・本書資料篇一九五頁）

法然は、浄土五祖の影像を前にして、五祖を讃嘆するに当たり、「このように往生浄土の祖師である五人の影像を図絵なさるには、たくさんの意味がある」と冒頭で述べている。「このように」という文言は、まさに図絵された五影像を指し示す言葉である。資料に臨場感を与えるこのような文言を省略するところにも注目できるだろう。もちろん「図絵したまう」という言葉から、誰かによって図絵された影像を題材にした説法であるということが予測でき、また、第一七日の説法中の「いまこの造立せられたまえる仏は」(『定親全』五・一〇頁)、「いまこの弥陀の三部経は」(『定親全』五・一八頁)、「今日講讃せられたまえるところは、この三部の中の『双巻無量寿経』と『阿弥陀経』となり」(『定親全』五・二二頁)という文言も残されており、説法の場面に関する情報が完全に払拭されているわけではないが、全体を見通す中で、外記禅門の逆修法会での説法の記録であるという情報は極力削除されていることは明らかであると言えよう。

親鸞は、本資料から、ある人物の要請によって行われた、特別な時の、特別な場での説法の記録であるという性格を取り除こうとしていると思われる。なぜならば、親鸞は本資料を「逆修説法」という歴史資料としてではなく、あくまで、「法然聖人の説法(法語)」として受け止めたからであろう。更に言えば、この説法に普遍性を付与するための編集であったと見ることもできるのではなかろうか。

3、『観経』定散二善・三福九品に関する説法

内容に関して窺うと、先学が指摘しているように、法然の説法の内、『観経』を主題とする説法の多くが省略されている(10)。

第一七日から第六七日に渡る説法の内、『観経』を主題とする説法は、第二七日、第四七日、第六七日に行われている。省略箇所はこの三日の説法に集中して見られる。

第二七日では、『観経』に説かれる定善十三観の解説が行われている。日想観から始まり、第十三雑想観に至るまで、法然は中略しながら観察行の目的を解説し、そして「我等如きも観んと欲はば、必ず成就すべきなり」(『昭法全』二四〇頁・本書資料篇一五六頁)とまで述べている。その後、散善の三福(孝養父母、奉事師長、具足衆戒、発菩提心、深信因果、読誦大乗、勧進行者)の解説があり、九品については、上品上生から下品下生まで、経文を適宜引用しながら解説を行っている。以上がすべて省略されている。

第四七日の説法はすべて省略されている。前半の内容は、阿弥陀仏の総別の二功徳の讃嘆であり、特に別徳の白毫相の功徳の讃嘆が中心になされている。後半では、『観経』の讃嘆となり、三福(孝養父母、奉事師長、慈心不殺、修十善業、受持三帰、具足衆戒、不犯威儀、発菩提心、深信因果、読誦大乗、勧進行者)の説法となる。第二七日で言及されることがなかった行業も含めて、詳しく解説されている。

そして三福の説法の終わりに法然は次のように述べている。

浄土を宗とせん人も、一切経は猶大切なるべき事なり。然る故は、此の観経の三福業の中に、説く所の諸行の行相を、余の諸経に顕さずは、何が知らん。（中略）然れば、浄土宗の中に、大小乗の諸経、皆悉く在るべきなり。何に況んや解説の師は、最も諸宗を兼学すべきなり。

（『昭法全』二六一頁・本書資料篇一九二頁）

法然は三福の行業に対する理解を深めるためには、大乗小乗の経典の内容を広く学ぶ必要があると述べているのである。なぜならば、『観経』のみで「受持三帰」「具足衆戒」など三福の行相を知ることはできないからだと言う。とりわけ経典を講説する師は、諸宗を兼学すべきであると、学問が勧められている。以上の説法がすべて省略されている。法然の上記の見解はもっともなことであるが、専修念仏の勧めに法然の説法の主題を見ようとするならば、この部分を含め第四七日の説法がすべて省略されていることにも理解ができよう。

第六七日の説法において、法然が『観経』に言及する中では、聖道諸宗の教相に言及する部分が省略されている。すなわち、禅宗、真言宗、三論宗、法相宗、小乗諸宗の教相を中心に述べるところである。たとえば禅宗について「往生浄土をば沙汰せず」（『昭法全』二七一頁・本書資料篇二〇八頁）と法然が述べるように、往生浄土を説かない聖道諸宗として取り上げられ説明されていることが省略の理由であると思われる。

4、仏の功徳の讃嘆部分

第一七日から第六七日の六度に渡る説法の構成はいずれも、先に阿弥陀仏の功徳の讃嘆があり、後に三部経や五祖についての説法となっている。その内、前半の仏の功徳の讃嘆部分が多く省略されているることに気づく。第二七日、第四七日、第五七日、第六七日の仏の功徳の讃嘆部分が省略されているのである。(11) 逆に言えば、残されている部分、すなわち、第一七日と第三七日の仏身に関する説法部分に何が説かれているのか、注意すべきであろう。

(三)「法然聖人御説法事」の構造

以上、省略・欠落箇所を概観したが、翻って「逆修説法」から何が残り、どのような説法として「法然聖人御説法事」は構成されているのかに目を向けていきたい。理解の便になるよう、試みに項目を設けて、「法然聖人御説法事」の全体像を記すと以下のようになる。

『西方指南抄』上本

頁数は『定親全』第五巻

構成を概観すると、上本は、法然が仏身の功徳と浄土宗の教相について説いた後、浄土三部経の概説を行って、念仏往生の要旨を説いた形式に整えられて、「念仏往生の旨、要を取ること、之に在り(12)」という結びの言葉が置かれている。更に、第三七日で行われた仏の功徳の説法、すなわち「阿弥陀」という名の功徳を讃嘆した説法が収められる。

上末は、『大経』の説法を軸にして整えられているように窺える。第三七日に行われた『大経』の説法と第五七日に行われた『大経』の説法とが、『小経』の説法、浄土五祖の讃嘆を挟んで収録されている。いずれも、『大経』上巻の法蔵菩薩の物語と、下巻の三輩段と流通分を題材とした説法である。そして、「双巻経の大意、略して斯の如し」という結びの言葉が置かれて、最後に第六七日で行われた『観経』の説法が収録される。

全体を通じて言えることは、善導の見解に依りながら、浄土三部経の経意を明らかにし、諸行との対比の中で、往生浄土の行として念仏を勧める説法となっていることである。そして、念仏往生の根拠である阿弥陀の本願の意を法然が明らかにする部分を軸として、「法然聖人御説法事」は構成されていると窺える。以上のように見当づけて、内容の読解に入っていくこととしたい。

註

（1）宇高良哲『『逆修説法』諸本の研究』（文化書院）一九八八・四二〇頁、四二一頁。

（2）「逆修説法」諸本の書誌は宇高良哲『『逆修説法』諸本の研究』に研究成果が公開されている。その後の成果も踏まえ、近年では『法然房源空述『逆修説法』』（仏教大学法然仏教学センター・二〇二三）解題に「逆修説法」の諸本とその概要とが整理されている。

（3）宇高良哲『『逆修説法』諸本の研究』四一三頁、善裕昭「善照寺蔵古本『漢語燈録』」（『黒谷上人語燈録写本集成1』浄土宗総合研究所編）二〇一一・四二九～四三〇頁、参照。

（4）宇高良哲『『逆修説法』諸本の研究』解説、『法然房源空述『逆修説法』』解題、参照。

（5）宇高良哲『『逆修説法』諸本の研究』四二〇頁。

（6）法然の説法の主意は、往生浄土の行として称名念仏を勧めるところにあることは言うまでもない。この箇所においては、その念仏に加えて更に灯明を供養する者に功徳がないはずがない、という文脈のもと外記の供養を讃えている。

（7）同じくこの箇所でも、浄土に生まれることで無量寿を備えるのであるが、重ねてこの業を修める者は言うまでもないという文脈のもと、外記の供仏施僧の営みを讃嘆している。

（8）中野は「法然聖人御説法事」という題目は親鸞の加筆、すなわち親鸞が付した題目と見ている。『増補改訂　法然遺文の基礎的研究』九九、一一四頁。

（9）省略に当たり「乃至」の語が置かれている箇所と置かれていない箇所があることに触れておきたい。「乃至」の語を置くことは、言うまでもなく、そこに何らかの原文があったことを伝えることになる。それが置かれずに省略されていることをどのように考えればよいであろうか。その箇所がはじめから書写の原本になかった可能性、また書写の段階で欠落した可能性も考えられるであろう。意図的に「乃至」の語を置かずに省略した可能性も考えられる。特に第五七日の後半から、第六七日にかけては「乃至」の語が置かれずに省略されていることを指摘しておきたい。

（10）本講録第一章註（23）参照。

（11）仏の讃嘆部分の省略の傾向については、浅野が指摘している。『親鸞聖人編『西方指南抄』の研究　上巻』九〇頁。

（12）「法然聖人御説法事」では、「念仏往生の旨要をとるにこれにありと」（『定親全』五・三三頁）と表記される。

第四章　「法然聖人御説法事」私解

本章では、「法然聖人御説法事」の構成に順って、「仏身の功徳（真化二身）」「浄土三部経の大意」「仏身の功徳（阿弥陀仏名）」「念仏往生」の項目を掲げて、概要を捉えてみたい。また、「法然聖人御説法事」以外に『西方指南抄』上巻に唯一収められている資料「建保四年公胤夢告」に注目し、本資料の収録意義について論じておきたい。

第一節　「法然聖人御説法事」の読解

（一）仏身の功徳――真化二身――

法然は六度に渡る「逆修説法」で、先に仏の功徳を讃え、後に経の功徳を讃えている。その内、「法然聖人御説法事」では、仏の功徳を讃える説法は、第一七日と第三七日の二カ所のみ残されている。まずは第一七日の冒頭から始まる仏の功徳を讃える説法部分を取り上げてみよう。

経証の中に、仏の功徳をとけるに無量の身あり。あるいは惣じて一身をとき、あるいは二身をとき、あるいは半三身をとき、乃至、『華厳経』には十身の功徳とけり。いま且く、真身・化身の二身をもって、弥陀如来の功徳を讃嘆したてまつらん。

（『定親全』五・三頁）

すでに確認したように、これは外記禅門が造立した阿弥陀仏立像を前にして行われている説法である。そのため初めに仏身の功徳を讃える説法が行われたのであろう。法然は、経典には無量の仏身が説かれているとし、今ここでは真身と化身の二身から阿弥陀仏の功徳を讃嘆しようと言うのである。

まず、真身の功徳が述べられる。真身とは真実の身のことであり、阿弥陀仏の因位である法蔵の願行によって得られた「修因感果の身」であると言う。これは『大経』に基づいた解説である。次に、その具体的な相が、『観経』の真身観に基づき説明される。(1) 経文通りに、阿弥陀仏の身量、白毫相、仏眼、円光について言及がされ、その相好には八万四千の光明があり、一一の光明があまねく十方世界の念仏の衆生を摂取して捨てないと言う。そして、真身観の冒頭部分に戻って、阿弥陀仏の身色が夜摩天の閻浮壇金のようであると経文に説かれていることを押さえている。

その後は身色に対する解説が中心となる。阿弥陀仏に限らず諸仏はみな黄金の色であると言い、黄金は不変の色であるから仏の常住不変の相を示すためにみな黄金の色を現しているのだと言う。よって、阿弥陀仏像を造るに当たり、仏の本来の色である金色に造ると「決定往生の業因」になると言うのである。これが法然の言う真身の功徳の内容である。

法然はここで仏の身色が黄金であるということに特に注意を払っているようだが、それは仏の常住不変の相を表しているということと同時に、真身観を引用するように、阿弥陀仏の摂取不捨のはたらきを表していることもその理由であろう。だからこそ、仏像を金色に造ることが「決定往生の業因」になると言うのである。これは言うまでもなく、外記の造像（恐らく金色の立像であろう）を讃えての言葉である。

ところで、この真身の功徳の説法の終わりには「即生の功徳、略を存ずるにかくのごとし」（『定親全』五・六頁）という文章があるのだが、これが「逆修説法」にはない（本書資料篇一四五頁参照）。親鸞所持の原資料にもともとあった文章なのか、それとも親鸞による加筆であるのかは不明である。(2)

次に化身の功徳が述べられる。先の真身の功徳の説法に比して法然の解説は詳しい。

次に化身というは、無而欻有を化という、すなわち機にしたがうときに、応じて身量を現ずること、大小不同なり。（『定親全』五・六頁）

「無而欻有（無にして欻有なる）(3)」の「欻」は、「火をふきたてたちまちに燃え上がらせる、ひいてたちまちの意を表す」（『新字源』）字であり、たちまち（忽）、にわかに起こる（卒起）という意味を持つ。よって、何も無いところから、にわかに現れる様を表すのが化身の「化」ということになる。

親鸞はこれに「かたちもなくしていずるをいう」と左訓を施している。

そして、法然は、化は機に順って様々な姿を現すことであるとし、この後、五種の化仏が挙げられる。すなわち、円光の化仏、摂取不捨の化仏、来迎引接の化仏、十方の行者の本尊のために小身を現じたまえる化仏、新生の菩薩を教化し説法せんがために小身を現じたまえる化仏の五種である。いずれも先の真身の功徳を具体的に表現した化仏であると言えよう。この内、今回外記が造立した阿弥陀仏立像は来迎引接の形像であって、特にこの姿が往生の業において「なおその便宜をえたるなり」(『定親全』五・一〇頁)と法然は述べ、その造立を讃えている。なぜならば、説法講堂の像や池水沐浴の像など種々の尊い形像はあるけれども、我々が浄土の依正二報を目の当たり見聞することは、来迎に預かって浄土に往生した上でのことである。よって、往生の志がある人は、まずはこの来迎引接の形像を造って、本願の第十九願を仰ぐべきであると考えるからである(4)。

そして、法然は、第十九願には様々な解釈があるとした上で、阿弥陀仏の来迎の意義について、三つの点から解説を行う。すなわち、「臨終正念のために来迎する」、「道の先達のために来迎する」、「対治魔事のために来迎する」である。二つ目の「道の先達のために」とは、浄土への先達のために阿弥陀仏が来迎するという意味である。つまり、行者の先達となって浄土へ導くために来迎するということであり、良源がこれを「現前導生の願」と名づけていることを教えている(『定親全』五・一五頁)。三つ目の「対治魔事のために」とは、往生の行業を妨げんとする魔の障難を対治するために来迎するという意味である。このように来迎の意義を述べて、仏像を造るには、特に来迎像を造るべきであると言うのである。

さて、今ここでは、一つ目の「臨終正念のために来迎する」という法然の見解に注目したい。行者に臨終正念を得させるために阿弥陀仏が来迎するという意味である。これは、法然以前、平安中期の人々の浄土教理解を背景として述べられた法然の来迎観である。

当時の人々は、浄土への往生は、臨終に正念に住することによって、阿弥陀仏の来迎に預かり可能となると考えたのであった。たとえば、源信の『往生要集』には「臨終の一念は百年の業に勝るという」(『真聖全』一・八五九頁)と説かれている。次の瞬間には生処が決定するので、浄土への往生を確かなこととするために、特に臨終時において一心に念仏することを勧めるのである。極論すれば、いくら平生において往生を願い善根功徳を積んだとしても、臨終の一念に妄念に覆われて正念に住することがなかったならば、これまでの努力がすべて水泡に帰すということになるであろう。このように臨終の一念を重視するところから、『往生要集』大文第六「別時念仏」において臨終行儀が詳説される。言うまでもなく、その儀式は、行者を正念に住せしめて、往生の確信を与えるためのものであった。この源信の教示に順って、当時の貴族たちが臨終行儀を盛んに実践し、阿弥陀仏の来迎を求めたことはよく知られている。

では、法然の見解はどうであろうか。法然が言うには、行者は臨終に三種の愛心（執着心）を起こすので、阿弥陀仏が来迎して行者を護り、三種の愛心を滅ぼすのであると言う（『定親全』五・一一頁）。その証文として、『称讃浄土経』と『小経』の経文を引用した後、次のように述べている。

しかれば、臨終正念なるがゆえに来迎したまうにはあらず、来迎したまうがゆえに臨終正念なりという義あきらかなり。

（『定親全』五・一二頁）

ここに臨終正念と来迎との関係について、法然の見解が示されている。臨終に正念に住するから阿弥陀仏が来迎するのではなく、阿弥陀仏が来迎するから臨終に正念に住するのであると言うのである。法然は臨終に正念に住することによって、阿弥陀仏の来迎に預かるという当時の一般的な見解を否定しているのである。

法然の説法は、当時の状況にも次のように触れている。

しかるに、いまのときの行者、おおくこのむねをわきまえずして、ひとえに尋常の行においては怯弱生じて、はるかに臨終のときを期して、正念をいのる。もっとも僻韻なり。

（『定親全』五・一二～一三頁）

当時の行者の中に、日頃の念仏を疎かにして、遙か後の臨終時の正念を重視する者がいたことを物語っている。これを「もっとも僻韻なり」と言うように、大変間違ったことであるときつく戒めている。今、念仏の行に励むことが肝要であるという考えがあるからである。法然の主張は次に明確に見られる。

しかれば、よくよくこのむねをこころえて、尋常の行業において、怯弱のこころをおこさずして、臨終正念において決定のおもいをなすべきなり。これはこれ至要の義なり。きかん人こころをとどむべし。

（『定親全』五・一三頁）

日頃の念仏を励み、（来迎によって）臨終に正念になって必ず往生できるという思いをなすべきであると言う。言うまでもなく、重きは「尋常の行」にある。これを「至要の義なり」「きかん人こころをとどむべし」とまで言うように、日頃の念仏が大事であるという、法然の強い態度が窺える。化身の功徳の説法の中でも、特に注目できるところであろう。

以上のように、法然は、臨終に正念に住することによって、阿弥陀仏の来迎に預かるという見解を否定しているのである。これは、自力の否定と言い得る態度であろう。臨終正念を要請するということは、行者にそのための実践を求めることになる。つまり、往生の可否は行者の側に委ねられているのである。一方、法然の言う「臨終正念のために来迎する」とは、阿弥陀仏が来迎することによって、正念に住することが可能となり、往生するという見解である。これは、往生の可否が阿弥陀仏に委ねられているのである。そして、阿弥陀仏の来迎は、「在生のあいだ、往生の行成就せんひとは、臨終にかならず、聖衆来迎をうべし」（『定親全』五・一一二頁）と述べるように、「尋常の行」によって得られるというのが法然の見解である。[5]

この論理に焦点を当てると、親鸞がこの部分を書写し、門弟たちに伝えようとしたことにも理解ができるように思う。親鸞は法然の言説の中にあるこの他力性と現在性とに着目しているのではなかろうか。更に親鸞は法然の見解を受けつつ、臨終来迎を期待すること自体を明確に否定し、現生正定聚の立場から独自の来迎観を自らの著作で提示していく。親鸞の臨終来迎に対する見解を検討するに当たっては、その背景として法然のこのような言説にも注目する必要があるであろう。

(二) 浄土三部経の大意

「逆修説法」における第一七日の説法は、阿弥陀仏の来迎の意義を述べた後、浄土宗の所依の経典、浄土宗名の証拠、浄土宗の師資相承の解説があり、そして、浄土宗のみが機教相応の法門であることが主張される。すべて省略なく「法然聖人御説法事」に見られる。そして、法然の説法は、浄土宗の法門の根拠となる浄土三部経の説法に移る。「逆修説法」では『大経』と『小経』の大意が述べられて、第一七日が終了している。そして、第二七日にて『観経』を題材にした説法を行うという次第となっている。

一方、「法然聖人御説法事」では、同じく『大経』の説法と『小経』の説法が一部省略されつつ収められているが、それに続けて『観経』の説法が掲載されている。つまり、法然による浄土三部経の一連の説法という形式に整えられているのである。以下、その展開を確認してみよう。

まず『無量寿経』には、はじめに弥陀如来の因位の本願をとく、次にはかの仏の果位の二報荘厳をとけり。しかればこの『経』には、阿弥陀仏の修因感果の功徳をとくなり。乃至

（『定親全』五・一二一頁）

まず『大経』は、阿弥陀仏の因位の本願と、その成就である果位の依正二報の荘厳を説く経典であることを法然は押さえている。次に、その因位の本願とは、『大経』上巻の初めに説かれる四十八願であり、果位の願成就は、上巻の後半および下巻の初めに説かれている浄土の荘厳と衆生往生の因果であると述べているのだが、この部分は省略（乃至）されている（本書資料篇一五二頁）。その後、ここでは教説内容に踏み込むことはないが、唯一『大経』下巻の三輩の文に対してのみ解説が加えられている。

その中に衆生往生の因果をとくというは、すなわち念仏往生の願成就の「諸有衆生聞其名号」の文、および三輩の文これなり。もし善導の御こころによらば、この三輩の業因について正雑の二

行をたてたまえり。正行についてまた二あり。正定助業なり。三輩ともに「一向専念」といえる、すなわち正定業なり、かの仏の本願に順ずるがゆえに。またそのほかに助業あり雑行あり。乃至

（『定親全』五・一二一〜一二三頁）

先ほど述べた衆生往生の因果とは、『大経』下巻の冒頭にある第十八願成就文とそれに続く三輩の文であることが示される。そして、特に三輩の文（三輩段）に言及されている。三輩段には、念仏と余行とが説かれているが、ここでは善導の正雑二行と正助二業の分類に順って解説し、上輩・中輩・下輩の三輩とも「一向専念」と説かれていることから、念仏が正定業であり、阿弥陀仏の本願に順う実践行であるとするのである。

更に次のように述べる。

おおよそ、この三輩の中に、おのおの菩提心等の余善をとくといえども、上の本願をのぞむには、もっぱら弥陀の名号を称念せしむるにあり。かるがゆえに「一向専念」といえり。上の本願というは、四十八願の中の第十八の念仏往生の願をさすなり。一向のことば、二三向に対する義なり。もし念仏のほかにならべて余善を修せば、一向の義にそむくべきなり。往生をもとめん人はもっぱらこの『経』によって、かならずこのむねをこころうべきなり。

（『定親全』五・一二三頁）

三輩段には、往生浄土の行業として菩提心等の念仏以外の善行が説かれているけれども、三輩のい

ずれにも「一向専念」と説かれているように、阿弥陀仏の本願から窺うと、称名念仏の勧めにこの教説の主眼があるとするのである。

ここで、称名念仏による浄土への往生は、「四十八願の中の第十八の念仏往生の願」を根拠とすることが明らかに述べられている。この主張が、この先の「法然聖人御説法事」の基調となっていることをここで指摘しておきたい。また、この先、三輩段を繰り返し取り上げることにも見られるように、法然は善導の見解を拠り所として「一向」の語に着目し、諸行との対比の中で念仏往生を勧めていくことにも注意しておきたい。

続けて、『小経』の大意が述べられる。

次に『阿弥陀経』は、はじめには極楽世界の依正二報をとく、次には一日七日の念仏を修して往生することをとけり、のちには六方の諸仏、念仏の一行において証誠護念したまうむねをとけり。すなわちこの『経』には余行をとかずして、えらびて念仏の一行をとけり。

（『定親全』五・二四頁）

「法然聖人御説法事」では省略もあって、『小経』の構造、すなわち「極楽依正」「念仏往生」「諸仏証誠」の三つの内容で『小経』は構成されていることを述べるのみである。(6) そして、念仏一行のみを説くところに『小経』の特色があることを押さえた後、法然は両経の内容を踏まえ、次のようにまとめている。

おおよそ、念仏往生は、これ弥陀如来の本願の行なり、教主釈尊選要の法なり、六方諸仏証誠の説なり。余行はしからず、そのむね『経』の文および諸師の釈つぶさなり。乃至

（『定親全』五・二四頁）

念仏往生は、弥陀如来の本願の行であり、教主釈尊選要の法であり、六方諸仏の証誠の説であると言い、弥陀、釈迦、諸仏の三者によって成立している法門であることを確かめている。一方で念仏以外の行はそうではないとし、その旨は経文と諸師の解説に詳しく説かれていると言う。ここにおいても、諸行との対比の中で念仏往生を勧めているところに注意しておきたい。

さて、ここまでで「逆修説法」第一七日は終わりとなるのだが、「法然聖人御説法事」では、第二七日の標題と冒頭にある阿弥陀仏の功徳の讃嘆部分が省略されて、第二七日で行われた『観経』の説法が続けて引かれている。その始まりの部分に注目してみよう。

また経を釈するに仏の功徳もあらわれ、仏を讃ずれば経の功徳もあらわるるなり。また疏は経のこころを釈したるものなれば、疏を釈せんに経のこころあらわるべし、みなこれおなじものなり、まちまちに釈するにあたわず。乃至

（『定親全』五・二四頁）

これは『観経』の説法の前に置かれた「成上起下」に相当する文章であると言えよう。法然は

「仏」と「経」と「疏」との関係に言及している。経典を解釈すると仏の功徳が明らかになり、仏を讃嘆すると経典の功徳も明らかになると言う。法然の説法は、仏の功徳の讃嘆と経典の功徳の讃嘆で構成されているが、それらは別々の事柄ではないことが押さえられている。注目すべきは、それに加えて「疏」に言及することである。疏、すなわち注釈書は経典のこころを解釈したものであるから、それを解釈し理解すれば、経典のこころも明らかになるというのである。明らかにこれは、善導の『観経疏』を念頭にした言葉であろう。つまり、これからの『観経』の説法は、善導の『観経疏』を拠り所として経典の意を明らかにしていくという、『観経』解釈の基準を法然が示唆した部分と窺える。親鸞がこの一節を残したのは、この先の法然による『観経』の説法の主意を、より明確にするためであったと見られる。そのことは、この先の「法然聖人御説法事」における『観経』の説法部分を拝読すると明らかである。

『観経』の説法は次のように始まる。

いまこの『観無量寿経』に二のこころあり。はじめには定散二善を修して往生することをあかし、つぎには名号を称して往生することをあかす。乃至　（『定親全』五・一二五頁）

まず、このように『観経』の全体像を確かめて、定善の十三観と散善の三福九品の内容が詳しく解説されていく。それが「逆修説法」第二七日の説法の主な内容である。ところが、「法然聖人御説法事」では、「はじめには」として位置づけられた定散二善に対する法然の説法はほぼ省略されて、(7)「つぎには名号を称して往生することをあかす」とされた教説部分に対する法然の説法が残されているのである。

次に名号を称して往生することをあかすというは、「仏、阿難につげたまわく、なんじよくこの語をたもて、この語をたもてというは、すなわちこれ無量寿仏のみなをたもてとなり」とのたまえり。善導これを釈していわく、「仏告阿難汝好持是語というより已下は、まさしく弥陀の名号を付属して遐代に流通することをあかす、かみよりこのかた定散両門の益をとくといえども、仏の本願をのぞむには、こころ衆生をして、一向にもっぱら弥陀仏のみなを称するにあり」とのたまえり。おおよそこの『経』の中には、定散の諸行をとくといえども、その定散をもっては付属したまわず。ただ念仏の一行をもって阿難に付属して未来に流通するなり。

（『定親全』五・二七～二八頁）

『観経』の流通分において、この説法の要点を尋ねた阿難に対して釈尊が答えた部分と、それに対する『観経疏』散善義の善導の解釈を引用して、『観経』の説法の主意は定散二善にはなく、念仏の勧めにあることを明らかにしている。親鸞はこの部分を残しているのである。

仏の本願をのぞむというは、弥陀如来の四十八願の中の、第十八の願をおしうるなり。いま教主釈尊、定散二善の諸行をすてて念仏の一行を付属したまうことも、弥陀の本願の行なるがゆえなり。一向専念というは、『双巻経』にとくところの三輩のもんの中の、一向専念をおしうるなり。一向のことば余をすつることばなり。この『経』には、はじめにひろく定散をとくといえども、のちには一向に念仏をえらびて付属し流通したまえるなり。しかればとおくは弥陀の本願にしたがい、ちかくは釈尊の付属をうけんとおもわば、一向に念仏の一行を修して往生をもとむべきなり。（『定親全』五・二一九頁）

『観経疏』に「仏の本願をのぞむ」とあるのは、阿弥陀仏の第十八願のことであると確かめ、釈尊が流通分にて定散二善の諸行を捨てて、念仏の一行を阿難に付属したのは、それが阿弥陀仏の本願の行であるからだと、『大経』の本願に根拠を置いて法然は『観経』の意を読み解いていく。また、『観経疏』にある「一向」についても、『大経』三輩段の「一向専念」の一句から解釈を行っている。

このように法然は『観経疏』に基づき、『観経』を『大経』の本願、すなわち第十八願のこころに拠って解釈していくのである。そして、遠くは阿弥陀仏の本願に順い、近くは釈尊の付属を稟けようと思うならば、一向に念仏の一行を修めて、浄土への往生を求めるべきであると勧めるのである。ここまでが「法然聖人御説法事」における『観経』の大意を述べた法然の説法である。以上のように、諸行を捨てて称名念仏を勧めるところに法然の説法の主意があることが明確になるように、「法然聖人御説法事」は整理されているのである。

最後に、念仏往生が諸行往生よりもすぐれていることを、経釈を証文として六つの観点から論じている（『定親全』五・三〇〜三二頁）。すなわち、「因位本願」、「光明摂取」、「弥陀自言」、「釈迦付属」、「諸仏証誠」、「法滅往生」の六項目を挙げて、浄土三部経および善導の解釈のいずれもが、また、弥陀・釈迦・諸仏のいずれもが、余行を選び捨てて、念仏一行を選び取り勧めていることを確かめて、念仏往生の法を讃嘆している。そして、

念仏往生の旨要をとるにこれにありと。（『定親全』五・三三頁）

と、結びの文章が置かれている。そもそもは「逆修説法」第二七日の説法の結びにある文章だが、親鸞はこれを残すことによってここまでのまとめとしているのであろう。つまり、法然が浄土三部経の大意を述べて、念仏往生の要旨をここで明らかにしたという形式にしたものと思われる。

(三) 仏身の功徳――阿弥陀仏名――

法然が第一七日から第六七日の間に行った六度に渡る「仏の功徳」に関わる説法の内、「法然聖人御説法事」に残る二つ目の説法、「阿弥陀仏（名号）の功徳」の説法部分を取り上げておこう。これは「逆修説法」の中では、第三七日に行われている説法である。

法然は、阿弥陀仏の功徳は無量であるけれども、その要を取って言えば、名号の功徳に勝るものはないと述べて、名号の功徳の讃嘆を始めるのである。

しかればいまその名号について讃嘆したてまつらば、阿弥陀というはこれ天竺の梵語なり。ここには翻訳して無量寿仏という、また無量光といえり。または無辺光仏・無碍光仏・無対光仏・炎王光仏・清浄光仏・歓喜光仏・智慧光仏・不断光仏・難思光仏・無称光仏・超日月光仏といえり。ここにしりぬ、名号の中に光明と寿命との二の義をそなえたりということを。かの仏の功徳の中には、寿命を本とし光明をすぐれたりとするゆえなり。しかればまた、光明・寿命の二の功徳をほめたてまつるべし。

（『定親全』五・二三二～二三四頁）

法然はまず、「阿弥陀」は梵語であり、意訳では「無量寿」「無量光」の二義あることを確かめて、阿弥陀という名に込められている光明と寿命の功徳をそれぞれ明らかにしていくのである。この中で「かの仏の功徳の中には、寿命を本とし光明をすぐれたりとする」と述べているように、光明の功徳の讃嘆部分では、その超勝性を明らかにするところに説法の主意が窺え、また、寿命の功徳の讃嘆部分では、阿弥陀仏の寿命の功徳があらゆる功徳の根本であると主張することに特色が窺える。以下、概要を述べておこう。

1、光明の功徳

まず、光明の功徳の讃嘆では、十二光仏の内、無量光・無辺光・無碍光・清浄光・歓喜光・智慧光が取り上げられている。憬興の『無量寿経連義述文讃』における十二光仏の解説に拠りながら、その名の意味を確かめていくことから、阿弥陀仏の功徳を明らかにしている。すなわち、阿弥陀仏が十方無量の念仏の衆生を普く摂取するはたらきが、その名である無量光、無辺光、無碍光の解説によって、そして、その摂取不捨の利益として、衆生の貪欲、瞋恚、愚痴の罪が滅せられることが、清浄光、歓喜光、智慧光の解説によって明らかにされているのである(8)。

次に、「常光」と「神通光」に分けての解説を行う。仏の光明功徳は多種あるが、大きく分けると「常光」(「長時不断にてらす光」)と「神通光」(「別時にてらす光」)に収まるとし、阿弥陀仏の常光は、八方上下無央数の諸仏の国土をあまねく照らし、長い間、不断に照らす光であると言う。また、阿弥陀仏の神通光とは、摂取不捨の光明のことであり、念仏の衆生がある時は照らし、念仏の衆生がない時は照らすことがないということから神通光であると説明がされている。

また、諸仏のあらゆる功徳の中でも、光明の功徳のみが「まさしく法界に遍ずる相をあらわせる功徳」(『定親全』五・四二頁)であるという理由によって、もっとも勝れているということを確かめて、諸仏の中でも阿弥陀仏の光明が特に勝れていることに言及される。そして阿弥陀仏がそのような勝れた功徳を得たのは、因位法蔵菩薩の願行、すなわち第十二願と兆載永劫の修行によることが押さえられている。

光明の説法の最後には、灯指比丘と梵摩比丘と阿那律の故事が紹介されている。灯指比丘は、過去世において古い仏像の指を修理した功徳によって、梵摩比丘は、仏に灯明を献げた功徳によって、それぞれ光明の功徳を得た者として紹介される。阿那律は天眼通を得たとされる仏弟子であるが、その背景には過去世に灯明を掻き上げた功徳があることが明らかにされる。いずれも過去世の行為（特に梵摩比丘と阿那律は仏に灯明を献げたこと）によって、光明の功徳と天眼通が得られた話をして光明の讃嘆は終わる。

「逆修説法」では、更にこの後、外記による灯明の供養に言及がされている。先の故事に示されているように、仏に灯明を供えるのは、光明を得る行為であり、天眼を得る行為であるとした上で、

今、この大法主禅門、四十八の灯明を挑て、四十八の願王に奉りたまえる、即ち光明の業なり、亦、天眼の業なり。（『昭法全』二四八頁・本書資料篇一七〇頁）

と、外記禅門が四十八の灯明を挑げて、阿弥陀仏に供えたことは、光明を得る行為であり、天眼を得る行為であると讃嘆し、外記の行為を讃えて光明功徳の讃嘆は終わるのである。ここに帰結していくように、この法然の説法は外記の供養を讃えることを念頭に行われているようである。この構成は次

の寿命功徳の讃嘆部分も同様である。ちなみに「法然聖人御説法事」では、すでに確認したように外記を讃えたこの部分は省略されている。

2、寿命の功徳

次に、寿命功徳の讃嘆部分を確認してみよう。まず、阿弥陀仏の寿命とその国土の衆生の寿命とが無量であることが、『大経』を引用して説明される。そして、寿命の功徳に対する法然の見解が示される。

すべて仏の功徳を論ずるに、能持・所持の二の義あり。寿命をもって能持といい、自余のもろもろの功徳をばことごとく所持というなり。寿命はよくもろもろの功徳をたもつ、一切の万徳みなことごとく寿命にたもたるるがゆえなり。これは当座の導師がわたくしの義なり。すなわちかの仏の相好・光明・説法・利生等の一切功徳および国土の一切荘厳等のもろもろの快楽のことら、ただかの仏の命のながくましますがゆえの事なり。もし命なくば、かれらの功徳荘厳等なにによりてかとどまるべき。しかれば四十八願の中にも寿命無量の願に、自余の諸願をばおさめたるなり。

（『定親全』五・四七〜四八頁）

法然は、仏の功徳には「能持」（寿命）と「所持」（自余の諸功徳）の二義があり、寿命の功徳があらゆる功徳の本であると論じていく。これを「当座の導師がわたくしの義なり」と断りを入れて、寿命の功徳を重んじ、仏の依正二報のすべての功徳が、寿命無量の功徳に持たれているという私見を述べ、更には、第十三願「寿命無量の願」に、それ以外の願いがすべて収まるとまで言うのである。第十八願も例外ではなく、寿命が無量であるからこそ、第十八の念仏往生の願もそのはたらきが広く行き渡るとするのである。このようにこの説法中では、寿命無量の功徳を殊に重視するところに注目できよう。

そして、我々娑婆世界の人々も「命をもって第一のたからとす」（『定親全』五・四九頁）と言い、命があるからこそ七珍万宝なども自らの宝になることと同じであると説明がされている。なお、この後、「逆修説法」では玄奘三蔵が命を「第一の宝」と述べた故事が引用されているが、「法然聖人御説法事」では省略されている（本書資料篇一七二頁）。

その後は、『大経』の経題が「無量寿経」であることに言及し、『大経』は阿弥陀仏の功徳を説く経典であるが、その仏の功徳の中でも寿命無量がなお勝れているが故に無量寿を経題としていると、その理由が述べられる。

最後に、この寿命無量の功徳は、因位法蔵の願行によって成就した功徳であることを述べる。すなわち、阿弥陀仏がその因位において、第十三願を建て、不殺生戒を持ち、飲食医薬をすべての衆生に供養し施与したことによると、寿命無量の功徳の因を述べて「法然聖人御説法事」における寿命功徳の讃嘆は終わる。そして、先の光明功徳の讃嘆と同様に、「逆修説法」では、この後更に外記の供仏施僧の営みが讃えられている。

故に知りぬ。この逆修五十ヶ日の間の供仏施僧の営みは、併ら寿命長遠の業なり。設い其の業因を修せずとも、彼の国に生まるることを得る者は、唯仏願力に由りて無量の命を備う。何に況んや、是の如く重ねて業因を修し坐んをや。（『昭法全』二五〇頁・本書資料篇一七三〜一七四頁）

逆修五十日の間の仏を供養し僧に施す営みは、長命を得る行為であると言う。仮にこのような行為がなくても、浄土に生まれる者はみな仏願力によって無量の命を得るのだが、まして、このように供仏施僧の営みを重ねた者は言うまでもないと、法然は外記の行為を讃えるのである。

法然は、衆生に飲食を施与し、慈悲に住して不殺生戒を持つことが、長命の果報を得ることになると言い（『定親全』五・五一頁）、阿弥陀仏の寿命無量の功徳も、無央数劫の間、不殺生戒を持ち、飲食医薬を衆生に供養し施与したことによって得た功徳であると述べている。この論理を受けて、先のように外記の供養を讃嘆するのであるから、この説法は、当然の如く供養の勧めとして聴衆には聞き取られたのではないであろうか。

そして、法然は外記の灯明の供養と供仏施僧の営みの両者をまとめて、次のように述べ、阿弥陀仏

（名号）の功徳の讃嘆が終わる。

然れば則ち、既に四十八灯を挑げて、亦、四十八種を備うこと、自然長久の寿の上に重ねて無量の寿を副え、任運得生の光の上に、猶、最勝の光を増さんとなり。

（『昭法全』二五〇頁・本書資料篇一七四頁）

このように、「逆修説法」では、法然による光明寿命の功徳の讃嘆は、その全体が外記の供養の讃嘆に帰結しているのである。この点から窺うに、これは初めから外記の供養を讃嘆することを念頭に行われた説法であるように見える。供養の勧めとも受け取られかねないこの法然の言説が「法然聖人御説法事」ではすべて省略されている。それによって、「法然聖人御説法事」では、この段落は法然による名号解釈そのものとして読めることになっていることには特に注意すべきであろう。

3、弥陀の入滅

さて、その後、法然の説法は阿弥陀仏の入滅に言及される。阿弥陀仏の寿命は無量であるのだが、涅槃を迎え隠れる時があると教え、その時の悲しみがどれほどのことであろうかと、この土における釈尊入滅時の衆生の悲しみに準えて推し量っている。

そもそも阿弥陀仏の入滅は、『大阿弥陀経』、『平等覚経』に説かれている。(9) 寿命無量に矛盾する教説であるが、法然はこれについて道綽の見解を引用して解説を行っている。そこにこの説法の意図を窺うことができる。

道綽の『安楽集』では、念仏の衆生には始益と終益があることを説き、終益については『観音授記経』を引いて解説を行っている（『真聖全』一・四一五〜四一六頁）。法然はその箇所を次のように説明する。

道綽禅師、念仏の衆生において、始終両益ありと釈したまえる、その終益をあかすに、すなわち『観音授記経』をひきていわく、「阿弥陀仏住世の命、兆載永劫ののち、滅度したまいて、ただ観音・勢至、衆生を接引したまうことあるべし。そのときに一向にもっぱら念仏して往生したる衆生のみ、つねに仏をみたてまつる。滅したまわぬがごとし。余行往生の衆生はみたてまつることあらず」といえり。

（『定親全』五・五二頁）

阿弥陀仏の寿命は兆載永劫であるが、入滅してただ観音菩薩と勢至菩薩が衆生を導く時がある。その時に一向に念仏して往生した衆生のみが、まるで入滅されなかったかのように、常に阿弥陀仏を拝見することができるが、余行往生の衆生はできないと、道綽が『観音授記経』を引用して解説し、念仏の衆生の終益を明らかにしていることを教えている。

法然は、この解説を受けて念仏の一行を勧めているのである。涅槃に入られても念仏の衆生が元のように阿弥陀仏にお会いできるのは、大変有り難いことであり、「念仏一行、かの仏の本願なるがゆえなり」（『定親全』五・五六頁）と、その根拠は阿弥陀の本願にあることが示される。そして、念仏の一行によってすべての衆生を救うことが阿弥陀仏の本願であるのだから、往生を願う者は、専修念仏の一門より入るべきであると勧めて、阿弥陀仏の功徳を讃嘆する説法は終わるのである。

このように、阿弥陀仏の入滅に言及する説法は、『安楽集』に説かれるところの終益を挙げて、念仏の一門を勧めるところに、その主意があることが分かる。

ここまでが、『西方指南抄』上本に収められている「法然聖人御説法事」となる。

(四) 念仏往生

『西方指南抄』上末は、次の文章から始まる。

次に『双巻無量寿経』。浄土三部経の中には、この『経』を根本とするなり。（『定親全』五・五九頁）

これは、「逆修説法」で言えば、第三七日の後半部分に収められている『大経』の説法である。この始まりに象徴されるように、『西方指南抄』上末に収められた「法然聖人御説法事」は、『大経』を題材にした説法を軸に編集されているように窺える。

すでに確認したことであるが、『西方指南抄』上末を概観すると、「逆修説法」第三七日で行われた

『大経』の説法、『小経』の説法がまず収められ、『観経』の説法を行った第四七日の説法全体と、第五七日の前半（仏の功徳の説法部分）を飛ばして、浄土五祖の讃嘆部分と『大経』を中心にした念仏往生の法門を明らかにする説法が収められている。最後に、第六七日に行われた『観経』の説法が抄出されている。

上末に収められている第三七日での『大経』の説法と、第五七日での『大経』の説法は、いずれも阿弥陀仏の因位法蔵の発願とその成就および、下巻の三輩段と流通分を題材にしたものである。両者は重複するところもあるが、説法の主意に相違も見られ、また、一方にしか見られない法然の見解もある。よって、本節では相違点に留意しながら、特に『大経』の説法部分を概観し、法然の説法の主意を確かめておくこととしたい。

1、念仏往生―本願を根本とする

次に『双巻無量寿経』。浄土三部経の中には、この『経』を根本とするなり。其の故は一切の諸善は願を根本とす。而るに此の『経』には、弥陀如来の因位の願をときていわく、

（『定親全』五・五九頁）

法然は、『大経』には阿弥陀仏の本願が説かれていることを理由として、浄土三部経の中でこの経

を根本とすると言う。そして、『大経』に説かれる法蔵発願の道程を解説していく。

そのとき世自在王仏、法蔵比丘のために、二百一十億の諸仏の浄土の人天の善悪、国土の麁妙をとき、また現じてこれをあたえたまう。法蔵比丘、仏の所説をきき、また厳浄の国土をことごとくみおわりてのち、五劫のあいだ思惟し取捨して、二百一十億の浄土の中よりえらびとりて、四十八の誓願をもうけたり。

（『定親全』五・六〇頁）

本願の起こりを明らかにすべく、法然は『大経』に説かれる世自在王仏と法蔵比丘との対話部分を要約し、法蔵の四十八願はいずれも、「二百一十億の諸仏のくにの中より、善悪の中には、悪をすてて善をとり、麁妙の中には、麁をすてて妙をと」（『定親全』五・六〇頁）った選択の願であることを、『大経』の異訳である『大阿弥陀経』の経文を踏まえて教える。そして、第十八の念仏往生の願にも、法蔵による称名の選びという選択の意があることを教えている（『定親全』五・六二頁）。

更に、重誓偈の一部と現瑞証誠の段を引いて、本願成就はすでに法蔵が発願した時点で現れているとする。このように『大経』の解説を行った上で、法然は善導の見解を引きながら、四十八願の中で第十八願が根本の本願であることを述べていく。以下、該当部分を引用しておこう。

かの仏の願力をあおぎて、かのくににうまれんとねがうは、この法蔵菩薩、四十八願の法門にいるなり。すなわち道綽禅師・善導和尚等もこの法蔵菩薩の四十八願法門にいりたまえるなり。

いま浄土宗を宗とせん人は、この『経』によって四十八願法門をたもつべきなり。この『経』をたもつというは、すなわち弥陀の本願をたもつなり。弥陀の本願というは、法蔵菩薩の四十八願法門なり。その四十八願の中に第十八の念仏往生の願を本体とするなり。

（『定親全』五・六三〜六四頁）

念仏往生ということは、みなもとこの本願よりおこれり。しかれば『観経』・『弥陀経』にとくところの念仏往生のむねも、乃至余の経の中にとくところも、みなこの『経』にとけるところの本願を根本とするなり。

（『定親全』五・六四〜六五頁）

凡そこの三部経にかぎらず一切諸経の中にあかすところの念仏往生は、みなこの『経』の本願をのぞまんとてとけるなりとしるべし。

（『定親全』五・六五頁）

法然の主張は明快である。まず、阿弥陀仏の本願力を仰いで、浄土に生まれようと願う者は、この法蔵の四十八願の法門に入るのであり、道綽、善導を代表として先人たちもこの法門に入ったとする。そして、今、浄土宗を拠り所とする人は、『大経』によってこの四十八願の法門をたもつべきであり、たもつべき本願の中でも第十八の念仏往生の願を本体とすると言う。更に、念仏往生の道はみなこの第十八願から起こっているのであって、『観経』『小経』のみならず、他の経典に説かれている念仏往生もみな『大経』の第十八願を根本とするとまで言うのである。

このように、第十八願が諸経に説かれるところの念仏往生の根本となる本願であり、だからこそこれを説く『大経』が根本の経典であると、『大経』を讃嘆するところにこの部分の説法の主意がある。

その後は、第十八願における称名念仏の選びの理由が、二つの視点から述べられる。一つが、「念仏は殊勝の功徳なるがゆえに」、二つが「念仏は行じやすきによって、諸機にあまねきがゆえに」（『定親全』五・六七頁）であり、その殊勝性と易修性の二面から理由が述べられ、

これによって、法蔵菩薩平等の慈悲にもよおされて、あまねく一切を摂せんがために、かの諸行をもっては往生の本願とせず、ただ称名念仏の一行をもってその本願としたまえるなり。

（『定親全』五・六九頁）

と述べて、称名は法蔵による平等の慈悲の心から生まれた、あまねくすべての衆生を摂めようとするための、選択本願の行であることが示される。その後、法照の『五会法事讃』を引用して本願の意を確かめ、第十八願成就文を引用して、本願の成就に言及するように、『選択集』本願章と同様の説法を行っている。ちなみに、『選択集』本願章では、第十八願における念仏の選びの理由が、「勝劣の義」「難易の義」として詳細に論じられていること、[10]また、法照の引用部分が異なることなど違いがあることも指摘しておきたい。[11]

以上のように、第三七日の『大経』の説法部分（特に『大経』上巻に相当する部分）は、念仏往生の道理を明確にするところに主眼があると言える。

その後、三輩段および流通分を題材にしての説法が収まるが、これについては、この後に収められている同箇所の説法と合わせて確認することとする。

2、念仏往生——本願への信順——

この先、「逆修説法」第五七日で行われた『大経』の説法が収められている。この部分は第三七日での『大経』の説法と重複するところも散見されるが、その主意は異なるように見える。ここでは、本願成就の視点から、専修念仏による我々の往生は疑いないことを主張するところに特徴を見ることができる。

又『無量寿経』は如来の教をもうけたまうこと、みな済度衆生のためなり。かるがゆえに衆生の機根まちまちなるがゆえに、仏の経教も又無量なり。しかるに今の『経』は往生浄土のために、衆生往生の法を説きたまう也。阿弥陀仏修因感果の次第、極楽浄土の二報荘厳のありようをくわしく説きたまえるも、衆生の信心を勧めて忻求のこころをおこさせんがため也。しかるにこの『経』の詮にては、われら衆生の往生すべきむねを説きたまえる也。（『定親全』五・八六頁）

『大経』は衆生往生の法を説く経であり、そこに説かれる阿弥陀仏の修因感果の次第も、浄土の依正二報の荘厳も、衆生に信心を勧めて浄土への往生を願い求める心を起こさせるために説かれたものであると言う。ここに「信心を勧めて」と本経の狙いが指摘されているが、これは「逆修説法」にはない表現であることには注意しておきたい（本書資料篇一九九頁）。そして、この経の究極の意図は、我々衆生が浄土へ往生できるという旨を説くことにあるとする。

更に、法然は『大経』は往生浄土の行業として専修念仏の旨を説く経典であるとし、その根拠として第十八願文を挙げて、念仏の一行が因位法蔵によって選ばれた行業であることを示す。このように念仏による往生浄土の道理はすべて仏の側から定め置かれたことであるとして、次のように述べる。

法蔵菩薩かの願たてたまいて、兆載永劫のあいだ難行苦行積功累徳して、すでに仏になりたまいたれば、むかしの誓願一一にうたがうべからず。（『定親全』五・八八頁）

法蔵は本願を建てた後、兆載永劫の修行によってすでに仏になっているのであるから、本願には疑う余地がないと本願に対する信を勧めているのである。その後も、第十八願成就文を引用して、浄土の荘厳も本願の成就によるのであるから、「その中にひとり念仏往生の願のみうたがうべからず」（『定親全』五・八九頁）と、本願成就の視点から、第十八願による念仏往生は疑いがないと主張していくのである。

また、この部分の説法では「はからい」が繰り返し戒められていることにも注目すべきであろう。

しかるに往生の行はわれらがさかしくいまはじめてはからうべきことにあらず、みなさだめおけることなり。（『定親全』五・八七頁）

念仏による浄土への往生は仏が定めたことであるが故に、我々が往生の行を小賢しくはからうべきことではないと戒められている。また、自力で往生を求めようとすることで、自らの行業が仏の心に適っているであろうかという疑いも生まれるとし、更に「わが自力の強弱をさだめて、不定におもうべからず」（『定親全』五・八九頁）と、わが自力の程度をはからって往生を不定に思ってはならないと、はからいを持ち込むことを戒めている。

そして、法然の勧めは、善導の第十八願理解が示されたいわゆる本願加減の文を受けての、次の一文によく表れている。

本より仏のさだめおきて、わが名号をとなうるものは、乃至十声・一声までもうまれしめたまいたれば、十声・一声念仏にて一定往生すべければこそ、その願成就して成仏したまうと云う道理の候えば、唯一向に仏の願力をあおぎて往生をば決定すべきなり。（『定親全』五・八九頁）

このように、法然は本願成就の視点から、十声・一声の念仏で必ず往生するという本願念仏の法の道理を述べて、「唯一向に仏の願力をあおぎて往生をば決定すべきなり」と主張する。ここに「信心」という言葉はないが、本願による念仏往生の道理を信頼して本願力を仰ぐ、というところにその意があることは、第十八願を拠り所にすべきであると一貫して述べてきたここまでの論述をふまえても明らかであろう。念仏往生を勧めるに当たり、その根拠である本願への信順が主張されているところに注意すべきである。

3、三輩段の説法

本章第一節（二）「浄土三部経の大意」で確認したように、法然はこの説法の中で『大経』の三輩段をたびたび取り上げている。そこにこの教説に対する関心の高さが窺えるのであるが、どの場面においても、「一向専念無量寿仏」の「一向」の意を述べることに主眼がある。その内、『西方指南抄』上末には、「逆修説法」第三七日と第五七日に行われた三輩段の解説が見られる。第三七日での解説は、次の通りである。

次に三輩の往生は、みな「一向専念無量寿仏」といえり。この中に、菩提心等の諸善ありといえども、かみの本願をのぞむには、一向にもっぱらかの仏の名号を念ずるなり。例せば、かの『観経の疏』に釈せるがごとし。「かみよりこのかた定散両門の益をとくといえども、仏の本願をのぞむには、こころ衆生をして一向にもっぱら弥陀仏のみなを称するにあり」といえり。望仏本願というはこの三輩の中の一向専念をさすなり。

（『定親全』五・七〇～七一頁）

これが全文である。ここでは、上輩・中輩・下輩のいずれにも「一向専念無量寿仏」と説かれており、三輩の教説には菩提心などの諸善が説かれているけれども、ここまでに明らかにしてきた阿弥陀仏の本願から照らして窺うと、その意は、この「一向専念無量寿仏」にあると指摘する。そして、善導の『観経』解釈、すなわち『観経』には定散二善が説かれているが、阿弥陀仏の本願から窺うと、仏意は衆生に一向に専ら阿弥陀仏の名を称させるところにあるとする善導の了解を挙げて、この「仏の本願を望む」とは、この三輩の「一向専念」を指すというのである。このように法然は三輩段の「一向専念」の一句に阿弥陀の本願の意を見ているのである。

この「一向」に対しての詳細な解説が、次の第五七日での説法にて行われている。

当座の導師、私に一の釈をつくり候。この三輩の文の中に、菩提心等の余行あぐといえども、上の仏の本願を望むには、こころ衆生をして、もっぱら無量寿仏を念ぜしむるにあり。かるがゆえに一向と云う。又『観念法門』に善導釈して云く、「又此の経の下巻の初めに云く、仏一切衆生の根性不同を説きたまうに、上中下あり、其の根性に随いて皆勧めて専ら無量寿仏の名を念ぜしめたまえり。其の人命終わらんと欲する時、仏聖衆と自ら来たりて迎接して悉く往生を得しむ」と云えり。この釈のこころ三輩ともに念仏往生也。まことに一向の言は余をすつる言なり。

法然はここで私釈であると断りを入れた上で、三輩段の主意は、上の仏の本願から窺うと、衆生に専ら念仏を勧めるところにあるとし、「一向」の語に仏意を見るのである。これまでと同様に、『観経疏』「散善義」の「望仏本願意」の視点を拠り所として、『大経』三輩段の意を読み解いていくのであるが、ここに法然独自の視点を窺うことができよう。

（『定親全』五・九〇～九一頁）

更にここでは善導が直接三輩段を解説した『観念法門』の文章を引用して、善導の見解を指南として、三輩には余行が説かれているが、三輩ともに念仏往生を説く教説であるとするのである。そして、三輩ともに説かれる「一向」の語は、それ以外を捨てることを表す言葉であることを、天竺の寺院名（一向大乗寺、一向小乗寺、大小兼行寺）を例に挙げて論じる(12)（『定親全』五・九一頁）。

最後に、三輩段で余行が説かれる理由を、次のように三義から述べている。

ただこの三輩の文の中に余行を説くについて、三の意あり。一には諸行をすてて念仏に帰せしめんがために、ならべて余行を説きて、念仏において一向の言をおく。二には念仏の人をたすけんがために、諸善を説く。三には念仏と諸行とをならべて、ともに三品の差別をしめさんがために、諸行を説く。この三の義の中には、ただはじめの義を正とす。のちの二は傍義也。

（『定親全』五・九一～九二頁）

三義とは、「諸行を捨てて念仏に帰せしめるため」、「念仏の人をたすけるため」、「念仏と諸行を並べて、機類に三品の相違があることを示すため」の三つである。『選択集』三輩章では「諸行を廃して念仏に帰せんがため」、「念仏を助成せんがため」、「念仏と諸行との二門に約して各々三品を立てんがため」とあるのがそれであり、それぞれ、「廃立」、「助正」、「傍正」の三義から余行が説かれる理由が詳説されている。今ここでは、余行が説かれることに三義あることのみ示されて、第一の義（廃立）を正義として、三輩の説法は終わっている。

4、流通分の説法

三輩段の解説の後は、「逆修説法」第三七日と第五七日のいずれにおいても、流通分を題材にした説法が行われている。そして、弥勒に念仏の利益を語り付属する「無上功徳」の文と、法滅後百年間この経を留めようと言う「特留此経」の文とが、いずれの説法においても取り上げられている。

「無上功徳」の文の解説では、先の三輩段では念仏以外の余善が説かれているけれども、流通分では念仏一行をのみ無上の功徳と讃嘆して付属していることに法然は注意している。[13] そして、語句の解説を通して、念仏は有上小利の余善に勝れた「大利無上」の法であることを押さえている。

次に、「特留此経」の文に対する法然の見解を取り上げておこう。第三七日での説法では、次のように始まる。

次に、「当来の世に経道滅尽せんに、我れ慈悲哀愍を以て、特に此の経を留めて止住せんこと百歳せん、其れ衆生有りて此の経に値う者は、意の所願に随いて皆得度すべしと」といえり。この末法万年ののち、三宝滅尽のときの往生をおもうに、一向専念の往生の義をあかすなり。

（『定親全』五・七一～七二頁）

流通分では、未来に経道がすべて滅しても、慈悲哀愍の心から、特にこの経を百年間残しておくと説かれている。法然はこの教説を三時思想から解説し、末法一万年の後の法滅の時代における衆生の往生を思って、一向専念による往生の道を明かしているのだとする。そして、懐感の解説を引用して、これは「浅識の凡愚」である我々のために、称名念仏の一行を修めて、一声までの念仏で往生できるということを教えているのだとする（『定親全』五・七三頁）。そして、

これすなわち、弥陀の本願なるがゆえなり。すなわち、かの大悲本願のとおく、一切を摂する義なり。

（『定親全』五・七三～七四頁）

と法然は述べて、これは阿弥陀の願いだからであり、阿弥陀の大悲の願いが遠くすべての衆生を摂め取ろうする意を表しているとするのである。

続いて、「逆修説法」第五七日で行われた「特留此経」の文の解説を見てみよう。ここでは、法然

は正法、像法、末法の時代をそれぞれ解説した後、法滅について次のように述べている。

その末法万年のみちなんのちは、如来の遺教みなうせて、住持の三宝ことごとく滅して、おおよそ仏像・経典もなく、頭を剃り衣を染むる僧もなし。仏法と云うこと、名字をだにもきくべからず。しかるにそのときまでただこの『双巻無量寿経』一部二巻ばかりのこりとどまりて、百年まで住して衆生を済度したまうこと、まことにあわれにおぼえ候。（『定親全』五・九四～九五頁）

法滅時には、釈尊の遺教はすべて消え失せて、三宝は滅び、仏像も経典もなく、頭を剃って黒衣をまとう僧侶もいなくなり、仏法という名さえ聞くことがなくなる。しかし、その時まで、ただこの『大経』二巻だけは残り留まって、百年間、衆生を済度し続けるのであると言う。このように経意を解説した後、釈尊が特に『大経』をのみ残そうとするのは、機縁の深さから、阿弥陀の本願を残すことを意味するのだと押さえている（『定親全』五・九五～九六頁）。更に、次のように述べることに注意したい。

「特留此経止住百歳」ととかれたれば、この二軸の経典ひとりのこるべきかときこえ候えども、まことには経巻はうせたまいたれども、ただ念仏の一門ばかりとどまりて、百年あるべきにやとおぼえ候。（中略）この『経』とどまりて百年あるべしと云うも、経巻はみな隠滅したりとも、南無阿弥陀仏ともうすことは、人の口にとどまりて、百年までもききつたえんずる事とおぼえ候。

経文を見ると、百年間この経典だけが残るように思えるが、実は経典は失われたとしても、ただ南無阿弥陀仏の法だけは留まるということだと言うのである。そして、秦の時代に始皇帝によって焚書坑儒が行われた時も、『毛詩』のみが残ったのは、詩が人々の口の中に留まっていたからであるという例を挙げて、たとえ経典がすべて滅したとしても、南無阿弥陀仏の声だけは人の口に留まって伝えられることであると解説するのである。（『定親全』五・九七頁）

南無阿弥陀仏の言葉に真実の功徳を見て、ただ念仏一つを勧めることに生涯を捧げた法然の姿を憶うことができる解説であると言えよう。

5、結　び

流通分までの説法を終えて、その結びにおいて法然は次のように述べている。

すべてこの『双巻無量寿経』に念仏往生の文七所あり。一には本願の文、二は願成就の文、三には上輩の中に一向専念の文、四には中輩の中の一向専念の文、五には下輩の中の一向専意の文、六には無上功徳の文、七には特留此経の文也。この七所の文をまた合して三とす。一には本願、これに二つを摂す、はじめの発願、願成就也。二には三輩、これに三を摂す、上輩・中輩・下輩なり。この下輩について二類あり。三には流通、これに二を摂す、無上功徳、特留此経なり。本願は弥陀にあり、三輩已下は釈迦の自説也。それも弥陀の本願にしたごうて説きたまえる也。三輩の文の中に、おのおの一向専念と勧めたまえるも、流通の中に無上功徳と讃嘆したまえるも、特留此経ととどめたまえるも、みなもと弥陀の本願に随順したまえるゆえなり。しかれば念仏往生ともうすことは、本願を根本とする也。

（『定親全』五・九八～九九頁）

ここまでの説法で、『大経』は念仏往生の法を説く経典であると確かめられてきたが、それを明らかに述べた教説を七カ所挙げている。それが、⑴本願文、⑵本願成就文、⑶上輩「一向専念の文」、⑷中輩「一向専念の文」、⑸下輩「一向専意の文」、⑹「無上功徳の文」、⑺「特留此経の文」であり、更に合わせて三つとし、一・本願の文（本願文、成就文）、二・三輩の文（上輩、中輩、下輩）、三・流通の文（無上功徳、特留此経）とする。そして、一の本願は弥陀であり、二、三は釈尊の自説であると整理している。しかし、釈尊の自説、すなわち念仏を勧め、念仏を讃嘆し、未来に流通することも、阿弥陀の本願に順ってのことであるから、結局、『大経』で説かれる念仏往生の法は、阿弥陀の本願を根本とするのだと主張される。

そして、この『大経』の讃嘆は、次の言葉で締められる。

詮ずるところ、この『経』ははじめよりおわりまで、弥陀の本願を説くとこころうべき也。『双

巻経』の大意略してかくのごとし。（『定親全』五・九九頁）

結局、『大経』は初めから終わりまでその全体が阿弥陀の本願を説いているとするのである。これが「逆修説法」で示された法然の『大経』解釈の帰結であった。

すでに確認したように、親鸞は他の箇所とは異なり、ここの「『双巻経』の大意略してかくのごとし」の結びの句を省略することなく記している。そのことから、『西方指南抄』上末に収められた「法然聖人御説法事」は、この法然の結びに結実することを意図しての編集であったと見ることができよう。

6、『観経』の説法

『大経』の説法の後、「法然聖人御説法事」は「逆修説法」第六七日で行われた『観経』の説法が抄出されている。法然の『観経』解釈の要点はすでに論じてきたので、ここでは概要のみ押さえておきたい。

まず、法然は浄土宗の教相である聖浄二門に基づいて、『観経』は往生浄土の教えを説く経典であるとし、その大意を次のように述べる。

凡そこの『経』にはあまねく往生の行業を説けり。すなわちはじめには定散の二善を説きて、惣じて一切の諸機にあたえ、次には念仏の一行を選びて、別して未来の群生に流通せり。

（『定親全』五・一〇二～一〇三頁）

この経典はひろく浄土往生の行業を説いているとし、初めに定散二善を説いてすべての衆生に与え、次に念仏の一行を選んで、特に未来の衆生に伝えているとする。そして、善導の『観経』解釈に基づいて、未来に生きる我々は、今、この経のこころに順って、浄土門に入るのであると主張される（『定親全』五・一〇三頁）。

続いて、様々に説かれる往生浄土の行業について、専雑二修を立てる善導の見解に基づきながら、法然は五番の相対からその得失を挙げて、専修を勧めている。また、『往生礼讃』を引用して、専修の者は皆往生し、雑修の者はほとんど生まれることがないと、善導が教えていることを確かめ、最後に次のように述べる。

しかれば百即百生の専修をすてて、千中無一の雑行を執すべからず。唯一向に念仏を修して雑行をすつべきなり。これすなわちこの『経』の大意也。「望仏本願、意在衆生、一向専称、弥陀仏名」と云えり。返すがえすも本願をあおぎて念仏をすべき也と。

（『定親全』五・一〇九頁）

「百即百生」の専修を捨てて、「千中無一」の雑行に執われることを戒め、ただ一向に念仏を修めて雑行を捨てるべきであり、これこそが『観経』の大意であると言うのである。そして、『観経』解釈の拠り所である善導の言葉、「望仏本願、意在衆生、一向専称、弥陀仏名」が引かれ、「返すがえすも本願をあおぎて念仏をすべき也」と述べられて、説法は結ばれている。「本願をあおぎて」とは、阿弥陀の本願を拠り所にしてということであろう。ここに法然の説く専修念仏の教えは、本願をあおぐ念仏、つまり、阿弥陀の本願を拠り所とする念仏であることが明らかに示されている。「返すがえすも」という言葉に、阿弥陀の本願に信を置いて、念仏申すようにという法然の願いが窺えることである。

以上、甚だ粗雑ではあるけれども、論点を絞って「法然聖人御説法事」の全体像を捉えてみた。全体を見通す中で確認できたことは、法然は善導の見解に依りながら浄土三部経を解説し、第十八願に基づく称名念仏こそが、我々にとっての機教相応の法であることを主張していることである。「逆修説法」から約四割の分量が親鸞によって省略されているが、その編集によって、この法然の教えの主意が明確になっている。

説法の結び、「返すがえすも本願をあおぎて念仏をすべき也と」という言葉に、この説法の主意が端的に示されていると見ることができ、ここに親鸞がこの説法を門弟に伝えようとした理由を窺うこともできるのではないだろうか。

そして、この法然の説法に特別な意味を与えている資料が、この次の「公胤夢告」であることを最後に指摘しておきたい。

第二節 『西方指南抄』上末「公胤夢告」について

(一)「公胤夢告」の位置

『西方指南抄』上末には、「法然聖人御説法事」に続けて、次の「公胤夢告」が収録されている。

建保四年四月廿六日、薗城寺長吏、公胤僧正之夢に、空中に告云、

源空本地の身は大勢至菩薩なり。衆生教化の故に此の界に来たれること度度と。

かの僧正の弟子大進公、実名をしらず、記之。

康元元年〔丙辰〕十月十三日

愚禿親鸞〔八十四歳〕書之

康元二歳正月一日校之

(『定親全』五・一〇九～一一〇頁)

この資料は、建保四年四月二十六日、すなわち法然入滅後四年のこと、三井寺の僧正公胤[14]が、法然の本地は大勢至菩薩であって、法然は衆生を教化するためにこの娑婆世界にたびたび来られたのであ

るという夢告を得たことを伝えている。この夢告は、『西方指南抄』中末に収録されている「源空聖人私日記」(以下、「私日記」と記す)の末尾にも載せられている。[15]「私日記」は、数多ある法然伝の中でも最古の一つと位置づけられる伝記である。法然の誕生から入滅に至るまでの法然の事跡を記した一代記であるが、その最後にこの夢告が掲載され、法然は勢至の化身であり、更には弥陀の使い、善導の遣いであると法然を讃える編者の言葉で終わっている(『定親全』五・一八六頁)。「私日記」全体に、法然は直人ではなく権化の人であると讃仰する意図が窺えるが、この「公胤夢告」は、まさにその証文として引かれているものである。

さて、同内容の資料が、「法然聖人御説法事」に続けて引用されていることに注意したい。『西方指南抄』上巻(本末)に収録されている資料は「法然聖人御説法事」と、この「公胤夢告」との二つのみである。影印本で確認すると、「法然聖人御説法事」の書写は最後の頁に三行書きで終了している。そして、同頁の余白部分に収まるようにこの夢告が記されて上末の執筆は終了し、次頁に奥書が記されている(『真蹟集成』五・二六二頁)。

内容からすれば、「公胤夢告」は法然の伝記に分類されるものであろうから、構成上、中巻に収録されるのがふさわしいように思われる。しかしながら、執筆状況を見るに、あえてこの位置に置かれていると言わざるを得ない。

なぜ「私日記」と同内容の資料が、この位置に置かれているのであろうか。この疑問への答えとして、次の中野の見解が参考になるであろう。

（上略…筆者）「法然聖人御説法事」は編者が最重要遺文として公表しようとした教義体系を成す根本ではなかったのか。そして、その掲載直後に「公胤夢告」の文を所収することによって前段の最重要遺文の威厳を高揚し、またその裏付けとして法然自筆の体験記や臨終の記録等を添えて信憑性を主張しようと編集したのではなかろうか[16]。

中野は『西方指南抄』の中でも「法然聖人御説法事」は、法然の主著『選択集』の思想形成の上で、その基礎となった「最重要遺文」であると位置づけ[17]、その威厳を高揚するために「公胤夢告」が収められたと言う。つまり、説法する法然を「勢至」の権化と押さえることで、法の内容そのものに威厳を与えようとしているというのである。中野はこのように述べて、『醍醐本』も同様の形態を取っているると指摘する。中野は『西方指南抄』の成立については転写説に立つので、このような構成を用いたのは当然親鸞以外の別人であるということになる。

このように中野は「法然聖人御説法事」と「公胤夢告」との関係に注意している。筆者も同様に、「公胤夢告」の資料は、説法を行った法然を勢至の化身と位置づけ、更に中巻の伝記編へと展開していく上で、構成上重要な役割を果たしていると考える者である。それが親鸞による編集なのか、それとも転写であるのかという問題は残るが、いずれにしても、親鸞が法然の説法を書写し、その末尾に公胤夢告の記事を記したという事実がそこにある。親鸞には、この位置に「公胤夢告」がなければならないことが、当然認識されていたに違いない。ところで、文脈上重要な箇所に勢至に関する言説が置かれるというこのような構造は、親鸞の著作に見受けられるものである。詳細はすでに別誌にて論じているので、本講録では概要を記しておくこととする[18]。

(二) 親鸞の著作との相似

1、『浄土和讃』

『浄土和讃』末尾には「大勢至菩薩和讃」八首が収められている[19]。その冒頭に「首楞厳経によりて大勢至菩薩和讃したてまつる」と記されているように、この和讃は、般剌蜜帝訳『首楞厳経』(『大仏頂如来密因修証了義諸菩薩万行首楞厳経』)に基づいて作成されている[20]。更にはその末尾に次のように『首楞厳経』の一部も書写されている。

経言

我本因地　以念仏心

入無生忍　今於此界

摂念仏人　帰於浄土

専修寺蔵『浄土和讃』（『定親全』二（和讃篇）・七二頁）

これは勢至菩薩がその因位において阿弥陀仏から念仏を受け継ぎ無生法忍を得たこと、そして今、この娑婆世界において念仏者を摂め取り、浄土に帰せしむべく活動していることを示す経文である。そして、「大勢至菩薩和讃」八首の最後二首がこの経文に基づいて作成されている。

七　われもと因地にありしとき　念仏の心をもちてこそ
　　無生忍にはいりしかば　いまこの娑婆界にして

八　念仏のひとを摂してこそ　浄土に帰せしむるなり
　　大勢至菩薩の　大恩ふかく報ずべし

　　以上大勢至菩薩
　　源空聖人之御本地也

専修寺蔵『浄土和讃』（『定親全』二（和讃篇）・七一～七二頁）

八首目には「大勢至菩薩の　大恩ふかく報ずべし」と自らの思いを詩にして加えて、「以上大勢至菩薩　源空聖人之御本地也」と注記している。親鸞は法然を讃仰して八首の「大勢至菩薩和讃」を作成し、ここに置いているのであった。

注意したいのは、この和讃八首は当初作成された『浄土和讃』にはなく、追記された和讃であるということである。親鸞は七十六歳の時に『浄土和讃』と『高僧和讃』を作成しているが、その時点では「大勢至菩薩和讃」八首はなく、時期を明確に定めることはできないが、後に付加されたものであることが『高僧和讃』奥書の記述から判明している[21]。

では、なぜ親鸞はこの位置に「大勢至菩薩和讃」を加えたのであろうか。この位置に置かれる必然性をどのように理解すべきであろうか。

国宝本『高僧和讃』奥書に明らかなように、親鸞は『浄土和讃』と『高僧和讃』を一具のものとして制作している。そして、『浄土和讃』を「弥陀和讃」と呼称していることから分かるように、親鸞は阿弥陀仏の功徳を讃えて『浄土和讃』を作成している。その阿弥陀のはたらきが、いかに現実化するのかという観点に立って構想され「大勢至菩薩和讃」が追記されたと見ることができるのではないだろうか。つまり、阿弥陀仏のはたらきを担うのが勢至菩薩であり、現実にその化身としてこの世界に顕現したのが法然であるということを明らかに示すために追記したのである。

親鸞は法然との出遇いという原点に立って、法然を阿弥陀仏の顕現、勢至の化身として仰ぐことによって、法然を讃仰しているのである。更には、その後、和讃は『高僧和讃』へと展開していく。これは、法然との出遇いの背景にある歴史的な事実、すなわち本願念仏の伝統を明らかにしていこうとする姿勢の現れであると言えよう。

このように「大勢至菩薩和讃」は『浄土和讃』から『高僧和讃』へと展開していく上で、重要な役割を担っていることに気づくのである。阿弥陀の法の世界と現実の娑婆世界、換言すれば歴史を超えた法の世界と、歴史的現実世界、その両者の結節点に「権化としての法然」を位置づけていくのである。

そして、このような構造は『尊号真像銘文』においても同様に確かめられる。

2、『尊号真像銘』（広本）

『尊号真像銘文』（広本）は、『大無量寿経』上巻に位置する「第十八願文」の解説から始まり、下巻の「其仏本願力」の四句の偈文と「必得超絶去」に始まる八句の経文が引かれ、それぞれに解説がなされている。いずれも、親鸞思想の基底に位置づけられる重要な経文である。これに続いて『首楞厳経』による大勢至菩薩御銘文が引かれ、親鸞の解説がなされている。

大勢至菩薩御銘文

『首楞厳経』に言わく、「「勢至獲念仏円通〈勢至、念仏円通を獲たり〉」

「大勢至法王子　与其同倫　五十二菩薩　即従座起　頂礼仏足　而白仏言　我憶往昔　恒河沙劫

有仏出世　名無量光　十二如来　相継一劫　其最後仏　名超日月光　彼仏教我　念仏三昧　乃至

若衆生心　憶仏念仏　現前当来　必定見仏　去仏不遠　不仮方便〈仏を去ること遠からず、方便

を仮らず〉自得心開　如染香人　身有香気　此則名曰　香光荘厳　我本因地　以念仏心　入無生忍　今於此界　摂念仏人　帰於浄土」」已上略出

『尊号真像銘文』（広本）（『真宗聖典　第二版』六三〇〜六三一頁）

親鸞八十六歳時に制作された広本は、周知の如く八十三歳時の略本から新たに五つの銘文とその解説が加わり増広され、次第が整えられている。その一つが『首楞厳経』に基づく大勢至菩薩御銘文である。内容は、勢至菩薩が十二如来から念仏を継承し無生法忍を得たこと、念仏者は「現前当来」に見仏すること、また念仏者は勢至と同じく香ばしき人に喩えられて、香光荘厳を身に具えること、そして、勢至はその因位において念仏の心によって無生法忍を得、今この娑婆世界において念仏者を摂取するはたらきを担っていることである。先に確認したように、『浄土和讃』「大勢至菩薩和讃」八首に、この経文のこころが謳われている。そこに、この経文に対する親鸞の関心の高さが窺われるであろう。

では、なぜこの位置にこの銘文が組み込まれたのであろうか。

今一度、広本の構造を確認すれば、まず『大経』の三つの銘文が引かれている。それが生因願である十八願文と、その利益を端的に表現した四句の偈文および八句の経文である。この三文は浄土真宗の指標とも言うべき経文であり、まずこの三つの銘文によって、阿弥陀の法による往生浄土の仏道の内容を示そうとする親鸞の意図が感じられる。そして、これに続けて大勢至菩薩御銘文が置かれる。そのことによって、阿弥陀の法を継承し、この現実世界において具体的に伝える役割を担うのが勢至菩薩であるという文脈が生まれている。

更には、この後、龍樹菩薩御銘文が新たに加えられて、その念仏が七祖に継承されていることを表す構成になっている。広本は略本と形式が大きく異なり、特に念仏の伝統を歴史の上に跡づけていく意識から構想されていると見られる。印度・中国・日本の国名を銘にあえて掲げるところにその意識がよく窺えるように、三国に亘り念仏の法が伝えられていくことを表す形式となっている。このように見通すと、親鸞は大勢至菩薩御銘文をこの位置に置くことによって、歴史を超えた法の世界における念仏の継承と、歴史的現実世界における念仏の継承とを押さえていることが分かる。

以上、『浄土和讃』『尊号真像銘文』の二例を見たが、勢至に関する言説が、その著作の構成上、重要な位置に置かれていることが明らかとなったであろう。そこに親鸞の思想表現を見ることができるのである。更にいずれもが後に付加されている事実にも注意すべきであろう。すなわち、晩年のある時期において、親鸞は勢至に関する資料に注目するようになるのである。言うまでもなく、これは法然との出遇いを憶念し、法然を讃仰する中での営みであると言えよう。法然はこの世界において、阿弥陀の本願を伝えてくれた仏者である。その営みを讃え、その恩徳に対する謝念の思いから、法然を勢至の化身として仰いでいることに注意すべきであろう。

今一度、『西方指南抄』に戻ってみよう。第三章では、「法然聖人御説法事」から窺える親鸞の編集態度から、親鸞は法然の説法に普遍性を付与していると判断した。更に、この説法に続けて、法然の本地は大勢至菩薩であり、法然は衆生を教化するためにこの世界にたびたび現れた方であると伝える「公胤夢告」が置かれている。これは「法然聖人御説法事」は、勢至菩薩を本地とする法然の説法の記録であるということを示している。すなわち、法然の説法は、勢至の説法、更には阿弥陀の直説であるという意味を与えようとする資料と言えよう。この構成は、法然の言葉を真理の言葉として聞思している親鸞の姿を表していると言えるのではないであろうか。

このように、文脈上重要な箇所に勢至に関する言説が置かれるということのような構造は、『西方指南抄』の資料構成においても、親鸞の著作においても見られることを指摘しておきたい。

註

（1）『観経』真身観には眉間の白毫を観ることが勧められているが、「逆修説法」の第四七日においてこの白毫観が詳説されている。法然がこの観察に重きを見ていたことが窺えるが、すでに確認したようにそれを含む第四七日の説法はすべて省略されている。

（2） ちなみに、親鸞は「即生、乃至三生に、必得往生」の「即生」の語に「すなわちおうじょうすと」と左訓を施している（『定親全』五・六頁）。親鸞が法然による真身の功徳の説法をどう受け止めたかは、検討を要する。

（3） 「無而欻有」は『倶舎論』など多くの書に用例が見られる。『安楽集』には「無而忽有名之為化」（『真聖全』一・三八五頁）とある。「逆修説法」第四七日の説法中で再びこの用語に触れられ詳説されている（『昭法全』二五七頁・本書資料篇一八六頁）。

（4） 法然の第十九願に対する言説は、その他、『西方指南抄』の中には次のようにある。「又云、第十九の願は、諸行の人を引入して、念仏の願に帰せしめんと也」（5）「法語十八条」『定親全』五・一二四頁）、「惣じて四十八願は法蔵菩薩のむかしの本願也。この願にこたえたまえる仏果円満の今は、第十九の来迎の願にかぎりて化度衆生の御方便はおわしますべきなりと云なり」（13）「名号の勝徳と本願の体用」『定親全』五・二一五頁）。諸行の人を導いて、第十八願に帰させようとする本願である、また、第十九願の来迎の願に限って如来の方便があるという見解には注目すべきであろう。

（5） 『西方指南抄』下本に収められている（15）「おほごの太郎へ御返事」の中にも同様の見解があり、その中には「ただの時によくよく申おきたる念仏によりて、臨終にかならず仏来迎したまう」（『定親全』五・二四四頁）とも述べられている。また、『醍醐本』には、「平生の念仏に於て往生不定と思えば、臨終の念仏も又以て不定なり。平生の念仏を以て決定と思えば、臨終も又以て決定なり」（「三心料簡および御法語」『昭法全』四五三頁）とあり、平生の念仏によって臨終が決定するという言葉も見られる。

（6） 『小経』の説法はその後、「逆修説法」第三七日で行われている。そこでは「念仏往生」と「諸仏証誠」の箇所に言及されている。前者では、この経は少善根である雑善を捨てて、多善根である念仏を説くとし、その証文として『龍舒浄土文』に載る本経の脱文が引用されている。また、後者では、他の経典との比較の中で『小経』

の証誠の義を明らかにしている。「法然聖人御説法事」にも省略なく収録されている（『定親全』五・七四～七六頁）。

（7）　ほぼ省略された定散二善の説法中、次の二点が残されている。それが、『平等覚経』の「信不信の因縁」の文に言及する部分（『定親全』五・二五頁）と、『末法灯明記』を引用しての戒に対する法然の見解部分である（『定親全』五・二六頁）。

前者は、『観経疏』「定善義」第三「地観」に引かれている『平等覚経』（取意）の文章の解説であるので、そもそも「逆修説法」では「観経の疏の第三の初めに、この観を釈する下に清浄覚経の信不信の因縁の文を引けり」（『昭法全』二三九頁・本書資料篇一五五頁）と述べて、法然がその文意を述べているものである。しかし、「法然聖人御説法事」ではこの内容が省略されて、「『清浄覚経』の信・不信の因縁の文をひけり。この文のこころは」と始まり、何から引いたのか分からず、文意が通じにくい。それでもあえてこの『平等覚経』の解説部分を残したところに親鸞の意図があると考えるべきであろう。

取り上げられた『平等覚経』の文は、浄土の法門を聞いて信じる人は、過去にその因縁があるとし、必ずその人は往生できると「信」を讃える経文である。そして、これを受けて法然は「詮ずるところは、往生人のこの法をば信じ候なり」（『定親全』五・二五頁）と述べる。結局、往生人はこの法を信じる人のことであると、法然が信心の重要性に言及していることが残された理由であろうか。

後者は九品の下品中生に破戒の衆生が説かれることを受けて、法然が最澄の『末法灯明記』に言及し、戒に対する見解を述べる部分である（『昭法全』二四三頁・本書資料篇一六一頁）。『末法灯明記』では、末法は無戒の時代であり、たとえ名ばかりの比丘であっても尊ばれるべきものであると主張されるが、法然はこの見解を受けて、「末法には、無戒名字の比丘なり」（『定親全』五・二六頁）と論じている。親鸞がこの部分を残したのはやはり、法然自身が今の時代は戒が成り立たない時代であり、末法の仏弟子のあり方を無戒名字の比丘として押さえていることがその理由であろう。

なお、『西方指南抄』下本所収[20]「或人念仏之不審聖人に奉問次第」では、法然が末法には名字の比丘ばかりであると『末法灯明記』にあることを紹介し、阿弥陀の本願は「かかるひら凡夫」のためにおこされた願いであると述べている（『定親全』五・二八一〜二八二頁）。

（8）十二光を解説した親鸞の『弥陀如来名号徳』は、この説法部分が元になっている。『定親全』第三巻和文篇解説。

（9）『大阿弥陀経』（『真聖全』一・一五八頁）、『平等覚経』（『真聖全』一・一〇七頁）。

（10）『無量寿経釈』も『選択集』同様、「勝劣の義」「難易の義」の二義を挙げて、第十八願での念仏の選びの理由が説明されており、「法然聖人御説法事」との相違が見られる（『昭法全』七一頁）。

（11）「法然聖人御説法事」では、法照の次の文章が引かれている。『選択集』には傍線部の句が見られない（『真聖全』一・九四五頁）。この部分は『五会法事讃』にもなく、出典が不明である。また、「彼仏因中」以降の引文（漢文）の訓点に『教行信証』等で示される親鸞の読みが顕著に見られることにも注意したい。この先に引かれる第十八願成就文の訓点も同様である。

かるがゆえに法照禅師のいわく、

未来世の悪の衆生に於いては　西方の弥陀の号を称念せよ
仏の本願に依て生死を出ず　直心を以ての故に極楽に生ずと云う

又云

彼の仏の因中に弘誓を立てたまえり　名を聞きて我を念ぜば惣て迎え来えらしむ

貧窮と将に富貴とを簡ばず　　下智と高才とを簡ばず
多聞と浄戒を持てるを簡ばず　　破戒と罪根深きとを簡ばず
但廻心して多く念仏せしむれば　　能く瓦礫をして変じて金と成さしむと
（『定親全』五・六九～七〇頁）

(12)　五天竺の三種の寺については、最澄の『山家学生式』（『大正蔵』七四・六二四c）等に見られるものである。『大経』の一向専念の意を伝えるために、分かりやすい用例であるとともに、最澄の言葉を一つの根拠とすることで、一向の語に対する理解を勧めようとする法然の意図を窺うことができよう。『無量寿経釈』および『選択集』三輩章においても、この例が取り上げられている。

(13)　すでに第二七日の説法末尾で、三輩段には余行を説くが、流通分では念仏を讃めて余行を無上功徳と讃めていないことを指摘している（『定親全』五・三二頁）。

(14)　公胤とは三井寺の大僧正であり、後鳥羽上皇の信任をも受けた高名な学匠であったようである。『法然上人伝記』（『醍醐本』）の中では、『浄土決疑抄』三巻を作り、『選択集』を破した人物として登場する。法然はこの書を途中まで読み、その誤りを指摘、それを聞いた公胤は返す言葉がなく懺悔し、その後、往生の素懐を遂げたという（『醍醐本』「一期物語」『法然上人伝全集』七七八頁）。中野正明『増補改訂　法然遺文の基礎的研究』四七、五三頁参照。

(15)　『定親全』五・一八六頁。ただし、内容は若干異なり、夢告は公胤が法然の法事の唱導を勧めた時のこととする他、夢告の偈文も分量が多い。拙稿「親鸞と『西方指南抄』―勢至に関する言説を巡って―」（『親鸞教学』第一〇七号）二〇一七。

(16)　中野正明『増補改訂　法然遺文の基礎的研究』四八頁。

(17)中野正明『増補改訂 法然遺文の基礎的研究』五四頁。

(18)拙稿「親鸞と『西方指南抄』―勢至に関する言説を巡って―」(『親鸞教学』第一〇七号)二〇一七。

(19)「大勢至菩薩和讃」

首楞厳経によりて大勢至菩薩

和讃したてまつる

一　勢至念仏円通えて　五十二菩薩もろともに

すなわち座よりたたしめて　仏足を頂礼せしめつつ

二　教主世尊にもうさしむ　往昔恒河沙劫に

仏よにいでたまえりき　無量光となづけたり

三　十二の如来あいつぎて　十二劫をへたまえり

最後の如来をなづけてぞ　超日月光ともうしける

四　超日月光このみには　念仏三昧おしえしむ

十方の如来衆生を　一子のごとくに憐念す

五　子の母をおもうごとくにて　衆生仏を憶すれば

現前当来とおからず　如来を拝見うたがわず

六　染香人のそのみには　香気あるがごとくなり

これをすなわちなづけては　香光荘厳ともうすなり

七　われもと因地にありしとき　念仏の心をもちてこそ

無生忍にはいりしかば　いまこの娑婆界にして

八　念仏のひとを摂してこそ　浄土に帰せしむるなり
　大勢至菩薩の　大恩ふかく報ずべし
　　以上大勢至菩薩
　　　源空聖人之御本地也
経言　我本因地　以念仏心
　入無生忍　今於此界
　摂念仏人　帰於浄土
　　　　専修寺蔵『浄土和讃』大勢至菩薩和讃（『定親全』二（和讃篇）・六七〜七二頁）

(20) 般剌蜜帝訳『首楞厳経』・『大正蔵』一九・一二八ab。

(21) 専修寺蔵『浄土高僧和讃』の奥書には、『浄土和讃』『高僧和讃』の総数が二二五首と記されているが、実際には二三三首ある。八首の相違は当初「大勢至菩薩和讃」八首が無かったことを示唆している。「已上高僧和讃一百十七首　弥陀和讃高僧和讃都合二百二十五首　宝治第二戊申歳初月下旬第一日　釈親鸞〔七十六歳〕書之畢」専修寺蔵『浄土高僧和讃』奥書（『定親全』二（和讃篇）・一三七、一三九頁）。
　なお、専修寺蔵『浄土和讃』『浄土高僧和讃』の和讃本文は真仏筆と見られている。いつ真仏が書写したのかは不明である。また、『浄土和讃』には顕智書写本が伝わる。その奥書に「草本云、建長七年乙卯四月廿六日書写之」「正応三年庚寅九月十六日令書写之畢」とあるように、親鸞が建長七年、八十三歳時に制作したものを、顕智が正応三年（一二九〇）に書写していることが分かる。この中には「大勢至菩薩和讃」が収められているので、この書の成立に信を置くならば、付加の下限は親鸞八十三歳と見ることができる。

『西方指南抄』先行研究・解説一覧（＊時系列　＊筆者参考文献）

高千穂徹乗「西方指南抄に就いて」（『顕真学報』一）一九三〇
生桑完明「西方指南抄とその流通」（『高田学報』一）一九三二
中沢見明「西方指南抄と漢和語灯録に就て（上）（中）（下）」（『高田学報』二三・二四・二六）一九三九・一九三九・一九四二
宮崎円遵『真宗書誌学の研究』（永田文昌堂）一九四九
岩田繁三「西方指南抄の研究」（『高田学報』三八）一九五五
◇**『定本親鸞聖人全集』（法藏館）刊行・翻刻公開　一九五七**
生桑完明『定本親鸞聖人全集』第五巻解説（法藏館）一九五七
赤松俊秀「西方指南抄について」（『塚本博士頌寿記念　仏教史学論集』所収・塚本博士頌寿記念会）一九六一
浅野教信「西方指南抄の研究序説」（『龍谷大学仏教文化研究所紀要』三）一九六四
霊山勝海「西方指南抄の編者について」（『真宗研究』一一）一九六六
霊山勝海「西方指南抄における省略について」（『印仏研究』一九―一）一九七〇
◇**『親鸞聖人真蹟集成』（法藏館）刊行・影印公開　一九七三**
平松令三『親鸞聖人真蹟集成』第六巻解説（法藏館）一九七三

平松令三「西方指南抄の編集をめぐって」（『日本文化と浄土教論攷』所収・井川博士喜寿記念会出版部）一九七四
三田全信「『西方指南抄』原資料小考」（『日本文化と浄土教論攷』所収・井川博士喜寿記念会出版部）一九七四
平松令三「西方指南抄をめぐって―宝物展観の問題点―」（『真宗研究』二二）一九七七
霊山勝海「再説西方指南抄の編者について」（『真宗研究』二三）一九七九
浅野教信『親鸞聖人編『西方指南抄』の研究 上巻』（永田文昌堂）一九八七
中野正明「『西方指南抄』の成立について」（『三康文化研究所年報』二二）一九九〇
霊山勝海『西方指南抄論』（永田文昌堂）一九九三
中野正明『法然遺文の基礎的研究』（法藏館）一九九四
足立幸子「『西方指南抄』における源空像―私日記を中心にして」（『印仏研究』四三―一）一九九四
小山正文「西方指南抄中本をめぐって」（『真宗研究』四〇）一九九六
平松令三・中野正明『増補 親鸞聖人真蹟集成』第六巻補記・補説（法藏館）二〇〇五
中野正明『増補改訂 法然遺文の基礎的研究』（法藏館）二〇一〇
◇**『西方指南抄』（同朋舎メディアプラン）カラー影印公開** 二〇一一
新光晴・清水谷正尊『『西方指南抄』ダイジェスト版別冊』（同朋舎メディアプラン）二〇一三
新井俊一『親鸞『西方指南抄』現代語訳』（春秋社）二〇一六
武田一真『西方指南抄講讃―親鸞が仰いだ法然のことば―』（永田文昌堂）二〇二三

資料篇

「逆修説法」（古本『漢語灯録』所収）対校：「法然聖人御説法事」（『西方指南抄』所収）

「法然聖人御説法事」と「逆修説法」との校異を行った。「法然聖人御説法事」は「逆修説法」より文章量がおよそ四割（文字数にして一万三千字余）少ないため、「逆修説法」の全体を収録し、省略・欠落部分を示すこととした。

凡　例

一、本文

（一）本文は古本『漢語灯録』（千葉県市川市善照寺蔵本）巻第七・巻第八「逆修説法」の影印（『黒谷上人語燈録写本集成1』・浄土宗総合研究所編・二〇一一年）を底本とし、『昭和新修法然上人全集』（平樂寺書店・一九五五年）、宇高良哲『『逆修説法』諸本の研究』（文化書院・一九八八年）を参照し作成した。

（二）字体は原則旧漢字、旧仮名遣いを用い、底本の訓点を再現することに重きを置いた。

（三）適宜改行し句読点を補った。

（四）訂記あるものはそれに順い、その他書写時における誤りと見られるものは、（ママ）と示し、補記した。

（五）訓点は極力底本通りに再現したが、付し間違いと見られるものは、（ママ）と指示した。また、筆者が修正または補った返り点は、（レ）、（一）、（二）のように表記した。

（六）本文中に使用されている踊り字（「々」等）は、読みやすさを考慮して一部漢字に戻した。

二、校異

（一）校異には『西方指南抄』の影印（『西方指南抄』（上本・上末）・同朋舎メディアプラン・二〇一二年）を用い、『定本親鸞聖人全集』第五巻（法藏館・一九六九年）、『浄土真宗聖典全書（三）』（浄土真宗本願寺派総合研究所編・二〇一七年）を参照した。

（二）該当箇所には註番号を付し、上に「逆修説法」、下に「法然聖人御説法事」を引用した。

（三）「法然聖人御説法事」（和漢混合文）の和文部分は読解の便を考慮して、平仮名に改め濁点を補い引用した。

また、漢文部分は該当箇所を訓点に順って書き下した。

（四）必要に応じて底本に付されている読み仮名を〔 〕内に、また筆者の註記および補足は（ ）内に示した。

一例　遂—説〔とけり〕

經云—（なし）

なお、書き下し文は漢字の読みに相当する部分のみ〔 〕内に収めた。

（五）「逆修説法」の該当箇所は白文で引用している。一部、相違が明らかになるように訓読を示した。

一例　功徳〔なり〕—功徳

破戒〔すら〕—破戒

（六）煩雑さを避けるため、文意に影響がない相違（助詞の有無、動詞・助動詞等の活用語尾の相違、漢字の字体・表記（漢字／仮名）・読み（音／訓）の相違等）は記載を省略した。

一例　禪師云—禪師のいはく

得たまへる故に—えたまへり、かるがゆへに

乗じて—乗りて

（七）省略・欠落箇所の内、「乃至」の語が置かれていない所は（なし）と示した。又、省略・欠落箇所（校異「乃至」、「（なし）」の箇所）が明確になるように、該当箇所は「逆修説法」本文に背景を施した（語句は除く）。

第①一七日　三尺立像《ノ》阿彌陀　雙巻經　阿彌陀經

經②論《ノ》之中《ニ》、說③《ニ》二佛《ノ》功德《ヲ》一有《ニ》二無量《ノ》身一。或《ハ》惣《メ》說《キ》二一身《ヲ》一、或《ハ》④別《メ》說《キ》二二身《ヲ》一、或《ハ》說二三⑤身《ヲ》一、或⑥《ハ》說《ク》二四身《ヲ》一、乃至華嚴經《ニハ》說《ケリ》二十身《ノ》功德《ヲ》一。今且《ク》以《テ》二眞身化身《ノ》之二身《ヲ》一、奉⑦《ル》レ讚二嘆《シ》⑧彌陀《ノ》之功德《ヲ》一。分《コト》二此《ノ》眞化二身《ヲ》一、見《タリ》二于雙巻經《ノ》三輩《ノ》文中《ニ》一。

先《ツ》眞身《トハ》者、眞實《ノ》之身《ナリ》也。彌⑨陀因位《ノ》之時、於《テ》二世自在王佛所《ノニ》一、發⑩《シ下フテ》二四十八願《ヲ》一之後、兆載永劫《ノ》之間、修《メ》二布施持戒忍辱精進等《ノ》之六度萬行《ヲ》一、而所⑪《ノ》レ顯《下ヘル》一之修因感果《ノ》之身也。觀經《ニ》說《テク》云、其《ノ》⑫身六十萬億那由他恒河沙由旬《ナリ》、眉間《ノ》白毫右旋《ニ》⑬《メクレリ》、如《シ》二五須彌山《ノ》一。文⑭　其《ノ》一《ノ》須彌山《ノ》高《サ》、出レ海入レ海各々八萬四千由旬⑮《ナリ》也。又青蓮慈悲眼《ノ》⑯《ハ》如《ニメ》二四大海水《ノ》一、靑白分明《ナリ》也。自《リ》二身《ノ》諸毛孔《ノ》一放《コト》⑰二光明《ヲ》一、如《シ》二須彌山《ノ》一。項⑱《ニ》（ママ頂）有二旋《レル》圓光一、如《シ》二百億三千大千世界《ノ》一。如《メ》レ是一有⑲二八萬四千相《ノ》一、一一相各有《ニ》二八萬四千好《ノ》一、一一好《ニ》⑳各々有《リ》㉑二八萬四千《ノ》光明一。其《ノ》一々《ノ》光明遍照《ク》㉒二十方世界《ヲ》一、念佛衆生《ヲ》攝取《メ》不レ捨《下ハ》。身㉓色《ハ》如《シ》二夜摩天閻浮檀金色《ノ》一。云々㉔　是《レ》不レ限二彌陀一佛《ニ》一、一切諸佛皆黄金色《ノナリ》也。諸色《ノ》中《ニハ》以《テ》二白色《ヲ》一爲㉕レ本《ト》一故《ニ》、雖《ト》レ可二佛色白色《ノ》㉖《モ》一、其《ノ》色尚損《ヲスル》色《ナリ》也。但有《テ》二黄金《ノミ》一不變色《ノナリ》也。是故十方三世《ノニ》一切諸佛《ノ》、皆爲レ顯《ニカ》二常住不變相《ヲ》一、現《下ヘル》二黄金色《ヲ》一也。是《レ》觀佛三昧經《ノ》意《ナリ》也。但眞言《シ》宗《ノ》中《ニ》有《リ》二五種法《ノ》一。其《ノ》本尊《ノ》身色、隨《テ》レ法各別《ニナリ》。然而㉗時暫時方便《ノ》之化色㉘也、非二佛《ノ》本

色《ニハ》一矣。是《ノ》故造《ニ》二㉙《クルニ》佛像《ヲ》一雖レ非《スト》三白檀綵㉚色不《ハ》レ得《ルニ》二功德《ヲ》一、造二㉛《ルハ》金色《ニ》一者、卽決定往生業《ノ》㉜因《ナリ》也。卽《ノ》生乃至三生《ニ》
㉝必得《スト云ヘリ》二 往生《ヲ》一。是《レ》彌陀如來眞身《ノ》之功德㉞《之》。存《ルヿ》レ略《ヲ》一如《シ》(レ)斯《ノ》一。

次《ニ》化身《トハ》 者、無㉟《ニメ》而欸《チ》有《ナルヲ》 云《ト》レ化一者、則隨㊱《ヒ》レ機《ニメ》應レ時《ニ》現《スルヿ》二身量《ヲ》一大小不同《ナリ》。經《ニ》㊲云、或《ハメ》現二大身《ヲ》一滿《チ》二㊳虛空中《ノニ》一、
或《ハメ》現二小身《ヲ》一丈㊴六八尺《之ト》。就《テ》二化㊵佛《ニ》一有《リ》二多種一。先《ツ》圓光《ノ》化佛《トハ》 者、經《ニ》云、於《テ》二圓光《ノ》中《ニ》一有㊶《リ》二百萬億那由他恆河沙《ノ》
化佛一、一一《ノ》化佛衆多無數《ノ》化菩薩《ヲ》以《テ》㊷爲二眷屬《ト》一。文㊸ 次《ニ》攝取不捨《ノ》化佛者《トハ》、光明遍照十方世界念佛衆生攝
取不捨者《トハ》、是㊹《レ》眞佛《ノ》攝取也《ナリ》。此《ノ》外《ニ》有二化佛攝取一也。三十六萬億《ノ》化佛各々與二眞佛一共《ニ》攝㊺二取《シ下フ》 十方世界念《ノ》

①［第一七日：：阿彌陀經］—（なし）
②經論—經證
③說—とけるに
④別—（なし）
⑤三身—卆三身
⑥或說四身—（なし）
⑦奉讚嘆—讚嘆したてまつらむ
⑧彌陀—彌陀如來
⑨彌陀—彌陀如來の
⑩發—おこして
⑪所顯—あらはしえたまへるところは
⑫身—身量
⑬旋—めぐりて
⑭文—と
⑮由旬—那由他
⑯眼—御まなこ
⑰放—はなちたまふこと
⑱項有旋圓光—うなじにめぐれる圓光は
⑲有—まします
⑳各々—また
㉑有—まします
㉒照十方世界—十方世界の
㉓身色—御身のいろ
㉔云云—といへり
㉕爲本故—本とすとまふせば
㉖色—御いろ
㉗而時—（なし）
㉘化色—化身
㉙造—つくるにも
㉚綵色—綵色なれども
㉛造—つくりつれば
㉜業因也。—業因なり。卽生の功德、略を存ずるにかくのごとし
㉝必得往生—必得往生といへり
㉞功德〔なり〕—功德
㉟無而欸有—無而欸有を
㊱隨機應時—機にしたがふときに應じて
㊲云—（なし）
㊳虛空中—虛空に
㊴丈六八尺—丈六八尺といへり
㊵化佛—化身
㊶有—まします
㊷爲眷屬—侍者とせり
㊸文—といへり
㊹是—この
㊺攝取—攝取したまふといへり

佛《ノ》衆生《ヲ》一也。次《ニ》來迎引接《ノ》化佛《トハ》者、九品《ノ》來迎各々《ニ》有《リ》①二化佛一、隨《テ》レ品《ニ》一有二多少一。上品上生《ノ》來迎《ニハ》、眞佛《ノ》之外《ニ》有《リ》②二無數《ノ》化佛一、上品中生《ニハ》有《リ》③二千《ノ》化佛一、上品下生《ニハ》有④二五百《ノ》化佛一。乃至如《ク》レ是《ノ》一次第減《ニ》⑤《メ》、下品上生《ニハ》眞佛不《ニ》來迎一、但遣《シ玉ハ》二化佛化觀世音化大勢至《ヲ》一。其《ノ》化佛《ノ》身量、或《ハ》丈六⑦八尺《ナリ》。化菩薩《ノ》身量《モ》隨《フ》レ其《レニ》一。下品中生《ニハ》天花上《ノ》有《ニ》⑧《テ》二化佛菩薩一來迎⑨《シ下フ》。下品下生《ニハ》⑩命終《ノ》之時見⑪下金蓮花猶《シ》如《ナル》二日輪《ノ》一住《スルヲ》中其《ノ》人前《ニ》上。如⑫レ文《キハ》者雖レ見《タリト》下無《キ》二化佛來迎《モ》一之樣《ニ》上、善導御意《ノ》⑬依《ラハ》⑭二觀經十一《ノ》門義《ニ》一者、第九門明⑮《ニス》二命終《ノ》之時、聖衆迎接《シ下フ》不同、去時遲疾《ノヲ》一。又云《ヘリ》下今此十一門義約《ハ》⑯二對《スルニ》九品文《ノ》一、一々品中《ノ》皆有《ニ》中此十一《ト》上。然者《ハ》⑰下品下生中《ノ》可《ニモ》レ有《ナル》二來迎一。而五逆《ノ》罪人依《テ》二其《ノ》罪重《ニ》一、不レ能《ク》三正見《ヿ》二化佛菩薩《ヲ》一、但見《ナリ》下我所《カノ》レ可《キ》レ坐《ス》一之金蓮花許《リヲ》上。又文有⑱《ニ》二⑲《レハナリ》隱顯一也。次《ニ》又爲⑳《ニ》二十方《ノ》行者《ノ》一、本尊有《リ》レ現《下ヘルヿ》二小身之化佛《ヲ》一。天竺《ノ》鷄頭摩寺《ノ》五通菩薩、以㉑《テ》二神足《ヲ》一詣《テ》㉒二極樂《ニ》一白《メ》レ佛言《ク》、娑婆世界《ノ》衆生欲《ニ》レ修《ント》二往生《ノ》行《ヲ》一、無《シ》二其《ノ》本尊一、佛願《クハ》爲《ニ》現《ヘト》二身相《ヲ》一。佛則趣《テ》二菩薩《ノ》請《ニ》一樹上《ニ》現《下ヘリ》㉓二佛化五十體《ヲ》一。菩薩卽模《メ》㉔レ之《ヲ》一弘《ム》レ世《ニ》一。鷄頭摩寺《ノ》五通菩薩《ノ》㉕《曼歟》萬陀羅《トハ》者、則是《ナリ》也。又智光《ノ》曼陀羅《トテ》有《リ》二世間《ニ》㉖流布《ノ》之本尊一。其《ノ》因緣人常知《ニ》㉗《ル》レ之《ヲ》、不レ可二具申《ニヿ》一、可レ見二日本往生傳《ヲ》一。又爲下敎《ニ》二化《メ》新生《ノ》菩薩《ヲ》一而說法《センカ》上、化㉘現《メス》二小身《ヲ》一。此《ハ》是《レ》彌陀如來化身《ノ》㉙功德《ム》。略《スルヿ》㉚亦如《シ》レ是矣。

今此《ノ》被《下ヘル》二造立《セ》一佛《ハ》、傳《テ》二祇薗精舍《ノ》之風《ヲ》一模《シ》㉛二三尺《ノ》立像《ヲ》一、期《ニ》二最㉜期終焉《ノ》之暮《ヲ》㉝一、造《レリ》二㉞來迎引接《ノ》像《ヲ》一。凡《ソ》㉟造二立《スルニ》佛像《ヲ》一有二種々《ノ》像㊱一。或《ハ》有二說法講堂《ノ》之像一、或《ハ》有二池水沐浴《ノ》之像一、或《ハ》有二菩提樹下成等正覺《ノ》之像一、或《ハ》有二光明遍照攝取不捨《ノ》之像一。如《ノ》レ是形像《ヲ》、若《ハ》造《リ》、若《ハ》畫㊲《エカキ上ル》、皆雖《ナ》二往生《ノ》業《ナリト》一來迎引接《ノ》形像《ハ》尙獲《タル》二其《ノ》便宜《ヲ》一也。彼《ノ》見二盡虛空界之《ノ》莊嚴一《ヲ》、聞二《キ、》轉妙法輪之《ノ》音一《㊳ヲ》、臨二七寶講堂之《ノ》砌一《リニ》、遊二《ヒ》八功德池之《ノ》濱一《ニ》、凡如（レ）《㊴ソノ》是《ノ》種々微妙《ノ》依正二報親《㊵リ》視聽《ヲスルヿハ》者、先《ツ》終焉之夕《ニテ》預二聖衆《ノ》來迎一《ニ》、決定《メ》往二生《ノ》彼國一《ニ》之上事《㊶ナリ》也。然則《㊷》深《ク》有《ン》二往生極樂《ノ》之志一人、奉《ハ》レ造《テ》二來迎引接之《ノ》形像一《ヲ》、則可レ仰《㊸上ル》二來迎引接之《ノ》誓願一《ヲ》者《ノナリ》也。

其來迎引接願《ノ》者《トハ》、卽此《ノ》四十八願中《ノ》第十九願《ノ》也《ナリ》。人師釋《スルニ》レ之有《ヲリ》二多義一。先爲二臨終正念一《ノ》來迎《ヘリ》。所謂《㊹ル》㊺疾苦逼《テ》レ身《ヲ》一將欲《ント》レ死之時、必起《スナリ》二境界自體當生《ノ》三種愛心《ノ》一也。而阿彌陀如來放《テ》二大光明《ヲ》一現《下フ》二行者前《ノニ》一時、未曾有事《ノナル》故歸敬心《ノノ》外《ニハ》無《シ》二他念一。而《レハ》亡《メ》二三種愛心《ヲ》一更無《ニシ》レ起《ヿ》一。且又佛《ハ》、近《下テ》二行者《ニ》一加持護念《下フカ》故《ナリ》也。稱

①有―まします
②有―まします
③有―まします
④有―まします
⑤滅―おとりて
⑥化觀世音化大勢至―化觀音勢至とを
⑦八尺―あるいは八尺なり
⑧有―ましまして
⑨來迎―來迎したまふといへり
⑩命終之時―命終してのち
⑪［見金…人前］―金蓮華をみる。猶如日輪住其人前といへり
⑫如文―文のごとくは
⑬御意―御心
⑭觀經―觀經の疏
⑮明―あかすといへり
⑯約對―約對せり
⑰下品下生中―下品下生にも
⑱又―あるいはまた
⑲有―あるなり
⑳［爲十方…化佛］―十方の行者の本尊のために、小身を現じたまへる化佛あり
㉑以神足―神足通をして
㉒極樂―極樂世界
㉓佛化―化佛
㉔模之弘世―これをうつして、よにひろめたり
㉕萬陀羅者―曼陀羅といへる
㉖流布之―流布したる
㉗知之―しりたることなり
㉘現―現じたまへることましります
㉙功德［なり］―功德
㉚略亦―また略して
㉛模―うつし
㉜最期―最後
㉝暮―ゆふべを
㉞來迎引接像―來迎引接に
㉟造立―造畫
㊱像―相
㊲畫―畫したてまつる
㊳音―音聲
㊴如是―かくのごとく
㊵視聽―視聽せむことは
㊶事也―ことに候
㊷則―（なし）
㊸仰―あおぐ
㊹所謂―おもはく
㊺疾苦―病苦

讚淨土經《ニハ》[1]說《キ》下慈悲加祐《シテ》令《メ》二心《ヲ》不レ(ア)亂、既《ニ》捨《テ》レ命已《テ》、卽得《テ》二往生《ヲ》一住《スト》中不退轉《ニ》上、阿彌陀經《ニハ》說《ケリ》下阿彌陀佛與二諸《ノ》聖衆一現[2]《ニ》在《ス》二其前《ニ》一、是人《ノ》終[3]時心不《メ》二顚倒一、卽[4]得レ往中生《ヿヲ》阿彌陀佛《ノ》[5]極樂國土《ニ》上。令心不亂《ト》與《トハ》二心不顚倒一、卽令《ルノ》レ住二正念《ニ》一之義也。然者非二臨終正念《ナルカ》故《ニ》來迎《シ下ニハ》一、來迎《下カ》故《ニ》臨終正念《ナリト云》之義明也。在生之間往《ニ》生行《ノ》成就《センハ》人、臨終《ニ》必《ス》可レ得二聖衆《ノ》來迎一。得二來迎一時、忽《ニ》[6]可《ナリ》レ住二正念一也。然《ニ》今時《ノ》行者多《ク》不《メ》レ辨二其旨《ノヲ》[7]一、捨[8]《テ》二尋常《ノ》行《ヲ》一、生《メ》二怯弱《ヲ》一遙《ニ》期《メ》二臨終《ノ》時《ヲ》一祈《ル》二正念《ヲ》一、最《モヒガ》[9]僻胤《インナリ》也。然者《ハ》能々《ク》意[10]二得《ニ》此旨《ノヲ》一、於《テ》二尋常《ノ》行業《ニ》一不レ起二怯弱心《ノヲ》一、於《テハ》二臨終正念《ニ》一可レ成《ス》二決定思《ノヲ》一也。此是《ハレ》至要義《ノナリ》、聞人《カン》可《シ》レ留レ心《ヲ》一。此《ノ》為二臨終正念《ノ》一來迎《スト》云《フ》義《ハ》、靜慮院《ノ》靜照法橋釋《ノナリ》也。

次《ニハ》為《ニ》二道《ノ》先達《ノ》一來[11]迎《下フ》也。或往生傳《ハ》沙門志法《ニ》遺書《ノ》曰《ニク》、

我在《テ》二生死海《ニ》一　幸値《ヘリ》二聖船筏《ノニ》一　我所《カノ》レ顯《ス》眞聖　來[12]二迎《シ下フ》卑穢質《ノミヲ》一　若[13]欣《シ》二求《センモノハ》淨土《ヲ》一

必造《ス》二畫《スヘシ》形像《ヲ》一　臨終現《ニメ》二其前《ノニ》一　示[14]《シ》二道路《ヲ》一攝[15]《下フ》レ心《ヲ》一　念[16]々罪漸《ミク》盡《テ》　隨《テ》レ業《ニ》一生[17]《ス》二九品《ニ》一

其所[18]《ノノ》レ顯聖衆　先[19]讚《ニ》二新生輩《ノヲ》一　佛道示[20]《亦歟》二增進(一)

是則於二此界《ノニ》一所二造畫《グハスル》一之形像、成《テ》二先達《ト》一送《下フ》二淨土《ニ》一之證據《ナリ》也。又見《ニ》二藥師經《ヲ》一、有《リ》下欣《フ》二淨土《ヲ》一輩《ノ》行業、未《タ》レ定迷《フ》中往生路《ノニ》上。則文云《ニ》、有[21]《ハ》三能受《ク》二持八分齋戒《ヲ》一、或經《ハ》二一年一、或復《タ》三月受[22]二持學處《ヲ》一、以《テ》二此善根《ノヲ》一、願[23]《ス》下生《メ》二西方極樂世界無量壽佛所《ニ》一聽中聞《セント》正法《ヲ》上。而未《ニタ》レ定者若《ノ》聞[24]二世尊藥師瑠璃光如來名號《ノヲ》一、臨二命終《ノ》時《ニ》一有二八菩薩一、乘《メ》二神通《ニ》一來示[25]《テ》二其道路《ノヲ》一。卽於[26]《テ》二彼界《ノノ》種々雜色衆寶花中《ノニ》一自然化生《ニス》。[27]已上　若彼《ノ》八菩薩不《ンハ》レ

示《サ》二其《ノ》道路一者、難㉘レ得二獨《リ》往生《スルヿヲ》一乎。以《テ》レ之而思《ニモ》、彌陀如來與二諸《ノ》聖衆一共《ニ》、現《メ》二行者《ノ》前《ニ》一㉙來迎引接《下モ》爲《トシ》三引《テ》示《トハンカ》二（ママ 下ハンカ）道路《ヲ》一之義、誠《ニ》被レ云一事《ナリ》也。娑婆世界《ノ》習《モ》、行《ニハ》レ路《ヲ》一必具《スル》㉚二先達《ヲ》一事也。依《テ》レ之御廟《ノ》僧正《ハ》、此《ノ》來迎《ノ》願《ヲハ》名《下ヘリ》二現前導生《ノ》願《ト》一。

次爲《ニ㉛ニ》レ對二治《ンカ》魔事《ヲ》一㉜來迎《シ下トハ》者、申《メ》二道盛《リナレハ》者魔盛《ンナリト》一、佛道修行《スルニハ》必相二副魔《ノ》障難一也。眞言宗中《ノニハ》云《ヘリ》二誓心決定《スレハ》魔宮振動《スト》一。修二行《スルニ》㉝天台止觀四種三昧《ヲ》一、十種《ノ》境界發《ル》中《ニ》云《ヘリ》㉞二魔境來《ト》一。又菩薩《ノ》三祇百劫《ノ》行既《ニ》成《ノ》唱《ル》二正覺《ヲ》一時《㉟キ》、魔王來《テ》種々障《ニ》礙《セリ》。何況《ニヤ》凡夫具縛《ノ》行者、設《ヒ》雖レ修《ト》二往生《ノ》行業《ヲ》一、不《ハ》三對二治魔障《ノ》難《ヲ》一者、

①說―いへり
②現在其前―そのまへに現ぜむ
③終時―おわらむとき
④得―えむと
⑤極樂―（なし）
⑥可―べしといふこゝろなり
⑦其―この
⑧捨尋常行―ひとへに尋常の行において
　は
⑨胤―韻
⑩意得此旨―このむねをこゝろえて
⑪來迎也―來迎したまふといへり
⑫來迎卑穢質―卑穢の質を來迎せむ
⑬若欣求淨土―若し淨土を忻求せば
⑭示道路―道路を示〔しめ〕さむ
⑮攝心―心を攝して
⑯念々罪漸盡―念念すれば罪〔つみ〕漸
　〔やうや〕く盡〔つ〕く
⑰生九品―九品に生ぜん
⑱其―其〔それ〕
⑲先讃新生輩―先〔さき〕だちて新生の
　輩〔ともがら〕を讃〔ほ〕む
⑳示增進―樂增進 云云
㉑有―あらむ
㉒受持學處、以此善根―受持せむ。まな
　ぶところ、この善根をもて
㉓［願生…正法。而］―西方極樂世界無
　量壽佛のみもとにむまれむと願じて、
　正法を聽聞すれども
㉔聞―きかむ
㉕示―しめさむ
㉖［於彼界…花中］―かの界にして、種
　種の雜色衆寶華の中に
㉗已上―といへり
㉘難―がたきにや
㉙［來迎…之義］―きたりて迎接したま
　ふも、みちびきて道路をしめしたまは
　むがためなりといふ義
㉚先達―先達といふものを
㉛爲對治魔事―對治魔事のために
㉜來迎者―來迎すといふ義あり
㉝天台止觀―天台止觀の中には
㉞魔―魔事
㉟時―ときも、第六天の

遂《ケンコト》二往生《ノ》素懷《ヲ》一難①《カラン》。然《ニ》阿彌陀如來、被レ圍二遶無數《ノ》化佛菩薩聖衆《ニ》一、光明赫奕《トメ》現《下フ》二行者《ノ》前《ニ》一時《ニハ》、不レ能下魔②王是③《ニ》近《キ》レ此障中碍《スルヿヲ》之上。然則來迎引接爲《ハ》レ對二治《センカ》魔障《ヲ》一也。來迎《ノ》義存《スルニ》レ略《ヲ》一如《シ》レ斯《ノ》一。就《テ》二此等義《ノ》一思④《ニ》同造《ハランニハ》（ママ衍字か）二佛像《ヲ》一可レ造⑤《キ》二來迎《ノ》之像《ヲ》一也。佛《ノ》功德大概如レ斯《ノ》。

次《ニ》三部經者《ト》、今名《ヿ》二三部經《ト》一者非二初申《テニ》一、其《ノ》證斯《レ》多《シ》。所⑥謂大日《ノ》三部經、大日經金剛頂經蘇悉地經等是《ナリ》也。彌勒《ノ》三部經、上生經下生經成佛經等是也。鎭護國家三部經、法花經仁王經金光明經等是也。法花三部經、無量義經普賢經⑦法花經等是也。是則《レ》名《クル》二三部經《ト》一證據也。今此彌陀《ノ》三部經⑧《モ》有《ル》人師《ノ》云、淨土敎有《リ》二三部一、所⑨謂雙卷無量壽經觀無量壽經阿彌陀經等是也。依レ之今《ニ》名《クル》二淨土《ノ》三部經《ト》一也、或《ハ》又名《ハク》二彌陀《ノ》三部經⑩一。又或師《ノ》云、彼三部經《ニ》加《テ》二鼓音聲經《ヲ》一名《クト》二四部一。云⑪云 凡《ソ》諸經《ノ》中《ニ》、或《ハ》有《リ》下說《ク》二往生淨土《ノ》法《ヲ》一經⑫上、或《ハ》有下不レ說《ル》一經上。花嚴經《ニハ》說《ケリ》レ之、則四十花嚴《ノ》中《ノ》普賢《ノ》十願是也。大般若經《ノ》中《ニ》、惣《メ》不レ說《カ》レ之。法花經《ノ》中《ニハ》說⑬《ク》レ之、卽藥王品《ノ》卽往安樂世界文是《ナリ》也。涅⑭槃經《ノ》中《ニハ》不レ說レ之。又眞言宗《ノ》中《ニハ》、大日經金剛頂經《ノ》蓮花部《ニ》雖レ說《ト》レ之一、大日《ノ》分身《ナリ》也、非二別說⑮《ノ》一《ニハ》。諸《ノ》小乘經《ニハテ》都不レ說レ之⑯《ヲ》。然《ニ》說《ヿハ》二往⑰生淨土《ノ》法《ヲ》一、不レ如《カ》二此《ノ》三部經《ニハ》一。故《ニ》淨土《ノ》一宗《ニハテ》以二此《ノ》三部經《ヲ》一、爲《リ》二其《ノ》所⑱依《ト》一。

又於二此《ノ》淨土《ノ》法門《ニ》一、立《ヿ》二宗名《ヲ》一非二初申《テニ》一、其《ノ》證據多《シ》レ之一。少々出《ハ》レ之一者、元曉遊⑲心安樂《ニ》云《ヘル》下淨⑳土宗《ノ》意本《ト》爲二凡夫一、兼爲中《スト》聖人上、其《ノ》證也。彼《ノ》元曉《ハ》花嚴宗《ノ》祖師也。又㉑慈恩《ノ》西方要決《ニ》云㉒、依《ト》㉓二此《ノ》一宗一、亦其《ノ》證也。彼《ノ》慈恩《ハ》法相《ノ》宗祖師也。又㉔迦才《ノ》淨土論《ニ》云㉕、此㉖《ノ》之一宗、竊《ニ》爲《ト》二要路一、亦其《ノ》證也。又㉗善導《ノ》觀經《ノ》疏《ニ》云㉘、眞㉙宗叵《ト》レ遇一、亦其《ノ》證也。彼《ノ》迦才善導《ハ》、俱専《ニ》㉚《スル》二此淨土一宗《ノ》一之人《ヲ》也。自宗他宗《ノ》釋既如《ニ》レ此。加レ之立《ヿ》二宗名《ノ》一者、天台法相等諸宗《ノ》、皆由《ル》二師資相承《ニ》一。然《ニ》淨土宗既有《ニ》㉛《ニ》二師資相承《ノ》血脈《ノ》次第一。所㉜謂《ル》菩提流支三藏惠寵法師道場法師曇鸞法師法上法師道綽禪師善導禪師懷感禪師小康法師等《ナリ》也。自《リ》二菩提流支一至《マテハ》二法上一者、出㉝《タリ》二道綽《ノ》安樂集《ニ》一。自他宗《ノ》人師、既名《ニ》㉞二淨土《ノ》一宗《ト》一。淨土宗《ノ》祖師、又次第《ニ》㉟相承《ス》。依《テ》レ之今《ニ》相傳《ノ》、名二淨土宗《ト》一者也。然㊱《ニ》不《ル》レ知二此《ノ》旨《ヲ》一之輩、未㊲《タ》四曾聞《テ》三八宗《ノ》外《ニ》有《ヿヲ》二淨土宗一等難㊳《ト》破《スル》事㊴《ノ》候者《ヘハ》、聊申《シ》開候也。凡諸宗《ノ》法門者《ニ》㊵二（ママ有）淺深一、有二廣狹一。則眞言天台等《ノ》諸大乘宗者《ハ》廣《ニシテ》而深《シ》。俱舍成實等《ノ》小乘宗者《ハ》廣《ニシテ》而淺《シ》。此淨土宗者《ハ》狹《ニシテ》而

①難—かたし
②魔王—魔王も
③是—（なし）
④思同—おもひ候にも、おなじく
⑤可—べきとおぼえ候なり
⑥所謂—いはく
⑦普賢經法花經—法華經普賢經
⑧經—經は
⑨所謂—いはく
⑩經—經とも
⑪云云—いへり
⑫經—（なし）
⑬說—とけり
⑭涅槃經中—涅槃經には
⑮別說—別てとけるには
⑯之—淨土
⑰往生淨土法—往生淨土を

⑱所依—所縁
⑲遊心安樂—遊心安樂道
⑳［淨土宗…爲聖人］—淨土宗の意〔こゝろ〕、本〔もと〕は凡夫の爲〔ため〕なり、兼〔かねて〕は聖人の爲〔ため〕なりとしといへる
㉑又—（なし）
㉒云—（なし）
㉓依此一宗—此〔こ〕の一宗〔しゆ〕に依〔よ〕るといえるなり
㉔又—（なし）
㉕云—（なし）
㉖此之一宗、竊爲要路—此一宗竊〔ひそか〕に要路たりといへる
㉗又—（なし）
㉘云—（なし）
㉙眞宗叵遇—眞宗遇〔あ〕ひ叵〔がた〕

㉚専—もはらに信ずる
㉛既—（なし）
㉜所謂—いはく
㉝出—いだせり
㉞名—なづけたり
㉟相承—相承せり
㊱然—しかるを
㊲［未曾…淨土宗］—むかしよりいまだ八宗のほかに淨土宗といふことをきかずと
㊳等—（なし）
㊴事—ことも
㊵者—あり

淺。然者彼諸宗者、於二今時一機與レ教一不二相應一。教深而機淺、教廣機狹故也。譬如二韻高而和①少一。又如三小器②盛二大物一。唯此一宗③機與レ教一相應之法門也。故修レ之者必可二成就一也。然則於二彼不相應教一、莫三勞二費身心一、唯歸二此相應法門④一、速可レ出二生死一也。

今日所レ被二講讃一者、此三部中雙卷無量壽經阿彌陀經也。先無量壽經初說二阿彌陀如⑤來因位本願一、次說二彼佛果位一報莊嚴一。然者此經說二阿彌陀佛修因感果功德一也。則上⑥卷初所レ說四十(ママ四十八)願等、彼佛因位發願也。同卷奧及下卷初所レ說淨土莊嚴幷衆生往生因果、彼佛果位願成就也。一々本誓⑦一々願成就、經⑧文明也、不レ遑二具釋一。其中說二衆生往生⑨因果一者、則念佛往生願成就之諸有衆生聞其名號文、及三輩文是也。若依二善導御意一者、就二此三輩業因一、可⑩レ立二正雜二行一。就二正行一亦有レ二、正定助業也。三輩俱云二一向專念一者、則正定業(ママ)也。順二彼佛本願一故。又其外有二助業一、有二雜行一。開⑪二經文一、當二觀經疏正雜二行一。此中中輩文有二起立塔像句一。其像者、經文雖レ不レ見二何佛像一、懷感禪師群疑論、立二都率西方十五同義一中、有二造像同之義一。釋レ其二造二彌陀形像一之證據、引二此中輩起立塔像文一。故知、彼像者是彌陀形像、往生助業也。凡此三輩中各雖レ說二菩提心等餘善一、望二上本⑫願一、專在レ令レ稱二念彌陀名號一。故云二一向專念一。上本願者、指二四十八願中第十八⑬願一也。一向之言、對二二向三⑭向一之義也。若念佛外竝修二餘善一者、可レ背二一向義一也。求二往生一人、專依二此經一、必可レ意二得此旨一也。⑮雙卷經大意略如レ此。

次阿彌陀經者、初說極樂世界依正二報、次說⑯修一日七日念佛之往生、後說六方諸佛於念佛一行、證據⑰（ママ）（誠か）護念之旨。則此經不說餘行而選說念佛一行。⑱文云、說不可以少善根福德因緣得生彼國、說聞說阿彌陀佛、執持名號、若一日乃至七日、一心不亂、其人臨命終時、阿彌陀佛與諸聖衆現在其前、是人終時、心不顚倒卽得往生。爰知、餘善少善根也、念佛多善根也。修彼少善根餘行、不可得往生、修此多善根念佛、必可得往生。是故善導和尚釋此文云、極樂無爲涅槃界、隨緣雜善恐難生、故使如來選要法、教念彌陀專復專。云云 阿彌陀經大意、略如斯。凡念佛往生是彌陀如來本願行也、教主釋尊選⑲要法也、六方諸佛證誠⑳說也。餘行不然。其旨具經文及諸師釋也。㉑佛經功德、存略如斯。仰願云云

第二七日　彌陀　觀經　同疏一部

①高而和—たかくしては和すること
②小器盛大物—ちゐさき器に大〔おほき〕なるものをいる、が
③一宗—淨土の一宗
④法門—法
⑤阿彌陀如來—彌陀如來
⑥［則…願成就也］—乃至
⑦本誓—本誓悲願
⑧經—（なし）
⑨說—とくといふは
⑩可立—たてたまへり
⑪［開經文…助業也］—乃至
⑫本願—本願を
⑬第十八願—第十八の念佛往生の願
⑭向—（なし）
⑮［雙卷經…如此］—（なし）
⑯說—とけり
⑰據—誠
⑱［文云…如斯］—乃至
⑲選要法—選要の法
⑳證誠—證誠の
㉑［佛經…如滿月。云云］—乃至

此《ノ》阿彌陀佛《トハ》者、從《リ》レ是《レ》西方過《テ》二十萬億《ノ》三千大千世界《ヲ》一、有《リ》二七寶莊嚴《ノ》地一、名《テ》曰二極樂世界《ト》一、是則其土《ノ》教主《ナリ》也。御身色《ノハ》如《クシ》二夜摩天閻浮檀金色《ノ》一、御身量《ハ》六十萬億那由他恆河沙由旬《ナリ》也。凡佛《ソノ》功德《ハ》不《レ㕝》三以《テ》レ言可《ヘ》二演盡《ス》一、誦《メ》二伽陀《ヲ》一、奉《ルニ》二稱揚讃嘆一可《レ》足一也。則面善圓淨如滿月。云云 又釋《スルニ》レ經《ヲ》而佛《ノ》功德顯《モレ》、讃《スレハ》レ佛《ヲ》一者經《ノ》功德顯《モル、》也。又疏釋《①スレハノヲ》二經意一者、釋《センニハヲ》レ疏經意《ノ》可《②モシル》レ顯一。皆是同物也。不レ能二區釋《③クスルヿ》一。④然《ハ》者就《テ》レ經《ニ》如《ノ》レ形可《シ》レ奉《ル》二讃嘆《シ》一。

震旦《ノ》人師釋《スルニ》レ經《ヲ》、有《リ》二大意釋名入文解釋《ノ》三意一、今且可《シ》レ略《ス》レ之《ヲ》。但取《テ》レ要《ヲ》釋《ハ》レ之者、今此《ノ》觀無量壽經《ニ》有《リ》二二意一。初《ニハ》明《シ》下修《メ》二定散二善《ヲ》一而往生上《スルヿヲ》、次《ニハ》明《ス》下稱《メ》二名號《ヲ》一而往生上《スルヿヲ》。

⑤先釋《ツハ》二定散《ノ》義《ヲ》一者、佛趣《テ》二韋提希夫人《ノ》請《ニ》一、光臺《ノ》中《ニ》現《シ下フ》二十方淨土《ヲ》一之時、韋提希云《テ》二我今樂生極樂世界《ト》一、我《ニ》而申《シ、カハ》レ教《下ヘト》二(レ)生《ヿヲ》二彼國《ニ》一者、則趣《テ》二其請《ニ》一、始《メ》レ自《リ》二日想觀一、至《マテ》二雜想觀《ニ》一、說《下ヘルヿ》二十三觀想《ヲ》一也。是《レヲ》名《ク》二定善《ト》一。此《ノ》定善《ハ》卽現身見《上ル》レ佛《ヲ》也。初《ハシメ》日想觀《トハ》者、二八月《ノ》彼岸《ノ》日將《ニ》レ沒《イラントキ》一時、先見《テ》レ日《ヲ》一塞《テ》レ目《ヲ》一、想《フ》二其日《ノ》有樣《ヲ》一。想失《ヒレハ》者又開《テ》レ目見《ル》レ日《ヲ》。初《ハ》加樣《ニ》而想《ヒ》二付日《ヲ》一、後《ニハ》無《キ》レ日處《ニテモ》心想者如《ヘ》レ見《ルカ》申《ス》二日想觀成就《ト》一也。閉《テ》レ目想見《ルハ》レ日者尚觀淺時《ナリ》也。閉《テモ》レ目開《テモ》レ目、同《ク》自在見《ル》レ日、申《スト》二觀之深成就《スルト》一也。此觀成就《スル》時者、云《フ》レ有《ト》二阿彌陀佛現《シ玉フ》一事候、其《ヘトモ》難《レハキ》レ有事也。以《テ》二此日想觀《ヲ》一、置《ク》二十三觀《ノ》初《ニ》一、有《リ》二三義一。一《ニハ》爲《ンカ》レ令《メ》レ練二習光明《ニ》一也。謂彼極樂世界《ハ》光明赫奕《トメ》、而不《ル》レ可《カラ》レ有中(下)以《テ》二凡夫《ノ》眼《ヲ》一直《ニ》見《ルヿ》上。是故先觀《ツ》二習有《ル》レ光物《ヲ》一之後可《ニ》レ觀《ル》二彼國《ヲハ》一也。而《テ》於《ノ》二此界《ニ》一有《ルモノ》レ光無《シ》二越《タルニ》レ日之物《ニ》一、故先用《ツ》二此觀《ヲ》一也。二《ニハ》爲《ンカ》レ令《メ》レ知《ラ》二罪障《ノ》輕重《ヲ》一也。謂作《クス》二此觀《ヲ》一

時、隨《テ》レ罪《ニ》見《ヿ》レ日不同也。或《ハ》黒障如二黒雲《ノ》障《カ》レ(フ)日一、或《ハ》黄障如二黄雲《ノ》障《カ》レ日、或《ハ》白障如二白雲《ノ》障《カ》レ日《ヲ》、如二雲《ノ》覆《カ》レ日、衆生《ノ》業障之障《ルヿモ》二所觀境《ノヲ》一亦爾《ナリ》。然者《ハ》隨《テ》二此相《ノニ》一、可《キ》レ懺二悔無始已來《ノ》三業罪障《ノヲ》一之料也。三《ニハ》爲《ンカ》レ令レ知二極樂《ノ》方處《ヲ》一也。謂《ク》彼國《ノハ》則在《リ》二西方《ニ》一、日沒方《ノ》亦《モ》西方《ナリ》也。彼國《ノハ》當《レリ》二二季彼岸《ノ》日入處《ルニ》一。因レ之修《スル》二初《ニハ》此《ノ》觀《ヲ》一、必《ス》二季彼岸之日《ノ》正東《ク》出《ニテ》、正西《ク》入《ニラン》時《ニ》開《キ》レ目《ヲ》一閉《テ》レ目《ヲ》可《ト》レ見レ日《ヲ》云也。次水想觀《トハ》者、將《ルニ》レ觀《ント》二極樂世界瑠《ノ》璃地《ノヲ》一、凡夫具縛衆生《ノ》、從《ハ》二無始《リ》一以來、未《タ》レ見事《ナレハ》者、欲《スモ》二直觀《ニト》一成就事難《センキカ》故先《ニツ》見《ヲ》レ水一。後閉《ニテ》レ目想《ヲフ》レ水《ヲ》、是《レ》亦如《ク》二前日想觀《ノ》一、觀淺深如《モ》レ前《ノ》。水想成就見《メ》レ水閉《ヲ》レ目開レ目、得《ツレハ》二自在《ヲ》一者、變《シテ》レ水作《ヲス》二氷想《ノヲ》一、觀《シ》二作《メ》氷《ニ》一後變《ニメ》レ氷又作《ヲス》二瑠璃想《ノヲ》一、氷似《ハタルカ》二瑠璃《ニ》一故也。所《ハ》レ詮《スル》一水想氷想觀《モモシ》二顯《サン》瑠璃地《ノヲ》一之料方便也。次地《ニ》想觀《トハ》者則前水想觀次第成就《ニシヌレハ》者、地想觀成就《モスル》事也。其瑠璃地《ノ》下有《ニテ》二金剛七寶金幢《ノノ》一擎《タリ》レ地《ヲ》。其擎金《タル》幢《ヲハ》、善導御意《ノハヘリ》云二無量無數《ムト》一。他師意見《ノハ》下但有《テ》二一金幢《ノ》一擎《ヲ》レ地一、其幢《ノ》八方《ニメ》八楞具足《スト》上。云云 八楞《トハ》者云《ヘリ》二八之傍《ソハト》一、楞則《ハ》傍《ソハ》也。佛說下《フ》二法花經《ヲ》一之時《キ》、娑婆地《ノ》轉成《メレリ》二瑠璃地《ト》一。此觀《ノ》成就時亦《モ》爾《ナリ》。佛言下《テ》殊爲《ニ》二未來世《ノ》衆生《ノ》一、說中《ト》此觀地法《ノヲ》上、此觀想《ノヲハ》殊《ニ》勸下《ヘル》也。觀經疏第三初《ノノノニ》、釋《ニ》二此觀《ヲ》一之下《ニ》引《ケリ》二清淨覺經信不信因緣文《ノノヲ》一。

此文意《ノハ》、聞《テ》レ說《ヲ》二淨土法《ノヲ》⑥一、信向身毛竪《メノ》⑦者、過去《ノハ》⑧聞《ニメテ》二此法門《ヲ》一、今重聞人《テク》也。今信《スルカ》故《ニ》決定可《ノ》レ往《ス》二生淨

①釋—釋したるものなれば
②意〔も〕—こゝろ
③區—まちまちに
④〔然者…釋之者〕—乃至
⑤〔先釋定散義者…之下〕—乃至
⑥法—法門
⑦竪—いよだつ
⑧過去—過去にも

土一ニ。又聞トモ如レ不レ聞ルカ、惣①メ不二ル信向一者ノハ始自二三悪道一來テ、罪障未②タレ盡レハ心ニ無二信向一也。今不レ信故ニ、又不レ可レ有レ出二ルヿ生死一ヲ等③云ヘル也。詮④メハ往生人之信二シ此ノ法一ヲハ候也。次⑤寶樹觀、次寶池觀、次寶樓觀。此等不レ能二悉ク釋成一スルニ。經文及ヒ此ノ疏ニ具ナリ也。如レ是ノ讃二嘆スルモ依報一ヲ、則奉レル讃二嘆阿彌陀佛觀一ヲ。云云 次ニ觀音觀、次ニ勢至觀。彼ノ國ニ雖レ有二ト無量ノ聖衆一、取レルニ要ヲ此ノ左右ノ二菩薩也。故ニ讃二テ此ノ二菩薩許一リヲ、餘ノ菩薩ヲハ略メ不レ出一也。次ニ普觀想者トハ、是レ自ノ往生之觀也。雖レ未二タ臨終ノ時一ニアラ、作二ス已ニ往生ノ想一也。有二キ大安寺ニ勝行上人ト云者一、是レ成二就タル五輪ノ觀一ヲ之人ナリ也。件ノ上人毎日立二籠テ塗籠《ヌリコメ》一ニ、良久クテ在出タリ。弟子共怪レテ之ヲ後ロノ墻ノ穴ヨリ竊ニ望レニ之、上人ハ不レメ見ヘ而半疊ノ上ニ只有二リ水ノ湛一タルノミ。爲レニ知二僻事カ實事一カヲ、弟子等投三入テ髪剃《カミソリ》砥トヲ於其ノ水ノ中一ニ、而見レハ者誠ニ水ナリ也。作二不思議ノ思一ヲ各去ヌ。暫ク在テ師ノ上人從二塗籠一出テ、忽ニ痛二ミテ腹中一ヲ、問二テ弟子等二云、我入レタル內一ニ時、汝等見ツル歟。又有二ツル何事一カ等ト。弟子難ノレ遁レ而任レテ實ニ申レシツ師ニ。其ノ時師ノ云、我亦入ラン時可レト取二ル件ノ髪剃砥一ヲ。弟子等承レテ之、次ノ日又見レハ上人不レ見ヘ、半疊ノ上ニ但有二リ火焰ノ之燃一モユルノミ。其ノ火ノ中ニ有レリ砥、弟子等取二出ス其ノ砥一ヲ。師出テ、腹ノ中ノ苦痛忽ニ平復シヌ。又次ノ日見レハ者、半疊ノ上ニ一莖ノ蓮花生セリ。見二テ此等ノ相一ヲ、弟子怪テ問レニ師ニ、答曰、我入二水輪三昧一ニ時ハ成レ水ト、入二火輪三昧一時ハ成レ火、入二蓮花三昧一時ハ化二成メ蓮花一ト也。又現ニ往二生スルナリト極樂世界一ニ也トキ云矣。然者ハ正ク如ク二此ノ經ノ說ノ一、雖レ不三ト遍ク修二習セ往生ノ觀一ヲ、而有三リ現身ニ詣ルヿ二極樂一ニ、何況ヤ平ニ正凝二ヲヤ往生ノ觀一ヲ耶。彼ノ上人ハ眞言宗ノ人ナリ。云云 又唐土ノ明曠ト云ハ人、十三觀ノ中ニ自二日想一至二マテ普往生觀一、十二觀成就シタル人ナリ也。如二我等モ一欲レハ觀ント者、必可二成就一也。卽此ノ經ニ云ク、無量壽佛身量無邊、非是凡夫心力所及。然彼如來宿願力故、有憶想者必得成就。云云 次ニ

雑想観《トハ》者、縮二彼《ノ》佛六十萬億那由他恆河沙由旬《ノ》之大身量《ヲ》一、観《スル》二丈六八尺之小身《ノ》之有様一也。此《ハレ》是十三
之定善《ナリ》也。
次《ニ》散善《ト》者三福九品也。但《シ》天台等《ノハ》意十三観《ノ》上加《ニテ》二九品《ノ》之三輩観《ヲ》一、名《ク》二十六想観《ト》一。今⑥分《テ》二定⑦散二善《ヲ》一而十⑧
三名《ヲケ》二定善《ト》一、三福九品名《ヲクルハ》二散善《ト》一者、善導一師《ノ》御意《ナリ》也。⑨先《ツ》三福《トハ》者、一《ニハ》孝養父母《トハ》者、有《リ》二世間《ノ》孝
養一、有《リ》二出世《ノ》孝養一。世間《ノ》孝養《トハ》者、俗書《ニ》云、立《テ》(レ)身一行《テ》レ道、揚《テ》二名《ヲ》後世《ニ》一、以《ハ》顯二父母《ヲ》一孝《ノ》終《リ》也《ト》申《シテ》、於レ
世《ニ》有《ニ》二名譽一、而以《テ》下好者哉《ヨキヒトカナ》是《ハカ》某子《ソト》被《ルヲ》レ云《ハ》上、爲二孝養《ノ》極《ト》一也。出世孝養《トハ》者、勸《テ》二父母《ヲ》一入《ル》二菩提道《ノニ》一、是《レ》眞
實《ノ》孝養也。次《ニ》奉事師長《トハ》者、云《テ》二父母《ハ》七生、師僧《ハ》累劫《ト》一、而師恩《ノハ》勝《ル》二父母恩《ノニモ》一也。然者《ハ》雪山童子《ノ》之聞《シ》二半
偈《ヲ》一、投《テ》レ身而報《シ》二羅刹恩《ノヲ》一、常啼菩薩《ノ》之求《シ》二般若《ヲ》一、割《テ》レ身供《ヲ》二養《シキ》曇無竭菩薩《ニ》一。次《ニ》慈心不殺修十善業《トハ》
者。云云 二者受持三歸《トハ》者。云云 次《ニ》具足衆戒《トハ》者、此有《ニ》二大乘戒一、有《ニ》二小乘戒一。小乘《ト》者、僧戒《ノハ》二百五
十戒也、尼戒《ノハ》者五百戒也。大乘者、七衆通受《ノル》二十重四十八輕《ノ》之五十八戒《ヲ》一也。次《ニ》不犯威儀《トハ》者、付《テ》レ戒《ニ》一
輕《ヲケ》名二威儀一、重《ヲク》名レ戒《ト》也。大乘《ニハ》八萬威儀、小乘《ハ》三千《ノ》威儀《ナリ》也。次《ニ》發菩提心《トハ》者、諸宗《ノ》意不同也。今淨土
宗《ノ》菩提心《ト》者、先往《メ》二生淨土《ニ》一、欲《スル》下度《シ》二一切衆生《ヲ》一、斷《シ》二一切《ノ》煩惱《ヲ》一、悟《リ》二一切《ノ》法門《ヲ》一、證《ント》中無上菩提《ヲ》上之心《ナリ》
也。次《ニ》深信因果《トハ》者、有《リ》二世間《ノ》因果一、有《リ》二出世《ノ》因果一。世間《ノ》因果《トハ》者、卽六道《ノ》因果也。出世《ノ》因果《トハ》者、卽

①惣不信向者—すべて信ぜぬものは
②未盡—いまだつきずして
③等—（なし）
④詮—詮ずるところは
⑤［次寶樹觀…但］—乃至
⑥今—（なし）
⑦定散—この定散
⑧十三—十三観
⑨［先三福者…此人。云云］—乃至

四聖因果《ナリ》也。一代聖教《ノ》所說、不(レ)出此《ノ》六道四聖《ノ》因果《ヲ》。是《ノ》故《ニ》一代《ノ》說教、併《テ》攝《スル》此《ノ》一句《ニ》也。次《ニ》讀誦大乘《トハ》者、通《メ》指《ス》一切《ノ》顯密《ノ》諸大乘經《ヲ》、非《ス》別《ノ》讀(二)誦《スルニハ》一兩《ノ》經《ヲ》。讀誦《ハ》五種《ノ》法師《ノ》中《ニハ》、擧二《ヲ》顯《シ》餘《ノ》三《ヲ》、十種法師《ノ》中《ニハ》、出《メ》二種法師《ヲ》、明《ス》餘《ノ》八種《ノ》法行《ヲ》也。然者《ハ》於《テ》顯密《ノ》一切《ノ》大乘《ニ》、受持讀誦解說書寫《スル》等皆是《レ》往生《ノ》業《ナリ》也。讀誦《ハ》小乘《ヲ》、非《ス》往生《ノ》業《ニハ》。又中邊論《ニ》云《ク》、施《コトハ》十種法行《ヲ》者但限《ト》大乘《ニ》。云云 此《ノ》經《ノ》意又此《ノ》讀誦大乘《ノ》一句《ニ》攝《スル》諸大乘經《ヲ》也。然者《ハ》花嚴般若方等《ノ》諸經、法花涅槃皆可攝《ス》此《ノ》句《ノ》中《ニ》。非《ス》啻顯《ノミニ》、密教又《モ》爾《ナリ》。大日經《モ》金剛頂經《モ》、乃至諸尊《ノ》別法《モ》皆悉《ク》攝《ス》此《ノ》中《ニ》。貞元入藏《ノ》錄《ニ》顯密俱《ニ》入《タル》大乘《ノ》目錄《ニ》也。惠心《ノ》僧都《ノ》往生要集《ニモ》往生《ノ》行《ニ》立《ニ》二門《ヲ》、初《ニハ》念佛往生、次《ニハ》諸行往生《ナリ》。念佛往生《ヲハ》以《テ》五念《ノ》行《ヲ》、釋成《シ》之、諸行往生《ノ》篇《ニハ》、擧《タリ》十三《ノ》諸行《ヲ》。其《ノ》中《ニ》卽有讀誦大乘。又云《ヘリ》往生《ノ》行業、惣《メ》而言《ハ》之不《ト》出《テ》梵網《ノ》戒品《ヲ》。准《メ》之思《ニ》之、往生《ノ》行業不出《テ》經《ノ》此《ノ》三福業《ヲハ》矣。云《モ》梵網戒品《ト》、則具足衆戒《ノ》之一句也。其《ノ》中《ニ》猶大乘戒許《ハカリ》也。非此《ノ》讀誦大乘《ノ》句中《ニノミニ》攝一切《ヲ》、所《ノ》言具足衆戒《ノ》句中《ニモ》、深信因果《ノ》句中《ニモ》、受持三歸《ノ》句、發菩提心《ノ》句、一々《ニ》皆攝《シ》一代《ノ》聖教《ヲ》、攝《タリ》一切《ノ》萬行《ヲ》。以此經《ヲ》尋《レハ》諸經《ヲ》者、花嚴經《ハ》八十六十《ノ》花嚴《ニハ》不說往生淨土《ヲ》。四十花嚴《ノ》普賢十願《ノ》中《ニ》說《ク》之《ヲ》。法花經《ニハ》藥王品《ニ》說《ケリ》卽往安樂世界《ト》。此等《ハ》一度說《ナリ》往生《ヲ》也。然故者《ルハ》、此《ノ》觀經《ニ》惣《メ》說《ク》受持讀誦《ノ》諸大乘經《ヲ》、而往生《スト云》事時、受持《メモ》於花嚴法花《ヲ》可《ト云》往生《ニ》事顯《タル》上、別《メ》各々《ノ》經《ノ》中《ニハ》說則一度說《クナリ》也。大般若《ニハ》雖不《ト》說往生《ヲ》、依《テ》此《ノ》觀經《ノ》說《ニ》、讀誦《メモ》彼《ノ》經《ヲ》往生《スル》也。卽唐土《ニ》有常敏《ヒント云》人、申《メ》宣旨《ヲ》、勸《テ》大般若《ヲ》、書寫《メ》遂《ク》往生《ヲ》云事候也。餘《ノ》諸大乘經《ヲモ》准《テ》之可《ニ》知《ル》。次《ニ》勸進行者《トハ》者、有聖道淨土二門《ノ》勸進。

淨土宗意《ノ》、一代諸教諸宗法門《ノ》、不レ出二此《ノ》聖道淨土《ノ》二門《ヲ》一、八宗九宗則《ハ》聖道門《ナリ》也。今我《カ》往生淨土《ノ》法門《ハ》則淨土門《ナリ》也。然者《ハ》就二此《ノ》二門《ニ》一、各可《シ》レ有《ル》二行者一、謂《ク》聖道《ノ》之行者、淨土《ノ》行者也。勸《メンハ》二彼《ヲモ》此《ヲモ》一、皆勸進行者也。但勸二進《ノハ》小乘戒《ヲ》一、難レ得二往生《ヲ》一歟。勸《レハ》二淨土《ヲ》一今少《キ》可レ有《ル》二往生《ノ》便《リ》一歟。有《リキ》二房翥《ト云》人一、勸《メテ》二一人《ヲ》一令レ修二念佛《ヲ》一。其《ノ》人依《テ》二其《ノ》念佛《ノ》力《ニ》一遂二往生《ヲ》一矣。然《ル》間房翥臨終《ノ》、於《テ》二閻魔《ノ》廳《ニ》一被レ判二善惡一之刻《トキニ》、依《テ》二此勸進《ノ》功德《ニ》一、卽自二閻魔之庭一往生《シタリト》云事候《ナリ》也。三福業《ノ》存略如《シ》レ斯。

次九品《トハ》者、先上品上生《トハ》者、初《ニ》說二具三心者必生彼國一《ト》、次《ニ》說《ケリ》二又三種衆生當得往生一《ト》。三心《トハ》者、善導和尚《ノ》御意非二別《ノ》行業《ニ》一、惣《メ》往生《ノ》法則《ナリ》也。文《ハ》雖レ在《ト》二上々《ニ》一、義《ハ》可《シ》レ通二下々《ニ》一。但隨《テ》二三心《ノ》淺深《ニ》一、可レ有《ル》二九品《ノ》階位一也。然者《ハ》始《メ》自二上々品一、終《リ》至《マテ》二下々品《ニ》一、具レ(二)足《ノ》三心《ヲ》一、必得二往生《スルヿヲ》一、故《ニ》云《ヘリ》二若少一心卽不得生《ト》一。但天台等《ノ》諸師《ノ》意《ハ》不レ爾矣。三種衆生《トハ》者、經《ニ》云《ク》、一《ニハ》者慈心《ニメ》不レ殺具二諸戒行《ヲ》一、二《ニハ》者讀二誦大乘方等經典《ヲ》一、三《ニハ》者修二行《ス》六念《ヲ》一。云云 善導釋《ノ》レ之《ヲ》言《ク》、一《ハ》但能《ク》持《チ》レ戒《ヲ》一修《ス》レ慈《ヲ》。二《ハ》不《レドモ》レ能二持《スルヿ》レ戒《ヲ》修《スルヿヲ》レ慈、但能讀二誦《スル》大乘《ヲ》一。三《ハ》不《レドモ》レ能二持戒讀經《ニ》一、但能《ク》念二佛法僧《ヲ》一也。此《ノ》之三人各々以《テ》二己《カ》業《ヲ》一、勵《メ》レ心《ヲ》一日一夜乃至七日七夜勇猛《ニ》勤行《スレハ》者、必生《ス》二上品上生《ニ》一。是《レ》佛滅後《ノ》大乘極善《ノ》上品凡夫。日數雖レ少《ト》、修業《ノ》時節猛《ハケシキカ》故也。云云 彼《ノ》三種《ノ》業《ハ》非二一人《ノ》皆可レ行《ニハス》、各一《ツ》々可レ行《ス》也。其《ノ》旨此《ノ》釋《ニ》明《ナリ》也。次《ニ》上品中生《トハ》者、經《ニ》說二善解義趣、於第一義、心不驚動、深信因果、不謗大乘《ト》一、是則理觀《ノ》往生也。諸宗《ノ》理觀《ノ》其義不同也。天台宗《ニハ》一心三觀、眞言宗《ニハ》阿字本不生、法相宗五重唯識、三論宗《ニハ》勝義皆空等也。然者《ハ》各隨《テ》レ宗《ニ》一修《ル》二理觀《ヲ》一者《ノ》可《キ》レ遂《ク》二往生《ヲ》一也。今且《ク》依《ハ》二善導《ノ》御意《ニ》一者、但能善解《メ》未レ論《セ》二其《ノ》行《ヲ》一、不レ見《ヘ》二必《シモ》可レ修《トハ》レ觀《ヲ》一、但大乘《ノ》空義《ヲ》能得《クタル》レ意許《リナリ》也。卽其《ノ》釋《ニ》云《ク》、善《ク》解二大乘《ノ》空義《ヲ》一、或聽《ハ》下聞《ンニ》諸法《ハ》一切皆空《ナリ》、生死無爲《モ》亦空《ナリ》、凡聖明闇《モ》亦空《ナリ》、世間《ノ》六道、出世間《ノ》三賢十聖等《モ》、若望《レハ》二其《ノ》體性《ニ》一畢竟不二《ナリト》上、雖レ聞《ト》二此說《ヲ》一其《ノ》心坦然《トメ》不《ト》レ生二疑滯《ヲ》一也。云云 又云《ヘリ》下深《ク》信《シ》二世出世《ノ》苦樂二種《ノ》因果一、及《ヒ》諸《ノ》道理《ニヲイテ》不《ト》レ生中疑謗《ヲ》上。云云 次《ニ》上品下生《トハ》者、經《ニ》說《ケリ》二但發無上道心《ト》一、是《レ》菩提心《ノ》往生也。就《テ》二菩提心《ニ》一、諸宗《ノ》所立又不同也。天台《ニハ》有二藏通別圓四教《ノ》菩提心一、眞言《ニハ》有二行願勝義三摩地《ノ》之三種《ノ》菩提心一、三論法相花嚴達磨皆各有二菩提心一。善導《ノ》御意《ハ》、先生《ノ》三淨土《ニ》二、滿《テ》三(二)菩薩《ノ》大悲願行《ヲ》一之後、還《テ》入《リ》二生死《ニ》一欲《ス》三遍《ク》度二衆生《ヲ》一、此《ノ》心《ヲ》名《クト》二菩提心《ト》一。云云 此《ノ》上品《ノ》三生《ハ》大乘《ノ》善人《ナリ》也。次《ニ》中品《ノ》三生《トハ》者、小乘《ノ》善人《ナリ》也。先《ツ》中品上生《トハ》者、說《ケリ》二受持五戒、持八戒(ママ 衍字か)八齋戒、修行諸戒、不造五逆、無衆過患《ト》一、是《レ》小乘持戒《ノ》人也。次《ニ》中品中生《トハ》者、說《ケリ》二若一日一夜、受持八戒齋、若一日一夜、持沙彌戒、若一日一夜、持具足戒、威儀無缺《ト》一、是《レ》一日一夜持戒《ナリ》也。次《ニ》中品下生《トハ》者、說《リ》二孝養父母、行世仁慈《ト》一、是《レ》行《スル》二世間《ノ》仁義禮智信《ヲ》一人《ナリ》也。在生《ノ》之間未《ル》レ遇《ハ》二佛法《ニ》一人、臨終《ノ》時遇《キテ》二善知識《ニ》一往生《スル》也。次《ニ》下品《ノ》三生《トハ》者、惡人《ノ》之往生《ナリ》也。先《ツ》下品上生《トハ》者、卽十惡輕罪《ノ》凡夫《ナリ》也。經《ニ》云、或有衆生、作衆惡業、雖不誹謗方等經典、如斯愚人、多造衆惡、無有慚愧、命欲終時、遇善知識、爲讚大乘十二部經首題名字、以聞如是諸經名故、除却千劫極重惡業、智者復敎、合掌叉手、稱南無阿彌陀佛、稱佛名故、除五十億劫生死之罪。云云 衆惡《トハ》者指《ス》二十惡《ヲ》一也。無有慙愧《トハ》者、不レ慙レ天《ニモ》一、不《ル》レ愧レ人《ニモ》也。十二部經《トハ》者大乘《ニ》具也。小乘《ニハ》結《スル》二九部《ヲ》㆒也。讃《トハ》㆓首題名字《ヲ》㆒者、天台《ノ》義《ニテ》得《レハ》㆑意者、以《テ》㆓名體宗用教之《ノ》五重玄義《ヲ》㆒、釋《シ》聞《キカスル》歟。是《レ》則在生《ノ》之間、偏《ニ》造《テ》㆓十悪《ヲ》㆒、未《タ》㆑遇《ハ》㆓佛法《ニ》㆒罪人《ナリ》也。臨終《ノ》時始《テ》遇《テ》㆓善知識《ニ》㆒、聞《キ》㆑經《ヲ》念《メ》㆑佛而往生《スル》也。次下品中生《トハ》者、卽是《レ》破戒次罪《ノ》凡夫《ナリ》也。經云、或有衆生、毀犯五戒八戒及具足戒、如斯愚人、偸僧祇物、盗現前僧物、不淨說法、無有慚愧、以諸悪業、而自莊嚴、如斯罪人、以悪業故、應墮地獄、命欲終時、地獄衆火、一時倶至、遇善知識、以大慈悲、爲說阿彌陀佛十力威德、廣說彼佛光明神力、亦讃戒定惠解脫解脫知見、此人聞已、除八十億劫生死之罪、地獄猛火、化爲淸涼風、次（ママ 吹か）諸天花、花上皆有化佛菩薩、迎攝此人。云云

抑近來《ノ》①僧尼《ヲハ》、不㆑可㆑云㆓破戒僧破戒《ノ》之尼《ト》㆒。制《スルコト》②㆓持戒破戒《ヲ》㆒者正法像法《ノ》之時《ナリ》也。末法《ニハ》③無㆑戒。只名字《ノ》比丘《ナリ》也。傳教大師《ノ》末法燈明記《ニ》云、末法之中《ニ》有《トハ》④㆓持戒《ノ》者㆒者、是怪異也、如(二)市⑤《ノ》中《ニ》有㆑虎《ランカ》㆒、誰《カ》可㆑信㆑之。云云⑥ 又云、末法之《ノ》中《ニハ》、但有《テ》㆓言教《ノミ》㆒無《シ》㆓行證㆒。若《シ》有《ランニハ》⑦㆓戒法㆒可㆑有《ル》㆓破戒㆒。既《ニ》無《シ》㆓戒法㆒、破《ン》⑧㆓何《ノ》戒《ヲカ》㆒、何《ニ》因《テカ》而有《ン》㆓破戒㆒、破戒《スラ》⑨尚無《シ》、何《ニヤ》況持戒《ヲヤ》耶。云云⑩ 實《ニ》受戒《ノ》作法《ハ》、中國《ニハ》請《メ》㆓持戒《ノ》僧十人《ヲ》㆒爲㆓戒師《ト》㆒。邊地《ニハ》請《メ》㆓五人《ヲ》㆒爲㆓戒師《ト》㆒受《ル》㆑戒《ヲ》⑪㆒也。而近來求《ハ》⑫㆓出《サンニモ》持戒《ノ》僧一人《ヲ》㆒難㆑得也。然受《ハ》⑬㆑之《テノ》上《ニコソ》有《ル》⑭㆓破《ト云》

①僧尼―僧尼を
②持戒―持戒の人
③無戒。只名字比丘也。―無戒名字の比丘なり。
④有―ありといはば
⑤市中―市に
⑥云云―といへり
⑦有―あらば
⑧破何戒、何因―いづれの戒おか破せむによって
⑨破戒〔すら〕―破戒
⑩云云―といへり
⑪戒―戒おば
⑫求出―もとめいださむに
⑬受之上―うけての上にこそ
⑭有破之語者―破戒とことばもあれば

之語《モ》一者《ナレ》。末代《ノ》近來破戒《ハ》①尚無《スラ》、唯無戒《ノ》之比丘也申《トス》也。此《ノ》經説《ニ》二破戒《ヲ》一者、約《メ》二正像《ニ》一而説《ヘル》下也。次②《ニ》下品下生《トハ》者、即五逆重罪《ノ》之凡夫也。經《ニ》云《ク》、或有衆生、作不善業五逆十惡、具諸不善如此愚人、以惡業故應墮惡道、逕曆（ママ 經歷か）多劫、受苦無窮、如斯愚人、臨命終時、遇善知識、種々安慰、爲説妙法、敎令念佛、此人苦逼、不遑念佛、善友告言、汝若不能念者、應稱無量壽佛。如是至心、令聲不絶、具足十念、稱南無阿彌陀佛、稱佛名故、於念々中、除八十億劫生死之罪。命終之時、見金蓮花、猶如日輪、住其人前。云云 此則《レ》散善義也。三福《ト》九品《トハ》同《シ》物也。三福支《ヲ》二配《スル》九品《ニ》一也。定散二善略《メ》如《シ》レ此《ノ》。

次《ニ》明《メ》下稱《ヲ》二名號《ヲ》一往生《スルヿヲ》上者、經③《ニ》云、佛告阿難④、汝好持是語、持是語者、即是持無量壽佛名。云云⑤ 善導釋《メ》レ之云、從二佛告阿難汝好持是語一已下《ハ》、正明《クス》下付二屬彌陀名號《ヲ》一流中通《スルヿヲ》於遐代《ニ》上。⑥上來雖レ説二定散兩門《ノ》之益《ヲ》一、望⑦《レハ》二佛本願《ニ》一意在《リ》三衆生《ヲメ》一向專稱《ラ》⑧《ムルニ》二彌陀佛名《ノ》一。云云⑨ 凡此《ソノ》經中《ニハ》雖レ説《ト》二定散諸行《ヲ》一、不⑩下以⑪《テ》二其定散《ヲ》一付屬《ノ》上、但以二念佛一行《ヲ》一付二屬阿難《ニ》一流二通未來《ス》一也。流二通《ストハ》遐代一者、遙⑫《トス》二法滅百歳《ヲ》一。即末法萬年《ノ》後、佛法皆滅《メ》不⑬《ル》レ聞二三寶名字《ヲモ》一之時、唯此《ノ》念佛一行《ノミ》留《テ》、百歳可⑭レ在。然者《ハ》⑮聖道《ノ》法文皆滅《モシ》、十方淨土《ノ》往生亦滅《モシ》、上生都率亦失《モ》⑯《シ》、諸行往生亦失《モ》⑰《シタラン》之時、唯此《ノ》念佛往生一門《ノミ》留《テ》、雖⑱《モ》二其時《ノナリト》一、一念必《ニ》可⑲《シ》二往生《ス》一。故指《ニメ》レ之云二遐⑳《カ》代《トハ》一也。是則《レ》擧《テ》レ遠《ヲ》攝《スル》レ近《ヲ》也。㉑望佛本願《トハ》者、指㉒《ス》二彌陀如來四十八願《ノ》中十八願《ノ》㉓《ヲ》一也。今敎主釋尊捨《テ、》二定散二善諸行《ヲ》一、付二屬《シ下フ》念佛一行《ヲ》一事《モ》彌陀本願行《ノナル》故《ナリ》也。㉔一向專稱《トハ》者、指㉕《ス》下雙卷經所（レ）説三輩文《ノニノ》中《ノ》一向專念《ヲ》上也。一向《ノ》之言捨《ハル》レ餘《ヲ》一之詞也。此經《ノニハ》初《ニハ》廣《ク》雖レ説《ト》二定散《ヲ》一、後《ニハ》一向擇《ニテ》二念佛《ヲ》一付屬流通給《シヘルナリ》也。

然《ハ》欲㉖下遠《クハ》隨《ヒ》二彌陀本願《ニ》一、近《クハ》稟《ウケント》中釋尊《ノ》付屬《ヲ》上者《ノハ》、一向《ニ》修《メ》二念佛《ノ》行㉗《ヲ》一可レ求二往生《ヲ》一也。

凡《ソ》念佛往生之㉘《ノ》勝㉙《ルヿ》二于諸行往生《ニ》一有二多義一。一《ニハ》者因位《ノ》本願㉚。謂《ク》彌陀如來《ノ》因位法藏菩薩時《ノキ》、願㉛《下ヘル》下發《メ》二四十八願㉜《ヲ》一、設《ケテ》二淨土《ヲ》一成レ佛《ント》之《ニ》時、立㉝《ント》二衆生往生行《ノヲ》一撰定㉞《下フ》時、撰二捨餘行㉟《ヲ》一撰二定《メ》唯念佛一行《ヲ》一而立《下ヘリ》二于往生《ノ》行《ニ》一。此㊱《ノ》撰擇願《ノト云フヿハ》者、大阿彌陀經《ノ》說《ナリ》也。二《ニハ》者光明攝取《ナリ》。此是《ハ》㊲《レ》阿彌陀佛還㊳二念《メ》因位《ノ》本願《ヲ》一、以《テ》二相好之《ノ》光明《ヲ》一攝二取念佛《シノ》衆生《ヲ》一而不《メ》レ捨、令《下ハ》㊴《下フ》二往生一也。不㊵二(レ)攝二取餘行者《ノヲ》一矣。三《ニハ》者彌陀自言《ク》。此《レハ》是《レ》跋陀和菩薩詣㊶《ランニハ》二極樂世界《ニ》一、修《メ》二何行《ノヲ》一可レ往㊷《キト》二生彼國《ノニ》一、奉《シカ》レ問二阿彌陀佛《ニ》一者、佛答言《ハク》、欲《ハ》三來㊸二生我國《ニ》一者當㊹《ヘシ》三(下)念《ニメ》二

①破戒〔すら〕―破戒
②［次下品下生者…略如此］―乃至
③經云―（なし）
④［佛告…佛名］―佛、阿難につげたまはく、なんぢよくこの語をたもて。この語をたもてといふは、すなわちこれ無量壽佛のみなをたもてとなり
⑤云云―とのたまへり
⑥上來―かみよりこのかた
⑦望佛本願―佛の本願をのぞむには
⑧稱―稱するに
⑨云云―とのたまへり
⑩不…付屬―付屬したまはず
⑪以―もては
⑫遙法滅百歳―はるかに法滅の百歳までをさす
⑬不聞―きかざらむ

⑭可在―ましますべしとなり
⑮聖道―聖道門
⑯失―うせ
⑰亦失―みなうせたらむ
⑱雖其時―そのときも
⑲可―べしといへり
⑳遐代―とおき世
㉑望佛本願者―佛の本願をのぞむといふは
㉒指―おしふる
㉓十八願―第十八の願
㉔一向專稱者―一向專念といふは
㉕指―おしふる
㉖欲…者〔のは〕―おもはゞ
㉗行―一行
㉘往生之―往生は
㉙勝―すぐれたること

㉚本願―本願なり
㉛願―願じたまひし
㉜願―誓願
㉝立―たて、
㉞撰定時―えらびさだめたまひしに
㉟餘行―餘行おば
㊱此―これを
㊲是―（なし）
㊳還念―稱念して
㊴令―せさせたまふ
㊵不攝取餘行者矣―餘の行者おば攝取したまはず
㊶詣―まうで、
㊷可往生彼國―このくに、往生し候べきと
㊸來生―生ぜむと
㊹當―（なし）

我名莫①休息、即得②往生。云云③ 不勸④餘行。四者釋迦付屬。謂今此經所⑤說付屬流通也。不付屬餘行。五者諸佛證誠。此是⑥阿彌陀經所⑦說、釋迦佛撰說念佛往生旨者、六方諸佛各同讚、同勸舒⑧廣長舌遍覆三千大千世界而證誠。是則爲⑨令一切衆生信念佛往生決定可無疑也。餘行如是不⑩證誠矣。六者法滅往生。謂萬年⑪三寶滅、此經住百年、爾時聞一念、皆當得生彼。云云⑫ 末法萬年後、唯念佛一行留⑬可往生云⑭事也。餘行不爾。加之下品⑮上生十惡罪人、臨終之時聞經與稱佛之二善雖並⑯之、化佛來迎而讚⑰云汝⑱稱佛名故、諸罪消滅、我來迎汝、未讚聞經之事。又雙卷經說三輩往生業之中、雖說菩提心及起立塔像等之餘⑲行、至流通處讚其⑳有得聞彼佛名號、歡喜踊躍、乃至一念、當知、此人爲得大利、則是具足無上功德、不指餘行讚無上功德。念佛往生旨㉑取要在之。仰願㉒ 云云

第三七日　阿彌陀佛　雙卷經　阿彌陀經

夫㉓佛功德百千萬劫之間、晝夜說不可窮盡。因茲教主釋尊奉㉔稱揚此阿彌陀佛㉕功德、取要中之要略說、此三部妙典。佛既略給、愚僧何㉖足㉗委。但爲㉘善根成就如形可奉稱揚㉙。阿彌陀佛㉚內證外用功德雖無量、取要不如名號功德。是故即㉛彼阿彌陀佛殊㉜以㉝我名號、濟度衆生、釋迦㉞大師多讚彼佛名號、流通未來。然者今付其名號奉讚嘆者、阿彌陀者、是天竺梵語也。此

翻㉟《ヲ》曰二無量壽佛一《ト》、又曰《ハ》㊱二無量光佛一《トモ》。又曰㊲二無邊光佛無碍光佛無對光佛炎王光佛清淨光佛歡喜光佛智惠光佛不斷光佛難思光佛無稱光佛超日月光佛㊳《トモ》一。是知《ニヌ》名號《ノ》中《ニ》備《タリト》下光明與《ノ》二壽命一《ノ（ママ）》之二《ノ》義《ヲ》上云事《ヲ》。彼阿彌陀《ノ》㊴佛《ノ》㊵一切德《ノ》中《ニハ》壽命《ヲ》爲レ本《ト》、而光明㊶勝《タルカ》故也。然者《ハ》亦可レ奉《シ》レ讚《ル》二光明壽命《ノ》二德㊷《ヲ》一。

先《ツ》明《ハ》二光明《ノ》功德《ヲ》一者、初《ニ》無量光者《ハ》、經《ニ》云、㊸無量壽佛、有八萬四千相、一々相、各有八萬四千隨形好、

①莫—なかれ
②得—えてむと
③云云—のたまへり
④餘行—餘行おば
⑤所說付屬流通也—念佛を付屬流通したまへり
⑥是—（なし）
⑦所說—ときたまへるところなり
⑧舌—みした
⑨［爲令…可無疑也］—一切衆生をして念佛して往生することは決定してうたがふべからずと信ぜしめむ料なり
⑩不證誠—證誠したまはず
⑪［萬年…得生彼］—萬年に三寶滅せむに斯〔こ〕の經住せむこと百年せむ。爾時〔そのとき〕聞〔き〕ゝて一念せば、皆〔みな〕當〔まさ〕に彼〔かしこ〕に生を得〔う〕べしと
⑫云云—いふて
⑬留—とゞまりて
⑭云事也—いへることなり
⑮下品上生—下品下生
⑯之—（なし）
⑰云—ほめて
⑱［汝…來迎汝］—汝〔なんぢ〕佛名を稱する故〔ゆへ〕に、諸〔もろもろ〕の罪〔つみ〕消滅す。我れ來〔き〕たりて汝〔なんぢ〕を迎〔むか〕ふと
⑲餘行—餘の行おも
⑳［其有…功德］—其〔そ〕れ彼の佛の名號を聞〔き〕くことを得〔え〕て、歡喜踊躍して乃至一念有〔あら〕む。當に知〔し〕るべし、此の人大利を得〔う〕とす。則ち是れ無上の功德を具足するなりと
㉑旨取要—旨要をとるに
㉒［仰願…阿彌陀經］—（なし）
㉓夫—又云〔いはく〕
㉔奉稱揚—稱揚したまふにも
㉕此—かの
㉖愚僧—當座の愚僧
㉗足—たえむ
㉘但—たゞ
㉙稱揚—讃嘆
㉚佛—如來
㉛卽—（なし）
㉜佛—佛も
㉝以我名號—わが名號をして
㉞釋迦—また釋迦
㉟翻—翻譯
㊱曰無量光佛—無量光といへり
㊲曰—いへり
㊳佛—佛と
㊴阿彌陀佛—佛
㊵一切德—功德
㊶光明勝故也—光明をすぐれたりとするゆへなり
㊷德—功德
㊸［無量…攝取不捨］—無量壽佛に八萬四千の相あり。一一の相におのおの八萬四千の隨形好あり。一一の好にまた八萬四千の光明あり。一一の光明あまねく十方世界をてらす。念佛の衆生を攝取してすてたまはず

復有八萬四千光明、一々光明、遍照十方世界、念佛衆生、攝取不捨。云云① 惠心勘《テ》レ之云、一々《ノ》相《ノ》中《ニ》、各具②《ス》二七百五十倶胝《テイ》六百萬《ノ》光明《ヲ》一、熾燃③赫奕《タリト》。云云④ 從二一相一所レ出⑤《ス》一光明如《シ》レ斯《ノ》、況《ヤ》八萬四千《ノ》相《ヲヤ》乎。誠《ニ》非二算數《ノ》所《ニ》レ及。故云《ニ》二無量光《ト》一。次無邊光《トハ》者、彼佛《ノ》光明《ノ》其數如レ此、非《ニ》二啻⑥無量《ナルノミニ》一、所《モ》レ照亦無《シ》レ有《コト》二邊際一、故云《ニ》二無邊光《ト》一。次無碍光《トハ》者、如⑦《ンハ》二此《ノ》界《ノ》日月燈燭《ノ》等光一者、雖二一《ト》重《ヘナリト》一隔《ツレハ》レ物《ヲ》者其《ノ》光無レ徹《ルコト》。若《シ》彼《ノ》佛光⑧被⑨《ハ》レ碍レ物《ニ》者、此界《ノ》衆生、設《ヒ》雖二念佛《スト》一不レ可レ得レ蒙《コトヲ》二其光《ノ》攝《ヲ》一。其《ノ》故《ハ》彼極樂世界《ト》與《ノ》二此娑婆世界一之間《ニ》、隔《タリ》二十萬億《ノ》三千大世界⑩《ヲ》一。其《ノ》一々《ノ》三千大千世界各《ニ》有《リ》二四重《ノ》鐵圍山一。謂⑪《ク》先《ツ》有下圍⑫《メル》二一四天下《ヲ》一之鐵圍山上、高《サ》齊《シ》二須彌山《ニ》一。次《ニ》有下圍⑬《メル》二⑭小千界（ママ　大千世界か）《ヲ》一之鐵圍山上、高《サ》至《ル》二第六天《ニ》一。次《ニ》有下圍⑮《メル》二中千界《ヲ》一之鐵圍山上、高《サ》至⑯《レリ》二色界初《ノ》禪《ニ》一。次《ニ》有《リ》下圍⑰《メル》二大千界《ヲ》一之鐵圍山上、高《サ》至《レリ》二第二禪《ニ》一。然則《ハ》若非⑱《ンハ》二無碍光《ニ》一者、一世界《スラ》尚不レ可レ徹《ル》。何《ニ》況《ヤ》十萬億《ノ》世界《ヲヤ》耶。然《ニ》彼佛《ノ》光明徹下照《メ》彼《レ》此《レ》若干《クノ》大小《ノ》諸山《ヲ》上、攝二取《シ下ニ》此界《ノ》念佛《ノ》衆生《ヲ》一無レ有《コト》二障碍一。照二攝《シ下ノ》餘十方世界《ヲ》一事《モ》亦如《シ》レ是《ノ》。故云《ニ》二無碍光《ト》一。次《ニ》清淨光《トハ》者、人師釋《メ》云、無貪《ノ》⑲善根所生光《ノナリ》也。云云⑳ 貪《ニ》有レ二、婬貪財貪也。清淨《トハ》者、非三但除㉑二却《スルノミニ》㉒汙穢不淨《ヲ》一、斷二除《スル》其《ノ》二《ノ》貪《ヲ》一也。貪《ヲ》名《カ》二不淨《ト》一故《ナリ》也。若約《シハ》レ戒《ニ》者、當《レリ》二不婬戒《ト》不慳貪戒《トニ》一。然者《ハ》法藏比丘《ノ》昔《ノ》不婬不慳貪所生《ノ》之光㉓《ナルカ》故《ニ》、觸二此《ノ》光《ニ》一者《ノハ》滅㉔《ス》二貪欲之罪《ヲ》一。若《シ》有《テ》レ人貪欲盛《ニメ》雖レ不《ト》レ得レ持《コトヲ》二不婬㉕不婬（ママ　慳か）貪《ノ》戒《ヲ》一、至㉖心《ニ》專念㉗《ラレハ》二此《ノ》阿彌陀佛《ノ》名號《ヲ》一者、卽彼佛放《テ》二無貪《ノ》清淨《ノ》之光《ヲ》一照觸攝取《下フニ》故、除㉘《キ》二婬貪財貪《ノ》之不淨《ヲ》一、滅《メ》二無戒破戒《ノ》之罪愆《ヲ》一、成《テ》二無貪善根《ノ》身《ト》一、均《シキ》二持戒清淨《ノ》人《ト》一也。次歡喜光《トハ》者、此《ハ》是《レ》無瞋《ノ》善根所生光《ノナリ》㉙也。久持《テ》二不瞋恚《ノ》戒一得《下ヘル》二此《ノ》光一故《ニ》云二無瞋所生《ノ》光《ト》一。觸《ル、》二此《ノ》光《ニ》一者《ノハ》滅《ス》二瞋恚《ノ》罪《ヲ》一。然《ハ》者雖二瞋㉚増盛《ナル》人《ヒト》一、専《ラ》修《スレハ》二念佛《ヲ》一者、以《テ》二彼《ノ》歓喜光一摂取《下カ》故《ニ》、瞋恚《ノ》罪滅《メ》同《シ》二忍辱人《ノニ》一。是《レ》亦如二(三)前《ノ》清浄光《ノ》滅《スルカ》二貪欲罪《ノヲ》一矣。次《ニ》智恵光《トハ》者、此《ハ》是《レ》無礙善根所生光《ノ》也。久《ク》修《メ》㉛二一切智恵《ヲ》一、断《メ》二尽愚癡之煩悩《ノヲ》一得㉜《下フ》二此光《ノヲ》一故《ニ》、云二無礙所生光《ノト》一。此光《ノハ》亦滅二愚癡之罪《ヲ》一。然《ハ》者雖二無智念佛者《ナリト》一、照㉝《ノ(ママメか)ノ》彼智恵光《ノヲ以》摂取《シ下フ》故《ニ》、卽滅《メ》二愚癡愆《ノヲ》一、与㉞二智者一無《レ》有《コト》二勝劣一。又如《ク》二此光《ノノ》一可《レ》㉟知。如《メ》レ是而雖《レ》有《マス》二十二光名《ノ》一、取《コト》レ要在《リ》レ斯《ニ》。㊱大方《タ》彼佛光明之功徳中《ノノニハ》、備《タリ》二如《ノ》レ是義《ヲ》一。細㊲《カニハ》明者可《レ》有《ル》二多種一。大分有《テリ》レ二《ニ》。謂㊳《ク》一《ニハ》常光、二《ニハ》神通光《ナリ》也。初《ニ》常光《トハ》者、諸佛《ノ》常光各々随《テ》二意楽《ニ》一有《リ》二遠近長短一。或《ハ》云《ヘリ》二常光面各一尋相《ト》一、如《キ》二釈迦佛常光《ノ》一是《ナリ》也。或《ハ》照《シ》二七尺《ヲ》一、或照《シ》二一里《ヲ》一、或照《シ》二一由旬《ヲ》一、或照《シ》二二三四五乃至百千由旬《ヲ》一、或照《シ》二一四天下《ヲ》一、或照二一佛

①云云―といへり
②具―具せり
③燃―然
④云云―いへり
⑤出―いづる
⑥啻―（なし）
⑦［如…等光者］―この界の日月燈燭等のごときは
⑧光―光明
⑨被碍物者―ものにさえらるれば
⑩大世界―大千世界
⑪謂―いはゆる
⑫圍―めぐれる
⑬圍―めぐれる
⑭小―少
⑮圍―めぐれる
⑯至―いたる
⑰圍―めぐれる
⑱非―あたらずは
⑲善根所生光也―善根より生ずるところのひかりなり
⑳云云―（なし）
㉑除却―除却するには
㉒汗―汚
㉓光故―光といふ
㉔滅貪欲之罪―かならず貪欲のつみを滅す
㉕不婬貪―不慳貪
㉖至心―こゝろをいたして
㉗念―稱念すれば
㉘除―のぞこる
㉙光也―光
㉚瞋増盛人―憎盛の人なりと
㉛修―まなうで
㉜得―えたまへるが
㉝照彼智恵光攝取―かの智慧の光をしてらし攝［おさめ］たまふが
㉞與智者―智慧は
㉟可知―しりぬべし
㊱大方―凡［おほよそ］
㊲細―くはしく
㊳謂―（なし）

世界《ヲ》一、或照《ハ》①二二佛三佛乃至百千佛《ノ》世界《ヲ》一。此阿彌陀佛《ノ》常光《ハ》、於《テ》二八方上下無央《ワウ》數諸佛《ノ》國土《ニ》一無(レ)所《ト云》レ不レ照。八方上下付《ハ》二極樂《ニ》一指《ス》②二方角一也。就《テ》二此《ノ》常光《ニ》一有《リ》二異說一。則平等覺經《ニハ》別《メ》③指《ス》二頭光一、觀經《ニハ》惣《メ》④云二身光《ト》一。如《ク》⑤レ是異說往生要集勘《タリ》⑥レ之、可《シ》レ見矣。常光《トハ》者⑦長照不斷《ニ》照《ス》光也。次《ニ》神通光《トハ》者、是《レ》⑧別時《ニ》照《ス》光也。如《ハ》下釋迦如來《ノ》欲《シト》⑨下レ說二法花經《ヲ》一之時、照《シカ》⑩中東方萬八千土《ヲ》上者、則神通光《ナリ》也。阿彌陀佛《ノ》神通光者《ハ》、攝取不捨《ノ》光明《ナリ》也。有《ル》二念佛《ノ》衆生一之時《ハ》照《シ》、無《キ》二念佛《ノ》衆生一之時《ハ》無《カ》レ照⑪《下┐》故也。善導和尚觀經疏《ノ》釋《ニ玉フ》⑫二此攝取光明《ノ》一下《ヲ》、云《ヘリ》レ明《ニ》二光照《ノ》遠近《ヲ》一。是《レ》⑬付《テ》二念佛衆生所居《ノ》⑭遠近《ニ》一、攝取光明《ノ》可《モトノ》レ有二遠近一之義也。設住《ヒタリモ》⑮二一房中《ニ》一寄《テ》レ東居《タラン》人念佛申《ンニハ》攝取光明《ノ》遠照《シ》、寄《テ》レ西居《タラン》人念佛申《ンニハ》光明近《ク》可《シ》レ照。以《テ》レ之準《テ》⑯意得《ヘハ》、一城內《ノ》⑰、一國內《ノ》、一閻浮提內《ノ》、三千世界內《ノ》、乃至他方各別世界《ノ》⑱、如《ニテモ》レ是可《クシ》レ知《ル》。然《ハ》者付《テ》二念佛《ノ》衆生《ニ》一釋《下ヘルト》レ有《ノ》⑲二光明遠近一事⑳、殊《ニ》㉑被《タル》レ云事《トコソ》覺《エ》候《ヘ》。是《レ》則阿彌陀佛《ノ》神通光《ナリ》也。諸佛《ノ》功德《ハ》何《ノ》功德《モ》皆雖《ト》レ遍《ニ》二法界一、餘《ノ》功德《ハ》其相無《シ》二顯《タル》㉒事一。但有《テ》㉓《シ》二光明《ノミ》一正《ク》顯《セル》下遍《ル》二法界《ニ》一之相《ヲ》上功德也。故諸功德《ノ》中《ニ》、以《テ》二光明《ヲ》一最《モ》㉔勝《タリト》釋《シ》給《フ》也。又諸佛《ノ》光明《ノ》中《ニハ》、彌陀如來《ノ》光明猶勝《レ》㉕給《ヘリ》。是《ニ》故教主釋尊讚《テ》曰《ク》、㉖無量壽佛威神光明、最尊第一、諸佛光明所不能及《┐》。云云㉗ 又云、㉘我說無量壽佛光明威神巍々殊妙、晝夜一劫、尚未能盡《シン》。云云㉙ 此《レハ》是《レ》彼佛《ノ》光明《ノ》與《ト》二餘佛《ノ》光明一相對《メ》、校《ニ》二量《センニ》其勝劣《ヲ》一、計《エンニ》下不《ル》レ及《ハ》二彼佛《ノ》㉚一之佛《ヲ》上、晝夜一劫㉛不《ストモ》レ可レ知二盡《ス》其《ノ》數《ヲ》一宣給《ヘ》㉜也。得《テ》㉝下如《ノ》レ是殊勝《ノ》光《ヲ》上事《ハ》、則酬《タリ》㉞二因位《ノ》㉟願行《ニ》一。謂《ク》彼佛法藏比丘《ノ》昔、於《テ》二世自在王佛《ノ》所《トニ》一、奉《テ》レ見二二百一十億諸佛《ノ》光明《ヲ》一、撰擇思惟《メ》㊱願言《ハク》、設我得《シ》㊲レ佛光明有《レンニ》二能限量《ク》一、下至《ハ》レ不《ルニ》レ照《サ》二百千億那由他諸佛國《ヲ》一者、不レ取二正覺《ヲ》一。云云㊳ 發《メ》二此願《ノ》一之後《ノ》、兆載永劫之間、

積㊴レ功累レ徳願行倶顯《ニ》得《下ヘリ》二 此《ノ》光《ヲ》一。佛在世《ニ》有《キ》二燈指比丘《ト云》 人一。生《シ》時有㊵《リ》三從《リ》レ指放《テ》レ光照《ヿ》二十里《ヲ》一、後成《ニテ》二佛弟㊶子一出家㊷《ヲ(ママ シか)タリ》 得二羅漢果《ヲ》一。依下從《リ》レ指放《ツ》レ光之因縁《ニ》上、名《テ》曰《ヘリ》二燈指比丘一。過去九十一劫《ノ》昔、毘婆尸佛時《ノニ》由《テ》下奉㊸《シ》レ修二理舊《シキ》佛像指《ヒノ》 損㊹《シ下ルヲ》一 之功徳《ニ》上、則得㊺《タル》下從《リ》レ指放《ツ》レ光之報《ヲ》上也。又有㊻二梵摩比丘《ト云》 人一。從《リ》レ身放《テ》レ光照《ヲセリ》二一由句《ヲ》一。是過去獻㊼《リシニ》二佛於燈明《ヲ》一故《ナリ》 也。又佛御弟子阿那律《ノ》、《ハ》 於㊽《テ》二佛法座《ノニ》一有《キ》二睡眠㊾《シタリ》 事《(ママ シタリシか)》一、佛是種々《ヲニ》 彈呵《タンシフ》給。阿那律卽發《シテ》二懺悔心《ノヲ》一斷《ツ》二睡眠《ヲ》一。經《テ》二七日《ヲ》一後其目《ノ》乍《ラ》レ開成《ケ》㊿《リヌ》二其眼不《ノ》レ見《エ》。問《ニ》二之醫師《ヲ》一、醫師答曰《テ》、人以《ハテ》レ食《ヲ》

①照―てらせり
②指―おしふる
③指―おしえたり
④云―いへり
⑤如是異說―かくのごとき異說あり
⑥之―（なし）
⑦長照―長時
⑧是―ことに
⑨欲說―とかむとしたまひし
⑩照―てらしたまふしが
⑪照―てらすこと
⑫釋―釋したまへる
⑬是―この
⑭所居―居所
⑮一房―一つゐ
⑯準―（なし）
⑰一城―一つ城〔みやこ〕
⑱世界―世界まで
⑲光明―光照
⑳事―（なし）
㉑殊―まことに
㉒顯事―あらわる、こと
㉓但有光明―たゞ光明のみ
㉔最勝釋給也―最勝なりと釋したるなり
㉕猶―なほまた
㉖〔無量…所不能及〕―無量壽佛の威神光明最尊第一にして諸佛の光明の及〔およ〕ぶこと能〔あた〕はざる所〔ところ〕なり
㉗云云―とのたまへり
㉘〔我說…未能盡〕―我れ無量壽佛の光明威神巍巍殊妙なることを說〔と〕かむに、晝夜一劫すとも尙〔なほ〕未〔いま〕だ盡〔つ〕くすこと能〔あた〕はじと
㉙云云―とのたまへり
㉚彼佛―彌陀佛
㉛晝夜―よるひる
㉜宣給也―のたまへるなり
㉝如是―かくのごとく
㉞酬―こたへたり
㉟因位―（なし）
㊱願―願じて
㊲設―設（たと）ひ
㊳云云―とのたまへり
㊴積功累徳―積功累徳して
㊵有―ありき
㊶弟子―御弟子
㊷出家―出家して
㊸奉―たてまつりたりし
㊹損―損じたまひたるを
㊺得―うけたる
㊻有―ありき
㊼獻―たてまつりたりしが
㊽於佛法座―佛の說法の座に
㊾睡眠事―睡眠したること
㊿成…不見―みずなり

爲レ命、眼以レ睡爲レ食、若人七日不レ食命豈不レ盡乎。然則命非①二醫療之所一レ及、如二命盡一人醫療無レ由。云②云　爾時佛哀レ之敎二天眼之法一、卽修レ之還得二天眼一③。則云二天眼第一阿那律一是也。過去欲レ盜二佛物一、入④二于塔中一見二燈明既欲一レ消以二弓機一挑レ之。爾時忽然發二改悔心一、剩發二無上道心一。從レ其以來生々世々得二無量福一。今釋迦出世時遂得脫、亦如レ是得二天眼一⑤。是則由下挑二彼燈明一之功德上也。

⑥然奉二佛於燈明一、或光明之業也、或天眼之業也。思二此等因緣一、阿彌陀佛之光明功德、法藏比丘之兆載永劫之修因何許候被二押計一候也。今此大法主禪門、挑二四十八燈明一、奉二四十八之願王一給、卽光明業也、亦天眼業也。然惣念佛業成就、得レ生二彼佛國一、別不レ修二相好神通等因一、依二彼佛願力一、具二三十二相一得二五神通一。其三十二相中有二光明相一、其神通中有二天眼通一。然雖三勞不レ修二其業一、別又供二養如レ此燈明一之人爭無二其驗一乎。同具足光明（ママナリトモか）勝劣候覺候。光明功德存略如レ此。

次壽命功德者、諸佛壽命隨二意樂一有二長短一。依レ之惠心僧都作⑦二四句一。或有二佛⑧壽命長、所化衆生命短一、如二花光如來一、佛命十二小劫、衆生命八小劫⑨也。或有二能化佛命短、所化衆生命長一、如二月面如來一、佛命一日一夜、衆生命五十歲也。或有二能化所化倶命短一、如二釋迦如來一、佛衆生倶八十歲也。或有二能化所化倶命長一、如二阿彌陀如來一、佛衆生倶無量歲也。故經云、佛告⑩阿難、無量壽佛壽命長久、不可勝計、汝寧知否⑪（ママ乎か）、假使十方世界無量衆生、皆得人身、悉令成就聲聞緣覺、都共推算計（ママ集會か）、禪思一心、竭其智力、於百千萬劫、悉共推算、計其壽命長遠之數、不能窮盡知其限極、聲聞菩薩⑫人天之衆壽命長短、亦復如是、非算數譬喩所能知也。云云⑬ 但⑭《シ》若《シ》神通《ノ》之大菩薩等計《ヘ》給《ハンニハ》 一大恆沙劫也、以二大論《ノ》意《ヲ》一恵心勘《ヘリ》レ下⑮之。此《ノ》數非《ス》三一乘凡夫《ノ》⑯所レ可二數《ヘ》知《ル》一故《ニ》⑰云二無量《ト》一也。惣《メ》論《ルニ》二佛《ノ》功德《ヲ》一有《リ》二能持所持《ノ》二義一。以《テ》二壽命《ヲ》一云二能持《ト》一、自餘《ノ》諸《ノ》⑱功德《ヲ》悉《ク》云二所持《ト》一也。壽命《ハ》能持《ク》二諸《ノ》功德一、一切《ノ》萬德《ハ》皆悉壽命《ニ》⑲所《ルカ》レ持《セ》故也。此《ハ》當座《ノ》導師私《カ》義也。卽彼《ノ》佛《ノ》相好光明說法利生等《ノ》一切《ノ》功德、及《ヒ》國土《ノ》一切莊嚴等《ノ》諸《ノ》快樂事等、只⑳無《クハ》二彼《ノ》佛壽命一者、彼等《ノ》功德莊嚴等依《テカ》レ何《ニ》可《キ》レ留《ル》。然者《ハ》四十八願《ノ》中《ニモ》 壽命無量願《ノ》納《ニ》二自餘《タル》諸《ノ》願《ヲハ》一也。設《ヒ》雖中(下)第十八念佛往生《ノ》願似《ニタリト》中 廣攝《メ》二諸機一而濟度《スルニ》上、佛壽㉑若短者、其《ノ》願猶㉒《ヲ》不レ廣《カラ》。其《ノ》故者《ハ》、若《シハ》 百歲千歲、若《ハ》一劫二劫《ニテモ》

①命—（なし）
②云云—いへり
③天眼—天眼通
④入—いたるに
⑤天眼—天眼通
⑥〔然…如此〕—乃至
⑦作—つくれり
⑧佛壽命長—能化の佛は命ながく
⑨劫也—劫なり
⑩〔佛告阿難…知也〕—佛、阿難に告〔つ〕げたまはく、無量壽佛壽命長久にして勝計すべからず。汝〔なんぢ〕寧〔むし〕ろ知るや、假使〔たとひ〕十方世界の無量の衆生皆人身を得〔え〕て、悉〔ことごと〕く聲聞緣覺を成就せしめて、都〔すべ〕て共〔とも〕に推し算計して思ひを禪〔もはら〕し、一心に其〔そ〕の智力を竭〔つ〕くして、百千萬劫に於て、悉く共に其〔そ〕の壽命の長遠の數〔かず〕を推し算計せむに、窮盡して其〔そ〕の限極を知〔し〕ること能〔あた〕はじ。聲聞菩薩天人の衆の壽命の長短亦復〔また〕是〔かく〕の如〔ごと〕し。算數譬喩の能く知〔し〕る所〔ところ〕にあらざるなり
⑪否—乎
⑫人天—天人
⑬云云—とのたまへり
⑭但—たゞ
⑮之—（なし）
⑯所可—べきかずに
⑰云—いへる
⑱功德—功德およば
⑲所持—たもたるゝが
⑳只無彼佛壽命者—たゞかの佛の命のながくましますがゆへの事なり。もし命なくは
㉑壽—御命〔おむいのち〕
㉒不廣—ひろまらじ

存①《シ》坐《マシマシシカハ》者、今時《ノ》衆生《ハ》悉《ク》可②《シ》レ漏《ル》二其願《ノニ》一。彼《ノ》佛成佛《ノ》之後、過《タルカ》二十劫一故也。以《テ》レ之《ヲ》思《ヘハ》レ之、濟度利生《ノ》之方
便無《ク》レ過《タルハ》二壽命長遠《ナルニ》一、大慈大悲《ノ》之誓願顯《モル、》二于壽命無量《ナルニ》一③故也。此娑婆世界《ノ》人《モ》、以《テ》レ壽④《ヲ》爲二第一《ノ》寶《ト》一。七珍
⑤萬寶《ノ》之滿⑥《モ》二倉內《ノニ》一、綾羅錦繡⑦《ノ》之湛⑧《タルモ》二箱底《ノニ》一、命《ノ》生《キタル》程《ソ》我寶《カ》⑨《ニテハ》在《レ》、眼閉《ヌル》之後《ニハ》皆人《ノ》物也。然者《ハ》⑩玄奘三藏《ノ》爲二
求法一度《下シ》三天竺《ニ》二之時《キ》、於《テ》二或山中《ルニ》一遇《ヘリ》二盜人《ニ》一。所有《ル》財寶至《マテ》二身上衣裳《ノニ》一悉《ク》被《レヌ》二奪取一、弟子共散々逃去《ニケリヌ》。三
藏逃二入《テ》或《ル》家內《ノニ》一隱《下ヘリ》二蓮葉《ニ》一。如《ノ》レ是盜人去後《テニ》、弟子共自《リ》二東西《タタ》一來《リ》集泣《ナキ》合《タリ》。三藏自《リ》二池中《ノ》一出給《テ》、更不《ニ》レ歎《タマ》、
剩《アマツサヘ》悅給《ヘリ》。弟子等怪《ミテ》奉《テ》レ問申樣《ハ》、遇《下ヘリ》二是淺猿事《レキニ》一、何事悅《ニタル》氣色《ニテハ》坐乎《ト》。三藏答曰、我爲《ニ》二盜人《ノ》一不レ
被レ取《ノヲ》二第一寶一、何不《ソンヤト》レ慶耶。弟子等又申樣《ハ》、既及《ニマテ》二裸形《ニ》一被二剝取《ハキ》一畢《ヌ》、亦有《ルヤノ》二何殘物一乎。又答樣《下フハ》、
於《ノニ》二此世一無《シタル》下過《ニ》レ命一寶上、命若活《キハ》者又可レ得《ノ》二他之寶《ヲ》一故也。我朝俗書《ノ》云《ニモヘリ》二(三)生《ヲト》爲二大寶一、我今爲《ニ》二彼盜
人《ノ》一不レ奪《レノヲ》二此命一、可レ有《キト》二過《タル》レ之悅《ヤ》一答給。其後《下ヘリノ》龍智阿闍梨聞《テ》二此事《ノヲ》一、勸《テ》二十方旦那《ヲ》一集《テ》二種々財寶《ノヲ》一送《リ》二遣《ス》
玄奘三藏許《ノトヘ》一。其寶過《ノタル一》二前々《ニ》一非《ニ》二比挍《ニ》一、忽叶《ニヘリ》二三藏言《ノニ》一。左程翻經《ノノ》三藏強《チニ》雖《ト》レ非《キニ》レ可《ム》レ惜二身命《ヲ》一隨《テ》二世間《ノ》
法《ニ》一如《クノ》レ然宣給《ケルニヤトソ》耶覺候。彌陀如來發《ノ》二壽命無《シ下ケンモ》量願《ノ(ママ)ノヲ》一、非下爲《ニ》二御身《ノ》一求中長壽之果報《下ニハノヲ》上、爲《メ》二濟度利
生可《ノキ》レ久《カル》一、又爲《ナリ》レ令《ンカ》三衆生發《ヲメサ》二欣求之心⑪《ノヲ》一也。一切衆生皆願《ハフ》二壽長⑫《ノカラン》事《ヲ》一故《ナリ》也。凡彼佛功德中《ノノ》、只過⑬《ニハタル》レ
備《下フニ》二壽命無量德《ノヲ》一事不《ハ》レ候也。是故今⑭《ノニ》日被《下ヘル》二講讚《セ》一雙卷經題《ノ》云《ニモ》⑮《ヘリ》二無量壽經《ト》一、同⑯《ク》雖(二)彼佛名號《ノノ》一不《ヒトハ》レ云二無
量光經《トハ》一。從《リ》二隋朝《ノ》一前舊譯《ニハ》皆撰《テ》三(二)經中《ノニ》有《ト》レ宗事《ヲ》一、抽《キ》レ詮《ヲメ》存《ヲ》⑰レ略爲二其題目《ノト》一。則此經詮《ノノ》說《ニハ》⑱《ク》二阿彌陀如來《ノ》
功德《ヲ》一也。其功德《ノ》之中《ノニハ》備《タリ》二光明無量壽命無量二義《ノヲ》一。其中《ノニハ》又壽命猶最勝《ナリ》也、故名《ニ》二無量壽經《ト》一也。又釋

迦如來之功德《ノ》中⑲《ニハ》、以《テ》レ顯《セルヲ》二久遠實成之旨⑳《ヲ》一、而爲《セリ》二殊勝甚深事《ノト》一。則法花經《ニ》被《レタリ》レ說二壽量品《トテ》一。二十八品《ノ》中《ニハ》以《テ》二此《ノ》品《ヲ》一爲レ勝㉑《ト》。誠㉒《ニ》知《ヘシ》、諸佛《ノ》功德《ニモ》以《テ》二壽命《ヲ》一爲二第一功德《ト》一、衆生《ノ》之寶《ニモ》以《テ》レ命《ヲ》爲二第一寶《ノト》一云事《ヲ》。夫得㉓《レヿハ》二壽㉔長《キ》果報《ヲ》一者、與《ヘ》二衆生《ニ》飲食《ヲ》一、又不レ殺《ルヲ》二物命《ノヲ》一爲二業因《ト》一也。因與《トハ》レ果皆㉕相應《スル》事《ナレハ》者、食㉖《メ》則續《カ》レ命故《ニ》、與《ルハ》レ食《ヲ》則與レ命也。持《モ》二不殺生戒《ヲ》一亦助《ル》二衆生命《ノヲ》一也。故以《ニテ》二飲食《ヲ》一施《シ》二與衆生《ニ》一、住《メ》二慈悲《ニ》一持《テ》二不殺生戒《ヲ》一者、必得㉗二長命果報《ノヲ》一也。然《ニ》彼阿彌陀如來《ハ》則願行相助《テ》成二就《下ヘル》此壽命無量德《ノ》㉘《ヲ》一也。願《トハ》者四十八願《ノ》中《ノ》第十三願《ニ》云《ク》、設㉙《シ》我得《レンニ》レ佛《ヲ》、壽命有《テ》二能限量《ク》一、下至《ハ》三百千億那由他劫《ニ》一者、不レ取二正覺《ヲ》一。云㉚云 行《トハ》者立《テ》二彼願《ヲ》一之後無央數劫《ノ》之間、又持㉛二不殺生戒《ヲ》一、又於《テ》二一切凡聖《ニ》一供二養施《シ》三與《シ》飲食醫藥《ヲ》一給《ヘル》也。此《レハ》㉜《レ》是阿彌陀如來《ノ》壽命《ノ》功德也。故㉝《ニ》知《ヌ》、此《ノ》逆修五十ケ日《ノ》間《ノ》供佛施僧《ノ》之營《ミハ》、併《ラ》壽命長遠《ノ》業也。設《ヒ》不《トモ》レ修二其《ノ》業因《ヲ》一、得《ル》レ生《ヿヲ》二彼《ノ》國《ニハ》一者、唯

①存坐者―ましまさましかば
②可漏―もれなまし
③故也―ものなり
④壽―命
⑤萬寶之―萬寶を
⑥滿―みてたれども
⑦錦繡之―錦繡を
⑧湛―たくわえたるも
⑨寶在―寶にてもある
⑩［玄奘…覺候］―乃至
⑪欣―忻

⑫壽―命
⑬只―（なし）
⑭今日被講讃―（なし）
⑮云―いへども
⑯同雖彼佛名號―（なし）
⑰爲―するなり
⑱說―とける
⑲中―中にも
⑳旨―宗
㉑勝―すぐれたりと
㉒誠―まさに

㉓夫―その
㉔壽―命
㉕皆―（なし）
㉖食―食は
㉗得―えたり
㉘德―德おば
㉙設我得佛―設我佛を得〔え〕むに
㉚云云―とのたまへり
㉛持―たもてり
㉜是―（なし）
㉝［故知…如斯］―乃至

由《テ》二佛願力《ニ》一備《フ》二無量《ノ》命《ヲ》一。何況《ヤ》如《ク》レ是重《テ》修《シ》二業因《ヲ》一坐《ンヲヤ》乎。然《レハ》則既《ニ》挑《ケテ》二四十八燈《ヲ》一亦《ヿ》備二四十八種《ヲ》一、自然長久《ノ》壽《ノ》上《ニ》重《テ》副《ヘ》二無量《ノ》之壽《ヲ》一、任運得生《ノ》光《ノ》上《ニ》猶増《サント》二最勝《ノ》之光《ヲ》一也。彌陀如來《ノ》光明壽命《ノ》之功德、存レ略《シ》如レ斯《ノ》。

彼佛如レ是雖二壽命無量《ナリト》一、又有《マス》二涅槃隱沒《ノ》之期一。付《テ》レ之哀《ニナル》事《コソ》候《ヘ》矣。道綽禪師釋《シ》下於《テ》二念佛衆生《ニ》一有《リト》中始終《ノ》之兩益上給《ヘリ》。明《スニ》二其《ノ》終益《ヲ》一、則引《テ》二觀音授記經《ヲ》一云《ク》、阿彌陀佛住世壽命《ノ》①兆載永劫《ノ》後滅度《シ下テ》可《シ》レ有《ル》三但觀音勢至②引二攝《シ下フコト》衆生《ヲ》一。爾時《ニ》一向專《ニラ》念佛往生《シタル》衆生《ノミ》、常《ニ》奉《ルヿ》レ見レ佛《ヲ》如《シ》レ不《ルカ》レ滅《下ハ》一。餘行往生《ノ》衆生《ハ》③不《ト》レ奉レ見云《④ヘハ》者、得《テン》二往生《ヲ》一之上《ニハ》者、其時《ノ》事《マテノハ》餘《リノ》事《ソ》。左右《トテモカクテモ》有《ナント》可《ク》レ覺《ヌ》一候《ヘ𪜈》、臨《テハ》二其《ノ》時《ニ》一可レ悲《カル》事《ニテコソ》候《ヘ》。彼釋尊《ノ》⑤入滅《ノ》有樣《ニテモ》⑥可《ク》二推量《シラル》一候也。證果《ノ》羅漢、深位《ノ》大士《モ》乍レ知《リ》二非滅現滅《ノ》之理《ヲ》一、不《メ》レ堪二當時別離《ノ》悲《ニ》一、仰《キ》レ天《ニ》伏《シテ》レ地《ニ》⑦長哭悲泣《シキ》。況《ヤ》未證《ノ》衆生《ヲヤ》乎、淺識《ノ》凡愚《ヲヤ》乎。乃至龍神八部《モ》五十二類《モ》、凡涅《ソ》槃《ノ》之一會無《シ》レ不《ト云ヿ》レ流二悲歎《ノ》之涙《ヲ》一。加之⑧沙羅林《ノ》之梢《ヘ》、拔提河《ノ》之水、惣《ヘテ》⑨山河溪谷草木樹林《モ》、皆顯《シキ》二哀傷《ノ》之色《ヲ》一。然則⑩聞《テ》二過去《ヲ》一思《ヒ》二未來《ヲ》一、准《ナソラヘテ》二穢土《ニ》一知《ルニ》二淨土《ヲ》一、彼《ノ》阿彌陀佛《ノ》之隱《⑪レ》二衆寶莊嚴國土《ニ》一、入《下テ》二涅槃寂滅《ノ》道場《ニ》一之後、八萬四千《ノ》之相好無《ク》二幷《⑫ヒ》現《ヿ》一、無量無邊《ノ》之光明無《⑬ラン》二永照《クヿ》一之時《キ》、彼《ノ》會《ノ》⑭衆生人天等、悲哀《ノ》之思《ヒ》戀慕《ノ》之志、何許《カハ》可《キ》レ候《フ》。七寶自然之林《ナリトモ》、八功如意《ノ》之水《ナリトモ》、名花輭草《ノ》之色《モ》、鳧雁《フカン》鴛鴦《ノ》之音《モ》、何《⑮ニカ》不《ラン》レ知二其時《ヲ》一耶。淨穢雖《ハ》二土異《リト》一、世尊《ノ》滅度既《ニ》無《シ》レ異《ヿ》。迷悟雖《ハ》二心替《⑯カハレリト》一、所化《ノ》悲戀何有《ソンヤ》レ易《ハルヿ》乎。此《ノ》娑婆世界《ノ》凡夫具縛《ノ》人《ノ》之事與《⑰ト》レ心不二相應一、意樂各別《ニメ》而常《ニ》違背《シ》、互《ニ》厭惡《スルニタモ》、⑱或《ハ》成《リ》二父母《ト》一、或《ハ》成二師弟《トモ》一、或《ハ》結《ヒ》二夫妻《ノ》之契《ヲモ》一、或《ハ》作《ナシテ》二朋友《ノ》之語《⑲ヒヲモ》一、暫副《モ⑳ヒ》亦馴《ヌレハ》者、隔二遠近《ノ》之境《ヲ》一、改《テ》二前後《ノ》生《ヲ》一、如レ是生《㉑キテモ》矣死《テモ》矣告《クル》レ別《レヲ》一之時《ニハ》、惜《ム》二名殘《ヲ》一之心忽《ニ》催《シ》、不レ堪《ヘ》レ悲《ニ㉒》之涙難《キ》レ押事《ヘ㉓ニテモソ》候《エ》。何況《ニヤ》彼《ノ》佛《ハ》内《ニハ》畜《㉔ヘテ》（ママ 蓄）二慈悲哀愍之心《ノ》一坐《ヲノミ》者《セハ》、隨《テ》レ奉《ルニ》レ馴《レ》彌昵《シク》、外《ニハ》備《ヘ》二見者無厭《ノ》之德《ヲ》一坐《マシマセハ》者、每《㉕ニ》レ奉《レ》レ見長珍《イヤメツラナルヲヤ》哉。實《ニ》無量永劫《ノ》間、朝夕《ニ》奉（レ）拜《シ》二萬德圓滿《ノ》之御容《ミカホ》一、晝夜《ニテ》奉《レ》レ馴二四辨無窮《ノ》之御音《ニ》一、恭敬瞻仰《シ》隨遂給仕《ノ》、過《タラン》之心地《ニ》成下永《タラン》不《ク㉖》レ奉レ見事《ニ》上許《ハカリ》、可《キ》レ悲《カル》事《ヤ》可《キ》レ候。雖《ト》下無有衆苦《ノ》之境《ヒ》、離諸妄想《ノ》之所上、此《㉗》一事《ハ》左《サコソ》覺候《ヘ㉘ラメ》矣。其如《レニ》レ本《ク》奉《ノテ》レ見無《ラン》二改《㉙ハル》事《ノ》一事《ハ》、實《ニ》哀《ニ》難レ有事《トコソ》覺候《ヘ》。是則念佛《ノ》一行《ハ》彼佛《ノ》本願《ナルカ》故《ナリ》也。爾《㉚サレハ》者同《クハ》願《ハン》二往生《ヲ》一人、從《リ》二專修念佛《ノ》一門一可《キ》レ入也。

次《ニ》雙卷無量壽經者《ハ》、淨土《ノ》三部經《ノ》中《ニハ》猶《㉛》此《ノ》經《ヲ》爲二根本《ト》一也。其《ノ》故《ハ》一切《ノ》諸善《ハ》願《ヲ》爲二根本《ト》一。然《㉜ニ》此經《ニハ》說《テ》二彌陀如來《ノ》因位《ノ》願《ヲ》一謂《ク》、乃往過去久遠無量無《㉝》數劫《ニ》有レ佛《シキ》、申《シキ》二世自在王佛《ト》一。其《ノ》時有《リキ》二一人《ノ》國王一。聞《テ》二佛說《ノ》法《ヲ》一、發《ノ》二無上道心《ヲ》一、捨《テ》レ國《ヲ》棄《テ、》レ王《ヲ㉞》出家《メ》成《レリ》二沙門《ト》一、名《テ》曰《㉟キ》二法藏比丘《ト》一。卽詣《テ、》二世自在王佛《ノ》所《ニ》一、右《ニ》遶《ヿ》三匝《メ》、長《㊱》跪合

①壽命―命〔おむいのち〕
②引攝―接引したまふこと
③不奉見―みたてまつることあらずと
④云者―いへり
⑤釋尊―釋迦
⑥可推量―おしはかられ
⑦長哭―哀哭し
⑧沙―娑
⑨山河―山川
⑩則―（なし）
⑪隱…國土―國土をかくし
⑫幷―ふたゝび
⑬無永照之時―ながくてらすことなくは
⑭衆生―聖衆
⑮何―いかゞ
⑯替―かわると
⑰事與心―心事
⑱或成父母、或成師弟―（なし）
⑲語―ことばおも
⑳副―なづさひ
㉑生矣死矣―生おも死おも
㉒之―（なし）
㉓事―ことにてこそは
㉔畜―たくはへて
㉕每奉見―みまいらするごとに
㉖不奉見事―みたてまつらざらむことに
㉗此―このこと
㉘候矣―候らめとぞおぼえ候
㉙改―あらたまる
㉚爾者―（なし）
㉛猶―（なし）
㉜然―而
㉝無數劫―無央數劫
㉞出家―家をいでゝ
㉟曰―いふ
㊱長―頂

掌《メ》、奉《テ》レ讃《シ》レ佛曰言《メク》、我設《テ》二淨土《ヲ》一欲《フ》レ度《ント》二衆生《ヲ》一。願《ハ》爲《ニ》レ我說《カ下ヘト》二經法《ヲ》一。爾《ノ》時《ニ》世自在王佛爲《ニ》二法藏比丘《ノ》一、說《キ》二二百一十億《ノ》諸佛《ノ》淨土《ノ》、人天《ノ》善惡、國土《ノ》麁妙《ヲ》一、又現①《メ》レ之與《ヘ》給《ヘ》、法藏比丘聞《キ、》二佛《ノ》所說《ヲ》一、又見②二嚴淨《ノ》國土《ヲ》一已《テ》後《チ》、五劫《ノ》間思惟《シ》取捨《メ》、從《リ》二二百一十億《ノ》淨土《ノ》中一撰取《メ》、而設《ケ》二四十八《ノ》誓願《ヲ》一給③《ヘリ》。從《リ》④二二百一十億《ノ》之國⑤《ノ》中一、善惡《ノ》之中《ニハ》捨《テ》レ惡《ヲ》取レ善《ヲ》、麁妙《ノ》之中《ニハ》捨《テ》レ麁《ヲ》取《リ》レ妙《ヲ》、如《ク》レ是取捨撰擇《シ》發⑥《メ下フカ》二此《ノ》四十八願《ヲ》一故《ニ》、此經《ノ》同本異譯《ノ》大阿彌陀經《ニハ》、此願《ノ》⑦《ヲハ》被《タリ》レ說《カ》二撰擇願《ノト》一。其撰擇《ノ》之樣⑧《ホ、》粗申開候者⑨《ハ》、先初《ノ》無二三惡趣願者《ハ》、彼諸佛國土《ノ》中《ニ》、撰三捨《メ》有《ヲハ》二三惡道《ヲ》一、撰三取《テ》⑩《ヲ》無二三惡道一而爲⑪《カト》二我願一。次《ニ》不更惡趣願《ノ》者《トハ》、撰下捨《テ》彼諸佛國《ノ》中《ニ》設《ヒ》⑫國《ノ》中《ニハ》雖レ無《ト》二三惡道一、彼《ノ》國⑬《ノ》衆生有レ更⑭《ヘリ》二墮《ルヿ》他方《ノ》三惡道《ニ》一之國上、撰下取《テメ》物不レ更二三惡道《ニ》一之國上而爲⑮《カト》二我願一也。次《ニ》悉皆金色願《ノ》、次《ニ》無有好醜願《ノ》、凡⑯《ソ》一々《ノ》願皆如《ク》レ此《ノ》可《シ》レ知《ル》。第十八念佛往生願《ノ》者《トハ》、彼《ノ》二百一十億《ノ》諸佛國土《ノ》中《ニ》、或《ハ》有下以《テ》二布施《ヲ》一爲《ル》二往生業⑰《ノト》一之國上、或《ハ》有下持戒及《ヒ》禪定智惠等、乃至發菩提心、持經持呪等、孝養父母奉事師長⑱、以《テ》二如《ノ》レ是《ノ》種々《ノ》行《ヲ》一、各爲《ニ》二往生行《ノ》一之國上、或又有下以二(三)專稱二念《スルヲ》其國《ノ》教主《ノ》名號一爲二往生行《ノト》一之國⑲上。然《ニ》彼《ノ》法藏比丘、撰下捨《テ、》以《テ》二餘行《ヲ》一爲《ノ》二往生行《ノ》一之國⑳上、撰下取《テ》㉑以二名號一爲《ノ》二往生行《ノト》一之國上、立㉒《下ヘル》下我土《ノ》往生《ノ》之行《モ》如《ナラント》レ是《ノ》上也。次《ニ》來迎引攝㉓《ノ》願、係念定生㉔《ノ》願、皆如レ此攝取願給㉕《メシヘリ》。凡《ソメ》始自二無三惡趣願一終《リ》至㉖《マテ》二得三法忍《ニ》一、思惟撰擇《スルノ》之間《ニ》逕㉗《下ヘル》二五劫《ヲ》一也。如《ク》レ是撰擇攝取《シ》後《メニ》、詣《テ、》二佛所《ニ》一一々《ニ》說㉘《キ下フ》レ之。說《キ》二其《ノ》四十八願《ヲ》一已《テ》後、又以レ偈㉙《ヲハク》曰、我建㉚二超世《ノ》願《ヲ》一、必至《スラン》二無上道《ニ》一、斯願不《ンハ》二滿足一、誓《テ》不レ成二正覺《ヲ》一、乃至 斯願《ノ》若剋果㉛《シセハ》、大千應《シ》(二)感動《ス》一、虛空《ノ》諸天人、當《ニ》レ雨二珍妙《ノ》花《ヲ》一。云云㉜ 彼《ノ》比丘說《キ》二此偈《ヲ》一竟《ルニ》、應《メ》レ時《ニ》普地六種《ニ》震動《シ》、天㉝《ヨリメ》雨二妙花一散《ス》二其《ノ》

上《ニ》一。自然《ノ》音樂聞《エ》二于空中《ニ》一、又空中讚《ニメ》曰、決定《メ》必成《ヘシト》二無上正覺一。然者《ハ》言《ヿハ》三彼《ノ》法藏比丘《ノ》四十八願《ハ》一々《ニ》成就《メ》、決定《メ》可《ト》二成佛一者、其㉞《ノ》初《ノ》發願《ノ》時《キ》於《テ》二世自在王佛卽㉟《ノ》《御歟》前《ニ》、諸魔龍神八部一切大衆中《ニ》一兼《テ》顯《レタル》事也。爾者《ハ》彼《ノ》世自在王佛《ノ》之法《ノ》中《ニハ》、法藏菩薩《ノ》四十八願經《トテ》㊱受二持《シ》讀三誦《シ》之《ヲ》一、今雖二釋迦法《ノ》中《ナリト》一、仰《テ》二彼《ノ》佛《ノ》願力《ヲ》一、願㊲《ハン》レ生《ント》二彼《ノ》國《ニ》一者《ノハ》入㊳《ルヘキ之》二此《ノ》法藏菩薩《ノ》四十八願《ノ》法門《ニ》一也。卽道綽禪師善導和尙等《モ》、入《リ》二此法藏菩薩四十八願《ノ》法門《ニ》一給㊴也。彼《ノ》花嚴宗《ノ》人《ハ》持二花嚴經《ヲ》一、或《ハ》三論宗《ノ》人《ハ》持二㊵般若等《ヲ》一、或《ハ》法相宗《ノ》人《ハ》持二瑜伽唯識《ヲ》一、或《ハ》天台宗《ノ》人《ハ》持二法花一、或《ハ》善無畏《ハ》持二大日經《ヲ》一、㊶又金剛智《ハ》持二金剛頂經《ヲ》一。如《ク》レ是各《ノ》隨《テ》レ宗《ニ》持二依經依論《ヲ》一也。今宗《トセン》二㊷淨土《ヲ》一人《ハ》、依《テ》二此《ノ》經《ニ》一可レ持二四十八願《ノ》法門《ヲ》一也。持《トハ》二此經《ヲ》一者、則持二彌陀《ノ》本願《ヲ》一者㊸《ナリ》也。㊹卽法藏菩薩《ノ》四十八願《ノ》法門也。其《ノ》四

①現之―現じてこれを
②見嚴淨國土已―嚴淨の國土をことごとくみおはりて
③給―たり
④二百一十億―この二百一十億
⑤國―諸佛のくに
⑥發―おこせるが
⑦願―願を
⑧粗―おろおろ
⑨候者―候はむ
⑩無―なきおば
⑪爲―せり
⑫國中―（なし）
⑬衆生―衆生、また
⑭更墮―おつること

⑮爲―せる
⑯凡―（なし）
⑰業―行
⑱師長―師長等
⑲國―くにも
⑳國―國おば
㉑以名號―たゞ名號を稱念して
㉒我土―わが國土
㉓引攝―引接
㉔係念―次に係念
㉕攝取―えらびとりて
㉖得三法忍―得三法忍の願
㉗逕五劫也―五劫おばおくりたるなり
㉘說―とく
㉙曰―まふさく

㉚建―建〔た〕てつ
㉛剋果―剋果すべくは
㉜云云―と
㉝雨―（なし）
㉞其初發願時―そのはじめ發願のとき
㉟卽前―御まへにして
㊱受持讀誦之―受持讀誦しき
㊲願…者〔のは〕―ねがふは
㊳入―いるなり
㊴給也―たまへるなり
㊵般若―般若經
㊶又―（なし）
㊷淨土―淨土宗
㊸者―（なし）
㊹卽―彌陀の本願といふは

十八願中、以㆓①第十八念佛往生願㆒而爲㆓本體㆒也。故善導曰、②弘誓多門四十八、偏標念佛最爲親。云云③
念佛往生者、源從㆓此本願㆒起。然者觀經彌陀經所㆑說念佛往生旨、乃至④餘諸經中所㆑說、皆以㆓⑤此經
⑥所㆑說本願㆒爲㆓根本㆒也。何以知㆑之者、觀經所⑦㆑說光明攝取善導釋給、⑧唯有念佛蒙光照、⑨當知本願最
爲強。云云⑩ 此釋意者、本願⑪故光明攝取聞矣。又此經⑫下品上生雙⑬說㆓聞經稱佛㆒、讚⑭㆓稱佛之功㆒
不㆑讚㆓聞經㆒之所、善導釋云、⑮望佛願意者、⑯唯勸正念稱名、往生義疾、不㆑同㆓雜散之業㆒。云云⑰ 此亦
本願故讚㆓稱佛㆒聞矣。又釋㆓同經付屬文㆒、⑱望佛本願意在衆生、一向專稱彌陀佛名。云云⑲ 此亦
彌陀本願故、釋尊付屬流通給⑳聞矣。又阿彌陀經所㉑㆑說之一日七日念佛、善導讚給、㉒直爲彌陀弘誓重、
致使凡夫念卽生。云云㉓ 此亦一日七日念佛、彌陀本願故往生聞矣。乃至雙卷經中、三輩已下說文皆由㉔㆓
㉕本願㆒也。凡不㆑限㆓此三部經㆒、一切諸經㉖中所㉗㆑說之念佛往生、皆望㉘㆓此經本願㆒說㉙也。例㉚㆑之應㆑知矣。
抑法藏菩薩、何者、捨㆓餘行㆒唯以㆓稱名念佛一行㆒而立㆓本願㆒給云、此有㆓二義㆒。一者念佛殊
勝功德故、二者念佛易㆑行故、㉛遍㆓于諸機㆒故。初㉜殊勝功德故者、彼㉝佛因果惣別一切萬德、皆悉名
號顯故、一度唱㆓南無阿彌陀佛㆒得㆓大善根㆒也。是以西方要決云、㉞諸佛願行成㆓此果名㆒、但能念㆑號具㆓
包衆德㆒、故成大善不㆑廢㆓往生㆒。云云㉟ 又此經卽指㆓一念㆒讚㆓無上功德㆒。然者殊勝大善根故撰㊱㆑之㆒
爲㆓本願㆒給也。二㊲易修故者、申㆓南無阿彌陀佛㆒者、何愚癡者、少老、易被㆑申故以㆓平等慈悲御意㆒
立㆓㊳其行㆒給。若以㆓布施㆒㊴爲㆓本願㆒者、貧窮困乏輩、㊵斷㆓往生望㆒。若以㆓持戒㆒㊶爲㆓本願㆒、破戒者㊷無戒

類《ハ》亦可レ斷二往生望《ノヲ》一。若《シ》以《テ》二禪定《ヲ》一爲《ハ》二本願一者、散亂麁動之《ノ》輩《ハ》不レ可二往生《ス》一。若以《テ》二智惠《ヲ》一爲《ハ》二本願《ト》一者、愚
癡㊸下《ノ》智《ハ》者不レ可二往生《ス》一。自餘之《ノ》諸行《モ》准《ニ》レ之應《シ》レ知《ル》。然《ニ》堪《タル》二布施持戒等諸行《ノ》一者《ハ》極《テ》少《ク》、貧窮破戒散亂愚癡輩《ノハ》

①以―（なし）
②［弘誓…爲親］―弘誓多門にして四十八なり。偏［ひとへ］に念佛を標して最も親とすと
③云云―といへり
④諸―（なし）
⑤以―（なし）
⑥所説―とけるところの
⑦所説―とけるところの
⑧［唯有…爲強］―唯［たゞ］念佛のもの有（り）て光攝を蒙［かぶ］る、當に知るべし本願最［もと］も強［こわ］しとす
⑨照―攝
⑩云云―といへり
⑪本願故―本願なるがゆへに
⑫此經―おなじ經に
⑬雙説聞經稱佛―聞經と稱佛とをならべてとくといゑども化佛きたりてほめたまふには
⑭［讚稱佛…之所］―たゞ稱佛の功をのみほめて、聞經おばほめたまはずといへり
⑮［望佛願意…之業］―佛の本願の意［こゝろ］を望［のぞ］まば、唯［たゞ］正念稱名を勸［すゝ］む。往生の義疾［と］きこと雜散の業に同［おな］じからず
⑯願―本願
⑰云云―といへり
⑱［望佛本願意…佛名］―佛の本願の意を望［のぞ］むには、衆生をして一向に專ら彌陀佛の名［みな］を稱するに在［あ］りと
⑲云云―といへり
⑳流通給―流通せしめたまふと
㉑所説之―とけるところの
㉒［直爲…卽生］―直に彌陀の弘誓重［かさな］れるによて、凡夫念じて卽ち生ぜしむることを致［いた］す
㉓云云―といへり
㉔説―諸
㉕本願―かみの本願
㉖三―（なし）
㉗所説―あかすところの
㉘望…本願―本願をのぞまむとて
㉙説也―とけるなりと
㉚例之―（なし）
㉛易行故―行じやすきによて
㉜殊勝功徳故者―殊勝の功徳なるがゆへにといふは
㉝彼佛―かの佛の
㉞［諸佛…往生］―諸佛の願行は此［こ］の果の名を成ず、但［たゞ］能［よ］く號［みな］を念ずるに具［つぶさ］に衆徳を包［か］ぬ。故［かるがゆへ］に大善と成［な］て往生を廢せず
㉟云云―といへり
㊱之―（なし）
㊲易修故者―修しやすきがゆへにといふは
㊳其行―その行を
㊴爲―せば
㊵斷往生望―さだめて往生ののぞみをたゝむ
㊶爲―せば
㊷者―（なし）
㊸癡―鈍

甚多《シ》。爾者《ハ》以《テ》二上《ノ》諸行《ヲ》一爲[1]二本願《ト》一給《ハ、》者、得二往生《ヲ》一者《ノハ》少《ク》、不[2]《ル》レ得二往生一者《ノハ》多《カラマシ》矣。因《テ》レ茲《ニ》法藏菩薩被レ催二平等《ノ》慈悲《ニ》一、爲三遍《ク》攝《ンカ》二一切《ヲ》一、不《メ》下以《テ》二彼《ノ》諸行《ヲ》一爲中往生《ノ》本願《ト》上、唯以《テ》二稱名念佛《ノ》一行《ヲ》一爲二其《ノ》本願一給《ヘル》也。故《ニ》法照禪師云、

於[3]二未來世《ノ》惡衆生一　稱二念西方彌陀號一　依二佛本願一出二生死一　以二直心一故生[4]二極樂一

又云

彼佛因中立二弘誓（一）　聞レ名念レ我惣[5]來[6]迎　不レ簡二貧窮將富貴一　不レ簡二下智與高才一

不レ簡二多聞持淨戒一　不レ簡二破戒罪根深一　但使《レハ》二廻心多念佛一　能令二瓦礫《ヲメ》變《メ》成一レ金　云云[7]

雖[8]レ立《ト》二如レ此誓願《ヲ》一、其《ノ》願不《ハ》二成就一者、非《ス》二正可《キニ》レ憑。然《ニ》彼《ノ》法藏菩薩願《ハ》、一々成《ニ》就《メ》既《ニ》成佛《シ下ヘリ》。其中《ニ》此《ノ》念佛往生《ノ》願成就《ノ》文《ニ》云、諸[9]有衆生、聞其名號、信心歡喜、乃至一念、至心回向、願生彼國、卽得往生、住不退轉。云云[10] 次《ニ》三輩往生《ハ》、皆、一向專念無量壽佛。云云[11] 此中《ニ》雖《ト》レ有二菩提心等《ノ》諸善一、望[12]《ムレハ》二上《ノ》本願《ニ》一者、一向專念《ニラ》二彼佛《ノ》名號一也。例《ハ》如《シ》二彼《ノ》觀經疏《ノ》釋《ニ》[13]云《メカ》一。上來雖レ說《ト》二定散兩門《ノ》之益《ヲ》一、望[14]二佛《ノ》本願《ニ》一、意《ロ》在三衆生《ヲメ》一向專稱[15]《ムルニ》二彌陀佛名《ヲ》一。云云[16] 望佛本願《トハ》者、指二此《ノ》三輩中《ノ》一向專念《ヲ》一也。次《ニ》至《テ》二流通《ニ》一、云二其有得聞彼佛名號、歡喜踊躍、乃至一念、當知、此人爲得大利、卽（ママ則）是具足無上功德（一）。云云[17] 善導《ノ》御意《ハ》、上盡一形下至一念之[18]無上功德也[19]。依《ハ》二餘師《ノ》意《ニ》一者、但擧《テ》レ少《ヲ》而況[20]《スルニ》レ多也。云云[21] 次《ニ》當[22]來之世、經道滅盡、我以慈悲哀愍、特留此經止住百歲、其有衆生、値此經者、隨意所願、皆可得度。云云[23] 以[24]《テ》二此《ノ》末法萬年後、三

寶滅盡《ノ》時《ノ》往生《ヲ》二而思《ニ》、顯㉕《ス》二一向專念往生《ノ》義《ヲ》一也。其《ノ》故《ハ》說㉖《ル》二菩提心一經㉗皆滅《ナナハ》者、依《テカ》レ何知《ニラン》二菩提心《ノ》之行相㉘《ヲ》一。大小《ノ》戒經皆失《ナハ》依《テカ》レ何持《ニタン》㉙二二百五十戒《ヲ》一。不《モ》レ有《シケレハ》二佛像㉚《ル》《モ》一者、造像起塔《ノ》善根《モ》不レ可レ有。乃至持經持咒等《モ》亦如レ此。爾時《ノ》尚一念《ヲ》㉛《スルニ》往生《スルハ》卽善導云《ク》、爾時聞一念、皆當得生彼。云々㉜ 以《テ》レ彼思《ヲニ》レ今《ヲ》念佛《ノ》行者《ハ》更於《ニ》二餘《ノ》善

①爲本願給者―本願としたまひたらましかば
②不得往生者―往生せぬものは
③〔於未來世…變成金〕―未來世の悪の衆生に於〔おい〕ては　西方の彌陀の號〔みな〕を稱念せよ　佛の本願に依〔よ〕て生死を出〔い〕づ　直心を以〔も〕ての故〔ゆへ〕に極樂に生ずと云
又云、彼の佛の因中に弘誓を立〔た〕てたまへり　名〔みな〕を聞〔き〕、て我を念ぜば總〔すべ〕て迎〔むか〕へ來〔かへ〕らしむ　貧窮と將〔まさ〕に富貴とを簡〔えら〕ばず　下智と高才とを簡（えらば）ず　多聞と淨戒を持〔たも〕てるを簡（えらば）ず　破戒と罪根深〔ふか〕きとを簡（えらば）ず　但〔たゞ〕廻心して多〔おほ〕く念佛せしむれば　能〔よ〕く瓦礫をして變じて金〔こがね〕と成〔な〕さしむと
④生極樂―生極樂 と云
⑤物―總
⑥來迎―迎來
⑦云云―と
⑧雖立―たてたりとも
⑨〔諸有衆生…住不退轉〕―諸有〔あらゆる〕衆生、其の名號を聞（き）て、信心歡喜して乃至一念せむ。至心廻向せしめたまへり。彼〔か〕の國〔くに〕、生〔む〕まれむと願ずれば、卽ち往生を得〔え〕、不退轉に住せむ
⑩云云―と云
⑪云云―といへり
⑫望上本願者―かみの本願をのぞむには
⑬釋云―釋せるが
⑭望佛本願―佛の本願をのぞむには
⑮稱―稱するに
⑯云云―といへり
⑰云云―（なし）
⑱之―（なし）
⑲也―なりと
⑳況多也―多をあらはすなり
㉑云云―といへり
㉒〔當來…可得度〕―當來の世〔よ〕に經道滅盡せむに、我れ慈悲哀愍を以て、特〔こと〕に此〔こ〕の經を留〔とゞ〕めて止住せむこと百歲せむ。其れ衆生有（り）て此の經に値〔まうあ〕ふ者〔もの〕は、意の所願に隨て皆〔みな〕得度すべしと
㉓云云―といへり
㉔以―（なし）
㉕顯―あかす
㉖說―ときたる
㉗經―諸經
㉘行相―行相おも
㉙二百五十戒―二百五十戒おも、五十八戒おも
㉚佛像〔も〕―佛像
㉛往生―往生すといへり
㉜云云―といへり

根《ニ》二不《スコト》レ具三一塵《モ》一、決定《メ》可三往生《ス》二也。然者不《メハ》レ發二菩提心一爭《カ》可《キ》二往生《ス》一、不《メハ》レ持レ戒《ヲ》何可《キ》二往生一、無《メハ》二智惠一者何可《キ》二往生一、不《スメハ》レ靜二妄念《ヲ》一何可①《キト》二往生《ス》一。如レ此《ノ》申《ス》人々候《ノ》者、不《ルニテ》三意二得此《ノ》經《ヲ》一候也。懷感禪師釋②《ルニ》二此《ノ》文《ヲ》一云《ヘリ》下說戒受戒皆不《モ》レ可レ成、甚深大乘《ノ》不《モ》レ可レ知、故③《ニ》先《タテ》④隱沒不⑤《メ》二世《ニ》行《ナハレ》一、但念佛《ノミ》易《シ》レ覺《リ》、淺識《ノ》凡愚尚《ヲ》能《ク》修習《メ》可《ト》レ得中利益上。云⑥々 實《ニ》戒法滅《シナハ》者、不レ可レ有二持戒一。大乘皆滅《ナハ》不レ可レ有二發菩提心讀誦大乘《モ》一云事明《カナリ》也。既⑦《ニ》云《ヘリ》二淺識凡愚《ト》一、應《ニ》レ知《ル》、非《ト》二智惠《ニ》一云事《ヲ》。如《ノ》レ此輩《ノ》、但修《メ》二稱名念佛一行《ヲ》一、至⑧《マテ》二一聲《ニ》一可《ト》二往生一云⑨《ナリ》也。是《レ》⑩亦彌陀⑪本願《ノ》故也。卽彼《ノ》⑫本願《ノ》之遠攝《クスル》二一切《ヲ》一義《ナリ》也。

次阿彌陀經《トハ》者、不レ可下以二少善根福德因緣一得レ生《ヿ》中彼《ノ》國《ニ》上、舍利弗若有二善男子善女人一、聞レ說《ヲ》二阿彌陀佛一、執二持《ルヿ》名號一若一日乃至七日⑬。云⑭云 善導和尚釋云、隨緣雜善恐《ハ》難《シ》レ生、故使⑮《ニ》二㈢如來《ヲメハ》選二要法《ヲ》一。云⑯云 爰《ニ》知《ヌ》、以《テ》二雜善《ヲ》一名《ケ》二少善根《ト》一、以二念佛《ヲ》一可⑰レ云二多善根《ト》一云事《ヲ》。此經《ノハ》則捨《テ》二少善根《ナル》雜善《ヲ》一專《ラ》⑱說二多善根《ナル》念佛《ヲ》一也。近⑲來度《タル》唐書《ニ》龍舒《ノ》淨土文《ト》申文《ノ》候。其《レニ》申《メ》二阿彌陀經《ノ》脫文《ト》一、出《セリ》下有《ル》二二十一字《ヲ》一之文上。一心不亂《ノ》下⑳《ニ》云《ク》、㉑專持名號、以稱名故、諸罪消滅、卽是多善根福德因緣。云㉒云 卽彼文《ノ》㉓《ノミニ》出《シテ》二此文《ヲ》一云《ク》、今世《ノ》所《ニ》レ傳㉔《ニ》文脫《セリト》二此二十一字《ヲ》一。云㉕云 雖《ト》レ無二此《ノ》脫文一只以《テ》レ義《ヲ》思《ニ》、雖《ト》レ有二多少義《ノ》一、正《ク》指《シテ》二念佛《ヲ》一云㉖《フ》二多善根一文、實《ニ》大切也。次《ニ》六方如來《ノ》㉗證誠《ノ》說。彼六方《ノ》諸佛《ノ》證誠、雖㉘レ似《ト》下但限《テ》二此《ノ》㉙一經《ノミニ》一而證誠《下ニ》上、以《テ》レ實案《ヲ》㉚《スレハ》者、不レ限二此《ノ》經㉛《ニ》一、物證《メ》二誠《スル》念佛往生《ヲ》一也。然《トモ》而若付《テ》二雙卷經《ニ》一而證誠《セハ》者、彼經《ニ》雖《ト》レ說二念佛往生本願《ヲ》一、三輩之中有《カ》二菩提心等行《ノ》一故、證二誠《スル》念佛《ノ》一行《ヲ》一旨不レ可レ顯《ル》。若《シ》證二誠《セハ》觀經《ヲ》一者、彼經《ノ》雖《ニ》㉜三後說《ニ》二念佛《ヲ》一、亦初㉝《ニ》有《リ》二

定散行《ノ》一、故《ニ》證二誠《スル》念佛《ヲ》一義不レ可レ顯。爰以證下誠唯㉞一向說《ニタル》二念佛《ヲ》一此經《ノヲ》上給也。但證誠《ノ》之言㉟《ハ》雖レ在《ト》二此經《ノニ》一、
證誠之《ノ》義《ハ》可《シ》レ通《ス》二彼《ノ》雙卷觀經《ニモ》一。非㊱《ニモ》一（ママ衍字か）非《ス》二啻㊲《タ》、雙卷觀經《ノミニ》一、若說《シン》二念佛往生《ノ》旨《ヲ》一之經《ヲハ》、悉《ク》可《ト》レ有《ル》二六方《ノ》如來《ノ》證
誠一可レ得レ意也。故《ニ》天台《ノ》十疑論《ニ》云、阿彌陀經大無量壽經鼓音聲陀羅尼經等《ニク》云、釋迦佛說二給《フ》經《ヲ》一時《ニ》、有㊳二
十方世界《ニ》一各恆河沙《ノ》諸佛舒《ノ》二其舌相《ヲ》一、遍《ク》覆二三千世界《ニ》一、證下誠《シ下ヘリト》一切衆生《ノ》念《スル》二阿彌陀佛《ノ》㊴大願大悲願力《ヲ》一
故《ニ》、決定《ノ》得《ト》レ生《ヿヲ》二極樂世界《ニ》一。云㊵云

佛經㊶《ノ》功德大略如《シ》レ此。仰《キ》願《クハ》云云

①可―べきなむど
②釋―釋せるに
③故―（なし）
④隱沒―隱沒しぬれば
⑤不世行―（なし）
⑥云々―（なし）
⑦既―（なし）
⑧至一聲―一聲まで
⑨云也―いへるなり
⑩亦―すなわち
⑪本願故也―本願なるがゆへなり
⑫本願―大悲本願
⑬七日―七日せよ
⑭云云―といへり
⑮故使如來選要法―故に如來要法を選〔えら〕ばしむ
⑯云云―といへり
⑰可云―（なし）
⑱說―とける
⑲近來度唐書―ちかごろ唐よりわたりたる
⑳云―（なし）
㉑［專持…因緣］―專ら名號を持て、稱名を以（て）の故に諸罪消滅す、卽ち是れ多善根福德因緣なりと
㉒云云―といへり
㉓文―文に
㉔文―本
㉕云云―いへり
㉖云―いへる
㉗證誠說―證誠をとけり
㉘雖似―にたれども
㉙一經―經をのみ
㉚案者―論ずれば
㉛經―經のみに
㉜雖後說念佛―えらむで念佛を不屬すといゑども
㉝［亦初…不可顯］―まづは定散の諸行をとくがゆへに、また念佛の一行にかぎるとみゆべからず
㉞一向―一向にもはら
㉟言―みことば
㊱非―（なし）
㊲啻―（なし）
㊳［有十方…極樂世界］―十方世界に各〔おのおの〕恆河沙の諸佛有〔ましまし〕て、其〔そ〕の舌相を舒〔の〕べて、遍〔あまね〕く三千世界に覆〔おほ〕ふて、一切衆生、阿彌陀佛の本願大悲願力を念ずるが故に、決定して極樂世界に生を得〔う〕と證誠したまへり
㊴大―本
㊵云云―といへり
㊶［佛經…可得意哉］―乃至

第四七日　阿彌陀佛　觀無量壽經

佛《ニ》有《マス》二惣別《ノ》二功德一。先《ツ》惣《トハ》者、四智三身等《ノ》功德《ナリ》也。一切《ノ》諸佛《ハ》內證等《ク》具《メ》一佛《モ》無レ異《ヿ》故《ニ》、諸經《ノ》中《ニ》說《ニ》二佛《ノ》功德《ヲ》一、惣《メ》不レ說《ス》二內證《ノ》功德《ヲハ》一、唯別《メ》說《ク》二外用《ノ》功德《ヲ》一也。雖レ爾《ト》爲《ニ》二善根成就《ノ》一、三身《ノ》功德如《ク》レ形《ノ》可《シ》レ奉《ル》レ說《キ》。先《ツ》法身《トハ》者、是《レ》無相《ノ》甚深之理《ナリ》也。一切《ノ》諸法畢竟空寂《ナルヲ》卽名《ク》二法身《ト》一。次《ニ》報身《トハ》者非《ス》二別物《ニ》一、解《リ》二知《ル》彼無相《ノ》之妙理《ヲ》一智惠《ヲ》名《ル》二報身《トハ》一也。所知《ヲハ》名《ケ》二法身《ト》一、能知《ヲハ》名二報身《ト》一也。此《ノ》法報《ノ》之功德周二遍《セリ》法界《ニ》一、無レ不《云ヿ》レ周二遍菩薩二乘《ノ》之上《ヘ》、乃至六趣四生之上《ニモ》一矣。次《ニ》應身《トハ》者、爲レ濟二度《センカ》衆生《ヲ》一、於《テ》二無際限《ノ》中《ニ》一示《シ》二際限《ヲ》一、於《テ》二無功用《ノ》中《ニ》一現《シ》二功用《ヲ》一給《ヘル》也。凡《ソ》於《テハ》二其《ノ》佛《ノ》功德《ニ》一者、等覺無垢《ノ》菩薩《スラ》、則非《ス》二其《ノ》覺知《ノ》之境界《ニ》一、況《ヤ》薄地《ノ》凡夫《ヲヤ》乎。在世《ニ》應持菩薩申《トシ、》菩薩、奉《テ》レ見二如來釋尊《ノ》之現給《ヘル》御身《ノ》長丈六《ナルヲ》一、思《テ》二佛《ノ》御長不《ハリケリト》一レ有《マサ》レ幾《クモ》、以《テ》二竹杖《ヲ》一奉《ルニ》レ計《リ》二其《ノ》御長《ヲ》一、從二其《ノ》竹一尚高《ク》坐《マシケレハ》者、又續《テ》(レ)竹《ヲ》一欲《スルニ》レ計《ント》、隨《テ》レ其《レニ》終《ニ》不レ得三知《ヿヲ》二其《ノ》限《リヲ》一。捨《テ、》二其《ノ》竹《ヲ》一築《ツキ》立《タル》所《ニ》卽生《ヲヘ》付《ツキテ》成《レリ》二竹林《ト》一、名《ク》二之《ヲ》杖林山《ト》一。玄奘三藏渡《トシ》二天竺《ニ》一時《キ》見二其《ノ》杖林山《ヲ》一給《ヘリ》。又目連尊者得《テ》二神通《ヲ》一、奉《ルニ》レ計《リ》二佛《ノ》御音《ノ》所レ聞《ユル》之際限《ヲ》一、先《ツ》到《テ》下遶《メクレル》二小千界《ヲ》一之鐵圍山《ニ》上、猶如《ニメ》二佛前《ノ》一無《シ》レ異《ヿ》。次《ニ》到《テ》下遶《レル》二中千界乃至大千界《ヲ》一之鐵圍山《ニ》上聞《クニ》レ之、猶同《ク》如《シ》二佛前《ノ》一。如《メ》レ此《ノ》而過《テ》二西方九十九恆河沙《ノ》之佛世界《ヲ》一、到《ル》二光明幡世界《ニ》一。其《ノ》國《ノ》人《ハ》極《テ》長《ケ》高大《ナリ》也。目連取二付《タルヲ》鉢《ノ》緣《ハタニ》一、以《テ》レ箸《ヲ》箸《ハサミテ》上蟲《ナントノ》之樣《ニ》思《ヘリ》。爾時其國《ノ》教主佛 光明王佛 告言《テハク》、此《レハ》從《リ》レ此《レ》東方過《テ》二無量恆河沙世界《ヲ》一有《リ》二世界一、名曰《テフ》二娑婆世界《ト》一、其《ノ》國《ニ》有《リ》レ佛、奉《ル》レ名《ケ》二釋迦牟尼《ト》一、其《ノ》佛《ノ》御弟子《ノ》證果大阿羅漢《ナリ》也、不《ト》レ可レ賤《ム》一。聞《テ》レ之忽《ニ》歸敬《セリ》。其《ノ》時彼《ノ》國《ノ》教主、敎《テ》二目連《ニ》一曰《ク》、小乘《ノ》神足《ハ》不レ過《キ》二三千大千世界《ヲハ》一。

然《ヲ》汝《カ》依《テ》二本師釋迦如來《ノ》神力《ニ》一來《レリ》二此《ノ》世界《マテ》一。以《テ》二自力《ヲ》一還《ラン》事不レ可レ叶《フ》。速《ニ》尚奉《テ》レ歸二命《シ》釋迦如來《ヲ》一、受《テ》二其《ノ》神力《ヲ》一可《シト》レ還《ル》二本國《ニ》一也。目連承《テ》レ之《ヲ》、卽向《テ》二娑婆世界《ニ》一、遙《ニ》奉《ル》レ禮《シ》二釋迦牟尼《ヲ》一。依《テ》二佛力《ニ》一得《リト》レ還《ヿヲ》二本國《ニ》一云事候。功德《ノ》難《ヿ》レ計《リ》如《シ》レ是《ノ》。不レ限《ラ》二釋迦一佛《ニ》一、一切諸佛《モ》如《シ》レ此《ノ》。

次《ニ》阿彌陀如來《ノ》別德《トハ》者、彼《ノ》佛《ニ》有二八萬四千《ノ》相一、其《ノ》中《ニ》以《テ》二白毫《ノ》一相《ヲ》一爲二最勝《ト》一。故《ニ》觀經《ニ》說《テ》云《ク》、觀《ン》二無量壽佛《ヲ》一者《ノハ》、從《リ》二一《ノ》相好一入《レ》。但觀《ノ》二眉間白毫《ヲ》一極《テ》令《ヨ》二明了《ナラ》一。見《上レハ》二眉間白毫一者、八萬四千《ノ》相好自然《ニ》當《ニ》レ見。云云 善導《ノ》御意《ハ》從《リ》二頭上《ノ》螺髮一至《マテ》二足下《ノ》千輻輪《ニ》一、於《テ》二一々《ノ》相好《ニ》一順逆《ニ》觀《ヿ》十六遍《ノ》後、注《メテ》二心《ヲ》眉間白毫《ニ》一莫《レト》二雜亂《ヿ》一。云云 然則《ハ》且《ク》可《シ》レ奉《ル》レ讚《シ》二嘆白毫一相《ノ》之功德《ヲ》一。依《テ》二惠心《ノ》御意《ニ》一奉《ラハ》レ讚《シ》二白毫《ノ》功德《ヲ》一者、夫《レ》有《リ》レ五。謂《ク》白毫《ノ》業因、白毫《ノ》相貌、白毫《ノ》作用、白毫《ノ》體性、白毫《ノ》利益《ナリ》 也。初《ニ》白毫《ノ》業因《ト》者、大集經《ニ》云《ヘリ》下(丙)由《テ》下不《メ》レ隱二他《ノ》德《ヲ》一稱二揚《スル》二(ママ)其《ノ》德《ヲ》一之功德《ニ》上得《ト》中(乙)白毫《ノ》相《ヲ》上(甲)。云云 又戒經《ニハ》云《ヘリ》二(三)不妄語《ノ》功德成《ト》二白毫《ト》一。但《シ》是《レ》一往隨機《ノ》說《ナリ》也。又觀佛三昧經《ニ》云、無量劫《ノ》間《タ》身心精進《ニメ》晝夜《ニ》無《ク》レ懈《ルヿ》、如《ク》レ拂《カ》二頭燃《ヲ》一勤二修《メ》六度萬行大慈大悲等《ノ》諸《ノ》功德《ヲ》一、得《ト》二此《ノ》白毫《ノ》相《ヲ》一。云云 然《ハ》彼阿彌陀佛、法藏比丘《ノ》昔《シ》兆載永劫《ノ》間《タ》、修《メ》二六度四攝《ノ》之無量無邊《ノ》之妙行《ヲ》一、集《テ》下所《ノ》二具足《下ヘル》一若干《ハクノ》功德《ヲ》上顯《シ下ヘル》二眉間《ノ》白毫《ヲハ》一也。此《ハ》眞實《ノ》義《ニテ》候覽《ラン》。次《ニ》白毫《ノ》相貌《ハ》者、經《ニ》云、眉間白毫、右旋婉轉、如五須彌山。云云 右旋婉轉《トハ》者、卽顯《ス》二白毫《ノ》相貌《ヲ》一也。譬《ハ》如《シ》二白《キ》絲《ヲ》卷出《タランカ》一。如五須彌山《トハ》者、卽顯《ス》二於勢《ノ》之分《ヲ》一也。或《ハ》又云《ヘリ》三旋轉《メ》如《シ乇》二頗梨珠《ノ》一。又輭《ナルヿ》如二都羅綿《ノ》一、白《ヿ》如《シ》二珂雪《ノ》一。是則相貌也。不《ンハ》レ取レ譬《ヲ》者、其《ノ》相難《シ》レ顯《シ》、故《ニ》如《ク》レ此《ノ》擧《テ》レ譬《ヲ》示《ス》二白毫《ノ》有樣《アリサマヲ》一也。彼《ノ》龍樹菩薩《ノ》奉《ニモ》レ讚二嘆佛《ヲ》一、云《ヘハ》三面善圓淨如滿月《ナント》一、是《レ》彌陀如來面貌圓滿《シ》給《ヘル》事《ヲ》譬《ル》㆓滿月《ニ》㆒也。又此《ノ》白毫一相《ノ》中《ニ》有㆓八萬四千《ノ》相好㆒。相《ト》與《トハ》㆑好大小《ノ》差別也。大《ニメ》而吉形云《ヲ》㆑相《ト》、小《ニメ》而吉形《ヲ》云《ト》㆑好《ト》也。一々《ノ》好《ニ》有《リ》㆓八萬四千《ノ》光明㆒。是以惠心勸《ニ》㆘其《ノ》白毫一相《ヨリ》所《ノ》㆑放光明《ヲ》云《ヘリト》㆑有㆓七百五倶胝六百萬《ノ》光明㆒。次《ニ》白毫《ノ》作用《トハ》者、謂《ク》白毫《ヨリ》所《ノ》㆑放光明《ノ》中《ニ》現《スル》㆓衆事《ヲ》㆒也。惠心《ノ》意云《ヘリ》㆔其所現《ノ》之境界不《ト》㆑出㆓十法界《ヲ》㆒。謂《ク》應《キニハ》㆘以《テ》㆓佛身《ヲ》㆒得度《ス》㆖者、卽現《テ》㆓彼《ノ》白毫光《ヲ》㆒作《ル》㆓佛身《ト》㆒。付《テ》㆓其《ノ》佛身《ニ》㆒有㆑二。一《ハ》始終應同《ノ》身、二《ニハ》無而欻《コツ》有《ノ》身《ナリ》也。始終應同《トハ》者、如《ク》㆓釋迦如來㆒現《スル》㆓八相《ヲ》㆒也。無而欻有《トハ》者、不㆑現《セ》㆓託胎出胎《ノ》之相《ヲモ》㆒、不㆑現《セ》㆓出家成道《ノ》之相《ヲモ》㆒、只忽然《トメ》而現《スル》之佛身也。或又《ハ》現《ス》㆓菩薩《ノ》身《ヲ》㆒、如《キ》㆓普賢文殊觀音勢至地藏等《ノ》㆒者、卽菩薩也。然者彼等《ノ》諸《ノ》大菩薩《モ》、彌陀《ノ》白毫《ノ》所現《ニテモヤ》坐《マスラン》覽。又或《ハ》應㆘以㆓辟支佛身《ヲ》㆒濟度《ス》㆖者《ニハ》、彼《ノ》白毫《ノ》光現《メ》作《ナル》㆓辟支佛《ト》㆒。辟支佛《ト》者、前佛《ノ》法《ハ》滅《シ》、後佛《ハ》未《タ》㆑出《ハ》㆘之中間《ニ》而出《テ》、非㆓佛教《ニハ》㆒、唯見《テ》㆓飛花落葉《ヲ》㆒獨開㆑悟《ヲ》也。故云《フ》㆓獨覺《ト》㆒。此獨覺《ニ》有㆑二。一《ニハ》麟（ママ）喩獨覺、二《ニハ》部行獨覺也。或又《ハ》現《ス》㆓聲聞身《ヲ》㆒、如《キ》㆓釋迦佛《ノ》御弟子舍利弗目連迦葉阿難等《ノ》（一）者、卽聲聞也。不《ス》㆑知、彌陀如來《ノ》白毫光《ノ》爲《ニ》㆑助《ンカ》㆓釋迦《ノ》化儀《ヲ》㆒現《シ》㆓彼諸《ノ》大聲聞《トヤ》㆒給《フ》覽。或《ハ》現《シ》㆓梵王《ノ》身《ヲ》㆒、或《ハ》現《シ》㆓帝釋《ノ》身《ヲ》㆒、或《ハ》現《シ》㆓國王大臣《ノ》身《トモ》㆒、或《ハ》現《ス》㆓長者居士《ノ》身《ヲモ》㆒。凡《ソ》比丘比丘尼優婆塞優婆夷天龍夜叉乾闥婆緊那羅乃至地獄鬼畜生修羅、如㆑是等《ノ》一切身、隨《テ》㆑宜無《ニシ》㆑不㆑現。就《テ》（レ）之得《レハ》㆑意者、惣《メ》六道四生一切《ノ》凡聖《ハ》、併《ラ》被㆑疑《ル、ハ》㆓彌陀如來之毫光《ノ》所現歟《ト》㆒者《ナリ》也。非㆓啻《タ、》此《ノ》白毫一相《ノミニ》㆒、惣《メ》八萬四千《ノ》相、一々皆如《ク》㆑此《ノ》現㆓一切《ノ》身《ト》㆒也。然《ハ》法界《ノ》中《ニハ》、但彌陀一佛之遍《シ》給《ヘル》也。次《ニ》白毫《ノ》體性《ト》者、中論《ニ》云、因緣所生法、我說卽是空、亦名爲假名、亦是中道義。已上 白毫《ハ》卽《チ》因緣所生《ノ》法《ナルカ》故《ニ》、其《ノ》性卽《チ》空卽假卽《チ》中也。卽空《ノ》故《ニ》非㆑因非《ニ》㆑

果《ニ》、畢竟空寂《ニメ》而無《シ》レ有《コト》二體用一。卽假《カ》故《ニ》因果體用萬德無邊也。三世《ノ》法門一切《ノ》諸法、悉《ク》具足《メ》無《シ》レ闕《クルコトハ》。爾者一切《ノ》諸佛菩薩《モ》、一切《ノ》聲聞緣覺《モ》、一切《ノ》地獄鬼畜《モ》、一切《ノ》修羅人天《モ》、凡《ソ》百界千如三千世間、皆備《タリ》二此《ノ》彌陀白毫《ノ》一相《ニ》一。卽《チ》中道《ナルカ》故《ニ》非《ス》レ有《ニモ》非レ無《ニモ》、非二具足《ニ》一非レ不《ニモ》二具足一、離《レ》レ因《インヲ》離レ果《ヲ》、亦不《ス》レ離《ニモ》二因果《ヲ》一、無《ク》レ體《モ》無《ク》レ用《モ》、亦非レ無《ニモ》二體用一。譬《ハ》如二如意珠《ノ》一。非《ス》下啻《タヽ》此《ノ》白毫《ノ》一相《ノミ》備《タルニ》中空假中《ヲ》上、餘《ノ》一々《ノ》諸相《モ》皆具二此《ノ》三諦《ヲ》一。非三啻此《ノ》彌陀一佛《ノ》功德《ノミ》備《タルニ》二三諦圓融義《ヲ》一、餘《ノ》一切《ノ》諸佛《モ》悉具足《メ》、圓融無礙《ナリ》也。又一切《ノ》諸菩薩《モ》皆悉備《タリ》。又非二啻菩薩《ノミニ》一、聲聞緣覺《モ》亦如レ是。乃至六趣四生《ノ》之上《ニモ》、一々《ニ》皆無《シ》レ不《云コト》レ備二三諦妙理《ヲ》一。凡《ソ》於《テハ》二此《ノ》三諦《ノ》理《ニ》一者、凡聖互《ニ》備《ヘ》、迷悟倶具《ニセリ》。然者《ハ》阿鼻《ノ》依正《ハ》、全《ク》處二極聖《ノ》自心《ニ》一、毘盧《ノ》身土《ハ》、不レ越二凡下《ノ》一念《ヲ》一。是天台宗《ノ》意《ナリ》也。

次《ニ》白毫《ノ》利益《トハ》者、觀佛三昧經《ニ》云《ク》、觀《ル》二此《ノ》相《ヲ》一者《ノハ》、除二却《スト云ヘリ》九十六億那由他恆河沙微塵數劫《ノ》生死之罪《ヲ》一。是則不レ具《ルモ》二彼《ノ》三諦觀《ヲ》一、但觀《ルニ》二白毫《ノ》之相許《リヲ》一、滅《スル》二如《ノ》レ此《ノ》多劫之罪《ヲ》一也。或《ハ》卷二竝《テ》白絲《ヲ》一見《ニ》レ之、猶滅《ト云リ》二業罪《ヲ》一。云云 此《レ》惠心《ノ》御意也、又經《ノ》說《ナリ》也。白毫《ノ》功德存《スルニ》レ略一如《シ》レ斯《ノ》。佛以《テ》二螺髮玉毫《ノ》二相《ヲ》一而顯《ハシ》二人《ニ》於殊《ナル》事《ヲ》一給《ヘル》也。但《シ》人《ノ》中《ニモ》、現身《ニ》得《タル》二肉髻《ノ》之相《ヲ》一因緣《ノ》候《ナリ》也。天台宗《ノ》祖師南岳大師行《下シ》二法花三昧《ヲ》一之時、普賢菩薩來《テ》摩《下シカハ》二其《ノ》頂《ヲ》一者、頂上《ニ》忽《ニ》生《セリト》二肉髻《ヲ》一云事候也。沙門遵式始行《テ》二般舟三昧《ヲ》一、四十九日之閒常行《メ》不《ス》二坐臥一。然閒受《テ》レ病《ヲ》吐《クコト》レ血《ヲ》甚多《シ》。雖レ爾《ト》以レ死《ヲメ》爲二其期《ト》一、終《ニ》不二退轉一。道場《ノ》之四《ノ》角《ニ》各《ノ》置《テ》二入《タル》レ灰《ヲ》鉢《ヲ》一、吐《キ》二入其《ノ》血《ヲ》一、行道《スルコト》不レ止。于時如《ク》(レ)夢如《ク》レ幻、奉レ見《ニ》二白衣《ノ》觀音《ヲ》一、敍《ノヘテ》レ指《ヲ》從二口《ノ》入《チ》一取二出《シ》數十《ノ》蟲《ヲ》一給《フ》。又從《リ》二指《ノ》前《キ》一出《メ》二甘露《ヲ》一、灑《キ》二其《ノ》口《ニ》一給《フ》。遵式忽《ニ》愈《テ》身心淸淨《ニメ》、自《リ》(レ)頂出《コト》二肉髻《ヲ》一一寸餘、又其《ノ》聲高出《コト》如レ前《ノ》也。云云 彼遵式《ハ》、此《レ》逆修《ノ》閒日々《ニ》被レ行候《ハ》懺願儀之作者也《ナリ》。付《テモ》レ人《ニ》自《ヲ》加樣《ノ》不思議事《ノ》候《ヘモ》、此《レハ》別縁《ノ》事也《ナリ》、非二常《ノ》事一《ニハ》。其《ノ》螺髻玉毫外《ノハ》、人具《モ》二六《セリ》根《ヲ》一、佛具《モ》二六《シ》根《ヲ》一給《ヘリ》。其相《ノ》皆如レ此。但勝劣《シノ》差別、好醜《ノ》不同許也《ナリ》。但其勝劣《シノ》好醜無《シ》レ可《クモ》二見《ミ》交《マカウ》一、懸隔《ニヤ》候覽。凡佛力用《ソノ》不《ハ》思議事《ノトハ》乍レ申《シ》、釋迦如來說《キ》二法花經本迹二門《ノ》一竟後《ヲテ》、乍《ノ》二丈六御身《ノ》一、而充《モ》二滿《シタル》三千大千世界中《ノニ》一之一切《ノ》諸菩薩頂《ノヲ》一々《ニ》摩給《フ》事、三度給《シ》被《ケンコソ》レ及《レ》二心語《モモ》一候《ハ子》。丈六《ノ》身尚爾、況《リ》彌《ヤ》陀如來《ノ》六十萬億那由他恆河沙由旬御身《ノ》耶《ヲヤ》。佛功德《ノ》大概如レ此。

次《ニ》觀無量壽經《トハ》者、此經說《ニハテ》二定散二門《ヲ》一、明《ノ》二往生行業《ヲ》一。所謂《ル》三福九品之散善、十三之定善也。先《ツ》三福《トハ》者、經《ニ》云、一者孝養父母。云云 二者受持三歸、三者發菩提心。云云 孝養父母《トハ》者、可《シ》レ有《ル》二世間出世《ノ》二孝養一。世間《ノ》孝養《トハ》者、俗家《ノ》所レ言孝經等《ニ》說《ル》是也。身體髮膚受《ハタリ》二于父母《ニ》一、不《ルヲ》二敢《テ》毀《ソコナヒヤフラ》傷《ノ》一孝始也。身體髮膚受《ハトハ》二父母一者、今以レ之意《ヲ》得有《ニ》二二義一。一《ニハ》人懷《ノ》妊後、我《レ》妊《ハラミタル》二何物《ナル》一覽《ヲカ》、有《ラン》二不《ト》レ人《ル》物《ニアラ》一、樣々《ニテモヤ》二不レ(ママ)審可《クキ》レ覺事《ニテ》候。初見《テレハ》レ生《タルヲ》者、身體髮膚無《シ》レ違《フ》二父母《ニ》一、無《ク》二毀傷《テ》事《タル》一有《ル》二正《タヽシキ》子《ニテ》一之時、令《キ》レ悅《ムル》二父母《ノ》心《ヲ》一故、以《ニ》レ之申《テ》二孝《ニヤト》養始《ノトハヘ》一覺候。二《ニハ》人身《ノ》併《ハラ》父母之身體也。然此身《ニノ》西(ママ 惡か)《ヲメ》而《ハ》打損《チシ》、或與《ハト》レ人爲《メ》二口論《ヲ》一被二切《リツカ》突一、或《ハ》不治《ニ》振舞付《テキ》レ病、如レ此者《ノノハ》專傷《ニル》二父母《ヲ》一也。然者全《メ》二此身《ノヲ》一、我身《ハ》父母身分《ノ》者《ナレハ》、思《フヲ》三構《ヘテ》不《シト》二毀傷一、申《ス》二孝養始《ノトヘ》一歟覺候。立《テ》レ身行《ヲトハ》レ道者《ヲ》、隨《カ》二己家《ニ》一各學、行《ナヒ》下可《テキ》二學習《ヒフ》一之道《ヲ》上、揚《アケ》レ名開《テ》レ德仕《ヲ》二身《ヘ》朝廷《ニ》一、施《メ》二譽《ヲ》四海《ニ》一、被《レテ》レ云《ハ》二是其人之子《ノ》一、顯《ソト》二父母名《ハスヲ》一、申《ス》二考(ママ 孝)養終《ノトハ》一也。孝經《ニハ》舉《タリ》二五等孝養《ヲ》一。則天子《チ》、諸候(ママ 侯)卿、大夫、士、庶人也。又有《リ》二水莽(ママ 菽か)《シヤウ》孝養一。是《ハ》採《トリ》レ薪結《ヒ》レ水《ヲ》、捻《ツミ》レ菜《ヲ》拾《ヒテ》レ菓《ヲ》、朝暮養《ヘル》二父母《ニ》一孝養也。又有顔色孝養。是守父母顔、隨其趣何事不違心也。孔子曰、色難。是皆世間孝養也。次出世孝養者、流轉三界中、恩愛不能斷、棄恩入無爲、眞實報恩者申、不繼父道、不隨母心、不運水莽(ママ　菽か)之志、不守顔色之趣、而或交山林、或住蘭若、修行佛道者、當時思者似不知恩忘德、暫棄有漏恩德、終求無爲報謝也。是申眞實孝養也。故心地觀經云、若人欲報父母恩、代於父母發誓願、入阿蘭若菩提場、晝夜常修於妙道。云云　又出世可有立身行道義。智行內積、名德外顯、被云三藏法師禪師律師、卽其意也。或被云羅什三藏玄奘三藏、被云南岳大師天台大師、卽是也。又出世孝養、必可棄父母云事不候也。卽律中有生緣奉事法。謂父貧者置寺內養之、母貧者置寺外養之。云云　彼此隨人意樂、可依時宜也。梵網經說孝順父母師僧名戒矣。如來在世時有外道、名曰須跋陀、永不歸佛法。然佛遣阿難尊者、遣召須跋陀。其故阿難過去五百生間、有生須跋陀子、依其因緣可隨阿難教化故也。阿難承佛敕、誘須跋陀具詣佛所、令聞佛所說、卽開解云因緣候也。以之思、同善知識申、父母之間、藉宿緣深可易、隨教化候。而大法主禪門、偏爲一人孝子大德、被勸深入往生淨土門事、哀被思合候也。奉事師長者、此又有世間師、有出世師。世間師者、教仁義禮智信等、乃至隨道々、記傳、明經、醫道、陰陽道等、教此等之師也。於之孝順給仕事、如父母也。世有三尊。謂父、師、君也。云在人中仕之如一、是也。

出世《ノ》師《トハ》者、教《フル》下可《キ》人出《テ》二生死《ヲ》一趣《ニ》地菩提《ニ》天之道《ヲ》上師也。或《ハ》訓《ヘ》二聖道《ノ》之得道《ヲ》一、或《ハ》教《ル》二淨土《ノ》之往生《ヲモ》一也。各隨《テ》レ宗教《ヘタラン》二天台眞言三論法相等《ヲモ》一師也。如《ク》レ是教《タル》二出離生死成佛得脫《ノ》之道《ヲ》一師僧之恩《ハ》、勝《タリ》二父母《ノ》恩《ニモ》一。故《ニ》道宣律師云《ヘリ》二父母《ハ》七生、師僧《ハ》累劫、愚者無《ト》レ知《ヿ》矣。有《リキ》二沙彌道衍《ト云》者《ノ》一、奉《リ》二事《ノ》師僧《ニ》一遂《タル》二往生《ヲ》一人《ナリ》也。佛《ノ》外《ハ》至《マテ》二大羅漢《ニ》一、受《タル》二具足戒《ヲ》一僧《ヲハ》不《ル》レ使《ツカハ》レ之《ヲ》故《ニ》、道衍《ハ》一生涯《ノ》間《タメ》不レ受二具足戒《ヲ》一、始終仕《ヘテ》レ師《ニ》、依《テ》二其《ノ》功德《ニ》一得《タリト》二往生《ヲ》一見《テ》二傳記《ニ》一候也。又舍利弗《ノ》弟子有《リ》二均提沙彌《ト云》者《ノ》一、亦爲《ニ》レ事《ツカヘンカ》レ師《ニ》不《サル》レ受二具足戒《ヲ》一人《ニテ》候《キ》矣。慈心不殺《トハ》者、四無量心《ノ》中《ノ》初《ノ》慈無量也。卽擧《テ》二初《ノ》一戒《ヲ》一攝《スル》二後《ノ》三《ヲハ》一也。慈無量《トハ》者與《ヘ》レ樂《ヲ》、悲無量《トハ》者救レ苦也。喜無量《トハ》者、見《テ》二拔苦與樂《ヲ》一而喜也。捨無量《トハ》者、不喜不苦《ナリ》也。修十善業《トハ》者、一《ニハ》者不殺生、二《ニハ》者不偸盜、三《ニハ》者不邪婬、四《ニハ》者不妄語、五《ニハ》者不綺語、六《ニハ》者不惡口、七《ニハ》者不兩舌、八《ニハ》者不貪、九《ニハ》者不瞋、十《ニハ》者不邪見也。天台《ノ》意可《シ》レ有《ル》二四教《ノ》之四無量幷《ニ》十善業一。又加《テハ》二眞言宗《ヲ》一者、可レ有二五種《ノ》之四無量幷《ニ》十善業一。事相同樣《ナレモ》、依《テ》二觀心《ノ》淺深《ニ》一、有二如《ノ》レ是《ノ》不同(一)也。受持三歸《トハ》者、歸二依《スルナリ》佛法僧《ニ》一也。此《レニ》有二多《アマタノ》三歸一。所謂翻《ル》邪三歸《ノ》、八戒三歸《ノ》、乃至聲聞戒三歸《ノ》、菩薩戒三歸等《ノ(ママ)》也。大分《ニ》不《テハ》レ出レ二《ヲ》。一《ニハ》者大乘三歸《ノ》、二《ニハ》者小乘三歸《ノ》也。具足衆戒《トハ》者、天台《ノ》意《ハ》者、有《リ》二二《ノ》具足戒一。謂《ク》大乘《ノ》具足戒、小乘《ノ》具足戒也。大乘《ハ》依《テ》二梵網《ニ》一持二五拾八戒《ヲ》一也。小乘《ハ》依《テ》二四分五分十誦僧祇等《ノ》小乘律《ニ》一、比丘《ハ》持二二百五十戒《ヲ》一、比丘尼《ハッ》持二五百戒《ヲ》一也。不犯威儀《トハ》者、是《レ》亦有二大乘《ノ》威儀一、有二小乘《ノ》威儀一。大乘《ニハ》八萬《ノ》威儀、小乘《ハ》三千《ノ》威儀也。發菩提心《トハ》者、諸師《ノ》意不同也。天台《ニハ》有二四教《ノ》菩提心一。謂《ク》藏通別圓是《ナリ》也。具《ニハ》如二止觀說《ニカ》一。但《シ》藏通二教《ノ》菩提心《ハ》不レ可二往生一。眞言宗有《ニ》三三種《ノ》菩提心一。謂《ク》行願勝義三摩地是也《ナリ》。具《ニハ》如二菩提心論説《ニカ》一。花嚴《ニモ》亦有二菩提心一。如《シ》二彼《ノ》菩提心義及遊《ヒ》心安樂道等説《ニカ》一。又有二善導所釋《ノ》菩提心一。具如《ニ》二觀經疏《ノ》宣《ニルカ》一。凡發《ソ》菩提心《ノ》句《ハ》、其《ノ》言雖レ一《ナリト》、各望《レハ》二諸宗《ニ》一、其《ノ》義不同也。深信因果《トハ》者、付《テ》レ之有レ二。一《ハ》世間《ノ》因果、二《ハ》出世《ノ》因果《ナリ》。世間《ノ》因果《トハ》者、卽六道《ノ》因果也。如二正法念經説《ニカ》一。出世《ノ》因果《トハ》者、卽四聖《ノ》因果也。如二諸《ノ》大小乘經説《ニカ》一。若以《テ》二此《ノ》因果《ノ》二法《ヲ》一、遍攝《クハ》二諸經一者、諸宗《ノ》義不同也。且依《クハ》二天台《ニ》一者、謂《ク》花嚴經《ニハ》説二佛菩薩《ノ》二種因果《ヲ》一、阿含經《ニハ》説二聲聞緣覺《ノ》二乘《ノ》因果《ヲ》一、諸方等《ノ》諸經《ニハ》説二四乘《ノ》因果《ヲ》一、般若《ノ》諸經《ニハ》説二通別圓《ノ》因果《ヲ》一、法花經《ニハ》但説二佛《ノ》因果《ヲ》一、涅槃經《ニハ》又説二四乘《ノ》因果《ヲ》一也。然《ニ》此《ノ》深信因果《ノ》言《ノ》中《ニ》、遍攝《ク》二一代《ノ》聖教《ヲ》一也。深《ク》信《スル》二此世間出世《ノ》二種《ノ》因果《ヲ》一者《ノハ》、雖レ無二餘行《ノ》一可《キ》二往生一也。若於《シテ》二此《ノ》因果《ニ》一起《ス》二疑謗《ヲ》一者《ノハ》非《タヽノミ》三啻不二往生一、可《シ》レ墮二惡道《ニ》一。法相宗《ノ》學生新羅國《ノ》順璟法師《ハ》、誹二謗《ノ》花嚴《ノ》初發心時便成正覺《ノ》之文意《ヲ》一、忽《ニ》大地破烈《メ》卽身墮《タリ》二地獄《ニ》一。其穴《ノ》于今《ニ》在《リ》、人是《ヲ》云《ト》二順璟《カ》之奈洛迦《ト》一。云云 是則不レ信《セ》二佛《ノ》因果《ヲ》一、而誹謗《セシカ》故墮二地獄《ニ》一人也。可《シ》レ哀可レ畏。云云 讀誦大乘《トハ》者、別《メ》不レ限二一經二經《ニ》一、廣攝《クス》二諸《ノ》大乘《ヲ》一。又不レ限レ經《ノミニ》、惣《メテ》於二大乘《ノ》經律論《ニ》一、皆受持讀誦《スルハ》者《ノ(ママ)》、往生《ノ》業也。但惣云《テカ》二大乘一故也。又顯密俱攝二此《ノ》大乘《ノ》一句《ニ》一也。貞元入藏錄《ノ》大乘目錄《ノ》中《ニ》同《ク》列《子テ》二顯密《ノ》諸大乘《ヲ》一入《タルカ》二其中《ニ》一故也。讀誦《ハ》具《サニ》云《ハヽ》者可レ云二受持讀誦解説書寫等《ト》一。今則五種法師《ノ》中《ニ》、略《メ》顯《ス》二轉讀諷誦《ノ》二種《ノ》法師《ヲ》一也。若約《シハ》二十種《ノ》法師《ニ》一者、且《ク》可《シ》レ顯《スナル》二披讀諷誦《ノ》二種法師《ヲ》一。則願《ハン》二往生《ヲ》一人、於二彼《ノ》顯密《ノ》諸大乘經《ニ》一、可《キ》レ修《ス》二受持讀誦等《ノ》行《ヲ》一也。勸進行者《トハ》者、依《ハ》二道綽《ノ》御意《ニ》一者、有二聖道《ノ》行者一、有二淨土《ノ》行者一。一《ニ》聖道《ノ》行者《トハ》者、八宗《ノ》行者是《ナリ》也。淨土《ノ》行者《トハ》者、專《ラ》求二往生一之輩也。就《テ》二此二門《ノ》行者《ニ》一勸進《スルハ》者、則往生《ノ》業也。然者《ハ》亦此勸進行者《ノ》一句《ニモ》、一代《ノ》聖教、諸宗《ノ》法門《マテ》、悉《ク》可レ攝《ム》也。三福業大概如レ斯。

宗《トセン》二淨土《ヲ》一人《モ》、一切經《ハ》猶可二大切一《ナル》事也。然故《ルハ》、此觀經《ノ》三福業《ノ》中《ニ》、所レ說諸行《ノ》行相《ヲ》、餘諸經《ニ》不レ顯《サハ》者、何《イカ、》知《ラン》矣。受持三歸、具足衆戒《モ》、以《テコソ》二諸大小乘律《ノ》一、知《リ》二持戒作法《ヲモ》一候《ハンスレ》。但此一句許《ニテハ》不レ可レ叶候。發菩提心樣《ノモ》、開《テコソ》下說《タル》二諸發菩提心行相《ノ》一之諸經《ヲ》上知候《ハンスレ》。深信因果亦《モ》爾也。六道《ノ》因果《モ》、四聖《ノ》因果《モ》、離《テハ》二一代《ノ》聖教《ヲ》一、何以《テカ》知《ラン》レ之《ヲ》。讀誦大乘《モ》如《ク》レ此《ノ》可レ知《シル》。勸進行者亦《モ》同《シ》。然者《ハ》淨土宗《ノ》中《ニ》、大小乘諸經《ノ》、皆悉可レ在也。何況《ニ》解說《ノ》師《ハ》、最可レ兼二學《ス》諸宗《ヲ》一也。

次《ニ》十三定善、次《ニ》九品散善、今日《ハ》且《ク》可二存略一候。時剋《モ》推遷《リ》、座席《モ》久成《リハ》候者、又後《ニ》可レ申候。仰願《キクハ》云々

第五七日　阿彌陀佛　雙卷經　五祖影

重被《レ》二稱揚讚嘆一給《ヘリ》。阿彌陀如來《ノ》形像。被《レ》二書寫供養一給《ヘリ》。雙卷無量壽經。被《レ》二圖繪供養一給《ヘリ》。淨土五祖《ノ》影。先《ツハ》奉レ讚二嘆《シ》阿彌陀佛功德《ヲ》一者、卽有《マス》二依正二報《ノ》功德一。先《ツ》依報《ト》者、彼佛國中《ノ》所有《スル》寶地寶樹寶池寶殿等《ノ》地下地上《ノ》一切莊嚴《ナリ》也。其寶地《トハ》者、大經中《ニハ》七寶爲地。云々　觀經中《ニハ》瑠璃爲地。云々　阿彌陀經中《ニハ》黃金爲地。云々　三經既相違《セリ》、以（レ）何《テ》可《キヤ》レ爲二實義一《ト》。今當座御導師《ノ》、私《ニ》得レ意候《ニ》、有《リ》二四義一。先《ツ》以レ實《ヲ》一論《セハ》レ之者、以《テ》二不可說無量寶《ヲ》一、而爲二極樂世界《ノ》地一《ト》。次《ニ》雙卷經《ニ》說《ニハ》二七寶爲地一者、此娑婆世界之習《ハ》、以《テ》二金

銀等《ノ》七寶《ヲ》一、爲《セリ》二殊勝《ノ》寶《ト》一。故《ニ》佛《ノ》欲下爲《ニ》二世界《ノ》衆生《ノ》一令《メ》レ起二樂欲《ノ》心一、令《ムト》レ進《メ》中欣求《ノ》心《ヲ》上、擧《テ》二此《ノ》土《ノ》勝《タル》寶《ヲ》一爲《ル》二彼《ノ》國《ノ》地相《ト》一事《ヲ》説給《ヘル》也。次《ニ》觀經《ノ》中《ニ》瑠璃爲地《トハ》者、此《ノ》經《ハ》自レ本欲《ノ》下爲《ニ》二此界《ノ》衆生《ノ》一勸《ント》中觀想《ヲ》一(上)説給《ヘルカ》故《ニ》、由《テ》二瑠璃《ハ》其《ノ》相似《タルニ》レ水《ニ》、爲《ニ》下以《テ》二此《ノ》娑婆世界《ノ》水《ヲ》一、爲《センカ》中觀《ノ》前方便《ト》上、説《下ヘル》二瑠璃地《ト》一也。次《ニ》阿彌陀經《ニ》説《下フハ》二黄金爲地《ト》一者、彼《ノ》七寶《ノ》中《ニハ》、亦以レ金《ヲ》爲二第一《ノ》寶《ト》一。是《レ》猶《ヲ》取《テ》レ詮《ク(ママ)テ》擧二最上《ノ》寶《ヲ》一顯《ス》二彼《ノ》國地《ヲ》一、爲レ勸《メカ》二欣求《ノ》心《ヲ》一也。次《ニ》寶樹荘嚴《トハ》者、雖《トモ》二珍《メテタキ》地《ナリト》一、亦無《ンハ》レ樹者以《カ》レ何《ヲ》可レ爲二荘嚴《ト》一。此娑婆世界《ニ》　嚴《イミシキ》　勝地《ナント》申《モ》、樹木《ナントノ》之目出《ヲコソ》申候《ヘ》。故《ニ》彼《ノ》國《モ》准《テ》二此《ノ》土《ニ》一説《下フ》二寶樹《ノ》荘嚴《ヲハ》一也。其《ノ》寶樹《ノ》高《サ》八千由旬《ナリ》也。娑婆世界《ニ》何《クニカ》左程《ニ》高《キ》樹候《ハン》。圓城樹《コソ》五百由旬《トハ》申《テ》候《ヘ》。就《テ》二此《ノ》寶樹一、有二純樹一有二雜樹一。純樹《トハ》者、專《ラ》金《ニテモ》矣銀《ニテモ》矣、以《テ》二唯一寶《ヲ》一自《リ》レ根至《マテ》二莖枝葉《ニ》一、同《ク》金《ニテモ》矣銀《ニテモ》矣在《ルヲハ》申二純樹《ト》一候也。餘《ノ》寶《モ》亦爾《ナリ》。雜樹《トハ》者、或《ハ》根《ハ》金《ニテ》枝《ハ》銀也。花葉《マテモ》皆以《テ》二別寶《ヲ》一而交《タルヲヤ》者申二雜樹《ト》一候也。次《ニ》寶池《ト》者、設有《トモ》レ樹無《ンハ》レ池者、尚荘嚴無《カ》故《ニ》、説《下ヘル》二寶池《ノ》荘嚴《ヲハ》一也。内外左右《ニ》有《ト》二諸《ノ》浴池一申《テ》、阿彌陀佛《ノ》浴池、八萬四千由旬也。云云　次《ニ》寶殿《トハ》者、設《ヒ》有《トモ》二寶樹寶池《ノ》目出《キ》荘嚴(二)、無《ハ》二寶殿一者、阿彌陀《モ》、諸《ノ》聖衆《モ》、可レ居二住《シ下フ》何《ンカ》一、故《ニ》説《ク》二宮殿《ヲ》一也。樓閣《トハ》者、宮殿《ノ》之荘嚴也。宮殿《ノ》四《ノ》角《ニ》必在《ト》覺候也。此《レ》等《ノ》依報皆阿彌陀佛《ノ》功徳《ナリ》也。加レ之有二自然《ノ》衣服一、有二自然《ノ》飲食一。是《ハ》非《ス》下依《テ》二行者《ノ》自力業因《ニ》一得《ルニ》上、併《ラ》阿彌陀如來《ノ》願力也。爾者《ハ》阿彌陀佛《ノ》功徳《ハ》、非《ス》二必《シモ》可《ニ》レ(ヒ)云《フ》二相好光明《ヲノミ》一、如《ノ》レ是《ノ》依報《モ》皆彼《ノ》佛《ノ》願力所成《ノ》功徳也。然者《ハ》當時且《カツ》説《テ》二國土《ノ》荘嚴許《ヲ》一、雖《トモ》(レ)未《タ》レ奉《スト》レ讃二佛《ノ》相好光明《ノ》有樣《ヲ》一、而《モ》彼《ノ》佛《ノ》功徳顯《ル、》也。

次《ニ》正報《ノ》功徳《トハ》者、彼《ノ》阿彌陀佛《ハ》、云《ヘハ》二其《ノ》身量《ヲ》一、六十萬億等。云云　眉間白毫等。云云　御身色。云云　頂遶圓光。云云 如レ此而《メ》八萬四千《ノ》相《ヲ》具《シ》給、每レ相又有《リ》二八萬四千《ノ》好一。一々《ノ》好《ニ》亦有二八萬四千光明一、一々《ノ》光明遍《ク》照二十方世界《ヲ》一、念佛《ノ》衆生《ヲ》攝取不レ捨。云云 是則阿彌陀佛《ノ》正報《ノ》功德也。又觀音勢至及《ヒ》彼《ノ》土《ニ》所有菩薩人天、併《ラ》彼佛《ノ》正報《ノ》功德也。都《テ》彼《ノ》國《ノ》人天《ハ》目《モ》鼻《モ》非《ス》二我物《ニ》一、皆佛《ノ》願力所成《ノ》之功德也。頭目髓䯉（ママ 腦か）、五體身分、無《シ》三一《トメ》非《云ヿ》二阿彌陀佛《ノ》願《ニ》一。譬《ハ》如《シ》三此《ノ》娑婆世界《ノ》人《ノ》子身體髮膚、併《ラ》分《ツカ》二父母《ノ》身《ヲ》一。卽此《ノ》經《ニ》被レ說《タル》四十八願《ニテ》可レ候也。五通《ノ》願、悉皆金色等《ノ》願是也。然者《ハ》唯阿彌陀佛爲《ニ》二彼國《ノ》一切《ノ》菩薩人天《ノ》一入《テハ》レ目《ニ》成《リ》二天眼通《ト》一、入《テハ》レ耳《ニ》令レ得二天耳通《ヲ》一、入《テ》レ心《ニ》令レ得二他心智宿命智《ヲ》一、成《テハ》レ足《ト》令レ得二神足通《ヲ》一、成《テハ》レ膚《ト》成《シ》二金色《ノ》身《ト》一給《ル》也。具足諸相《ノ》願亦如《シ》レ是《ノ》。生《ルヽ》二彼《ノ》國《ニ》一人《ハ》、六根六識、併《ラ》阿彌陀佛《ノ》之入給《リ》也。非《ス》二啻菩薩《ノミニ》一、聲聞《モ》亦如レ是《ノ》。觀音勢至《ハ》、本《ハ》此《ノ》娑婆世界《ノ》菩薩也。然《ニ》彼《ノ》成佛《ノ》後、往二生《シ》彼《ノ》國《ニ》一、酬《テ》二一生補處《ノ》願《ニ》一、成《下ヘル》二補處《ノ》菩薩《トハ》一也。然者《ハ》此《ノ》觀音《ハ》爲《ニ》レ報《カ》二佛恩《ヲ》一、戴《下ヘル》二本師《ノ》阿彌陀《ヲ》一也。觀音頂戴冠中住。云云 此《ノ》觀音勢至《ノ》二菩薩《マテモ》、皆阿彌陀佛《ノ》願力也。加之、又見二聞《スレハ》一切《ノ》萬物《ヲ》一者、皆生《ト》二念佛《ノ》心《ヲ》一申也。寶樹寶地水鳥寶閣《マテ》、阿彌陀佛之顯給故《シカトコソ》覺候《ヘヘ》。則阿彌陀經《ニ》云、欲令法音宣流、變化所作。云云 天台宗《ノ》釋《ニ》云、中除經文也 一佛成道、觀見法界、草木國土悉皆成佛、身長丈六、光明遍照、其佛皆名妙覺如來。已上 雙卷經《ニモ》雖レ說《ト》下寶樹寶池《ノ》有樣《ヲモ》、諸菩薩聲聞《ノ》功德《ヲモ》上、經《ノ》題《ニハ》唯云《ヘルヿハ》二無量壽經《ト》一者、其《ノ》經《ノ》中《ニ》所《ノ》レ被レ說《ノ》諸功德莊嚴《ハ》、併《ラ》彼佛《ノ》願力所成《ナルカ》故《ナリ》也。娑婆世界《ノ》中《ニモ》、五台山《ノ》文殊《ハ》、花嚴經幷《ニ》經《ノ》品々、入二五台山《ニ》一人、其中所有草木等《ノ》一切萬物《ヲ》、想《ノ》二皆是《レ》文殊《ムト》一、而爲《スト》二觀法成就《ト》一見《タリ》矣。又一《ノ》因緣候。昔有《シテ》レ僧、行《キ》二無遮大會《ヲ》一。爾時一人《ノ》女人、懷《キ》レ子具《タル》レ犬《ヲ》來《レリ》。而此《ノ》女人從《テ》レ僧、先《キニ》

受《テ》二我《カ》分《ヲ》一、又受《ク》二子《ノ》分《ヲ》一、剩《アマサヘ》乞《ケル》二犬《ノ》分《ヲ》一、願主《ノ》僧思《テ》下未《タ》レ引《ル》二僧達《ニタニモ》一之先《キニ》餘《リニ》云《フ》者哉《ト》上而遅《ク》與《ケレハ》者、此《ノ》女人腹立《テ》聞《テコソ》二無遮《ノ》大會《ト》一參《テ》候《ヘ》、依レ物《ニ》被レ嫌《レ》レ人《ヲ》一候者哉《トテ》、登《ルヲ》レ空《ヘ》見《レハ》、女人《ハ》文殊《ニテ》坐《シ》、子《ハ》善財童子、犬《ハ》師子《ニテソ》有《ケル》。自餘《ノ》後《チニ》五台山邊《ノ》《ニテ》施行引《ク》人《ハ》、不レ嫌《シト》レ何《ハ》《ニヲモ》中事《ノ》候《ソ》。彼《ノ》極樂世界亦《モ》復如レ是。惣《メ》此《ノ》國中《ノ》所有《ニ》依正二報《ハ》、併《ラ》答《テ》二法藏菩薩願力《ノ》《ニ》一成就《シ》給《ヘル》也。此是《ハレ》阿彌陀佛《ノ》功德《ト》、粗《ホ、》可レ得《ヲヤ》レ意哉。

次《ニ》①五祖《トハ》者、如《ク》レ此《ノ》圖《ニ》二繪《シ下フニ》往生淨土《ノ》祖師《ノ》五影像《ヲ》一、有《ニ》二多②《アマタノ》意一。先《ツ》爲レ報《ンカ》二恩德《ヲ》一、次《ニ》見《ハ》レ賢思《ヲフ》二齊③等《カラン》事《ヲ》一故也。學《セン》二天台宗《ヲ》一人《ハ》、見④《テ》二南岳天台《ヲ》一恩⑤《ヒ》レ（ママ思か）等、習《カラント》二眞《ハン》言《ヲ》一人《ハ》、見《テ》二不空善無畏《ヲ》一思《ヒ》レ均《ラント》、花嚴宗人《ノハ》想《ヒ》レ如《ナラント》二香⑥象惠苑⑦《ノ》一、法相宗《ノ》人《ハ》玄奘慈恩《ノ》如《ナラント》思《ヒ》、三論《ノ》學者《ハ》浦《ラ》二病《ミ》淨影大師⑧《ヲ》一、持律《ノ》行者《ハ》道宣律師⑨《ヲハ》不《スト》レ遠《カラ》可レ思也。爾者《ハ》今欣《ン》二淨土《ヲ》一人《ハ》、可レ學《マナフ》二此⑩《ノ》宗《ノ》祖師《ヲ》一也。然《ニ》淨土宗《ノ》師資相承《ニ》有二一說《ノ》一。如《ハ》二安樂集《ノ》一者、出《セリ》二菩提流支惠寵法師道場法師曇鸞法師齊朝法師⑪法上法師等《ノ》六祖《ヲ》一。今此⑫《ノ》五祖《トハ》者、先⑬《ツ》曇鸞法師道綽禪師善導禪師懷感禪師⑭少康法師等也。

其⑮《ノ》曇鸞法師《ハ》、梁魏《トト》兩國無雙《ノ》學匠⑯也。初《ハ》爲《ニ》三壽長《メ》行《センカ》二佛道《ヲ》一、値《テ》二陶隱居《ニ》一習《テ》二仙經《ヲ》一、欲⑰《シテ》下依《テ》二其《ノ》仙方《ニ》一修

①五祖者、如此—（なし）
②多意—おほくこゝろ
③齊等—ひとしからむ
④見—見たてまつりて
⑤恩等—ひとしからばやとおもひ
⑥象—像
⑦苑—遠
⑧大師—大師をも
⑨律師—律師おも
⑩此—その
⑪法師—（なし）
⑫此—また
⑬先—（なし）
⑭少—小
⑮其—（なし）
⑯匠—生
⑰欲—しき

行《セント》上、後《ニハ》奉《テ》レ値二菩提流支三藏《ニ》一、奉①《下シカハ》下レ(レ)問(下)佛法《ノ》中《ニ》長壽②不死《ノ》法《ノ》勝《タルヤ》二此土《ノ》仙經《ノ》一《ニ》哉候《ト》上者、三藏吐《キ》レ唾《ヲ》答給様《ハ》、非下以《テ》③同言《ヲ》一可《キニ》上二云竝《ヒフ》一、此土《ノ》何處《ニカン》有二長生《ノ》之方一。壽長④而《クメ》暫不《ヌ》レ死様、《ナレ圧》終還《ニテ》輪二迴三有《スニ》一。唯依二此《ノ》經《ニ》二可二修行一、卽可《ト》レ到二長生不死所《ノ》一云⑤已授《テ》⑥下二觀經《ヲ》一。爾《ノ》時忽起《ニメ》二改悔心《ヲ》一、燒《テ》二仙經《ヲ》一自行化他一向專⑦《ニシテ》二往生淨土法《ノヲ》一、卽⑧造⑨二往生論註《ノ》幷⑩《ニ》略論安樂土義等文《ノ》一矣。幷州玄忠寺有《ニ》二三百人門徒⑪《ノ》一。臨終之終⑫《ニ》集⑬《メテ》二其《ノ》門徒三百餘人《ヲ》一、自取《ミテ》二香爐⑭《ヲ》一、向《テ》レ西與《ニ》二弟子一倶均⑮《ニクメ》レ聲、高聲《ニ》念佛《メ》而命終《シヌ》。其時道俗多聞《ククト》二空中《ノ》音樂一。云⑯云

道綽禪師《ハ》、本《ト》涅槃《ノ》之學匠⑰也。於《テ》二幷州玄忠寺《ニ》一見《テ》二曇鸞《ノノ》碑文《ヲ》一、發心《メク》曰、其⑱《レ》曇鸞法師《ノ》智德高遠⑲《ナル》、尚捨《ヲテ、》二講說《ヲ》一修《メ》二淨土業《ノヲ》一、既《ニ》往生《セリ》。況《ヤカ》我所解所知足《ラン》レ爲《ニ》レ多乎《トト》云⑳已《テ》、卽捨《テ、》二涅槃《ノ》講說《ヲ》一、一向專《ニラメ》修二念佛《ヲ》一、相續《メシ》無レ閒。又㉑常誦㉒《ニミ》二觀經《ヲ》一勸《タリ》レ人《ヲ》。幷州《ノ》晉陽大原汶水之三縣《ノ》道俗、七歳已上悉《ハクリ》解二念佛《ヲ》一遂《タリ》二往生《ヲ》一。又勸《テ》レ人《ヲ》唌唾便利不レ向《ハ》二西方《ニ》一、行住坐臥不レ背二西方《ヲ》一。又安樂集二卷造㉓レ之《ヲ》。凡往生淨土教《ノ》㉔之弘通《スル》事、道綽《ノ》御力也。見㉕《ルニ》二往生傳㉖《ヲ》一、多受《クテ》二道綽勸《ノヲ》一遂《タリ》二往生《ヲ》一。善導是㉗《モレ》道綽弟子《ノ》也。然者《ハ》㉘終南山《ノ》道宣《ノ》傳云、西方道教弘《マルコト》起《ルト》レ自《リト(ママ)レ》レ此。云云㉙ 又見下曇鸞法師乘《ル》二七寶船《メノニ》一來《レルヲ》中空中《ニ》上。又化佛菩薩住《スルコト》レ空七日、爾時天花雨《テ》、來集《ル》人々《ノ》袖《ニ》受《ク》レ之《ヲ》。如《ク》レ此不可思議靈瑞《ノ》多《シ》レ之㉚。終時《ニ》白雲自二西方一來、㉛《テ》成《リ》二三道白光《ノ》一照《シ》二房中《ノヲ》一五色光《ノ》現二空中《ニ》一。又有《リ》二墓上紫雲《ノニ》三《タヒ》現《コト》一。

善導和尚未《タ》レ得二觀經《ヲ》一之前、得《キニ》二三昧一給㉜《ケル》歟覺《トヘ》候。其故《ハ》值《テ》二導(ママ道)綽禪師《ニ》一得二觀經一、後云㉝《チヘリ》三此經所說《ノノ》同《シト》二

㉞我レ前ニ見ニ一。㉟善導和尚念佛給シニハ、口ヨリ佛出給フ。曇省讃セイノ云、㊱善導念佛スレハ佛従リレ口出下フ。云々㊲同申シ二ストモ念佛ヲ一、稱レ㊳セハ如二善導ノ一従リレ口出㊴下フ許ハカリニ可レ申也。㊵欲下如二善導ノ一妙在ント上二純熟一申候㊶テナリ。誰ナリ𪜈念佛ヲタニモ實申ニテ、其ノ功熟㊷シテハ者、従リレ口佛ハ可二出給一也。道綽禪師雖ハ𪜈レ師ヿト未タ二三昧發得一。善導ハ雖二弟子ヿト一得二三昧ヲ一給タリシカハ者、道綽ハ言下ケレハ二我カ往生ハ㊸一定歟可レ㊹シト奉下フレ問レ佛者ニハ、善導禪師承テレ命ヲ、卽入テレ定ニ奉㊺テレ問二阿彌陀佛ニ一、佛ノ言ハク、道綽ハ有リ二三ノ罪一、速ニ可二懺悔一。㊻懺二悔セハ其ノ罪ヲ一定テ可シ二往生ス一。一ニハ佛像經㊼巻ヲ竝㊽テレ庇ヒサシニ我身ハ居二房中ニ一、二ニハ使フ二出家ノ人ヲ一、三ニハ造作ノ間殺ス二蟲命ヲ一。

①奉—たてまつりたまひければ
②壽—生
③同言—とえることば
④壽—命
⑤云已—いふて
⑥授—授たまへり
⑦専—もはらにしき
⑧卽—（なし）
⑨造—造〔つくれる〕也
⑩幷—また
⑪人—餘人
⑫終—とき
⑬集…三百餘人—三百餘人あつまりて
⑭爐—呂
⑮均—等〔ひとしく〕して
⑯云云—いへり
⑰匠—生
⑱其—かの
⑲高遠—高遠なり
⑳云已—云〔いふ〕て
㉑又—（なし）
㉒誦—講じて
㉓造—造〔つくれり〕
㉔往生淨土教之弘通事—往生淨土の教弘通
㉕見—見にも
㉖傳—傳等
㉗是—この
㉘終—修
㉙云云—云〔いへ〕り
㉚之—（なし）
㉛來—來〔きたり〕て
㉜給歟—たまひたりけると
㉝云—のたまへり
㉞我前見—わが所見に
㉟善—（なし）
㊱〔善導…口出〕—（訓點なし）
㊲云々—といへり
㊳稱如善導—かまえて善導のごとく
㊴出—佛出たまふ
㊵〔欲如…純熟〕—（訓點なし）
㊶候—（なし）
㊷熟者—熟しなば
㊸一定歟—一定か不定かと
㊹可奉—たてまつりたまへと
㊺奉—たてまつりしに
㊻懺悔—懺悔して
㊼經巻—經巻おば
㊽竝—安〔おき〕て

於《テ》二十方佛《ノ》前《ニ》一可(レ)懺二悔《ス》第一《ノ》罪《ヲ》一、於《テ》二諸僧《ノ》前《ニ》一可レ懺二悔《ス》第二《ノ》罪《ヲ》一、於《テ》二一切衆生《ノ》前《ニ》一可レ懺二悔《ス》第三《ノ》罪《ヲ》一。

云①云　善導卽出《テ、》レ定《ヨリ》告《下フ》二此旨《ヲ》於道綽《ニ》一。道綽②云《テ》下靜《ニ》思《フニ》二昔《ノ》過《ヲ》一、是皆不《ト》上空③至心《ニ》懺悔《ス》。云④云　故⑤《ニ》增⑥レ師《ニ》終《ヘル》（ママ給か）也。善導《ハ》殊《ニ》勸《テ》二火急小聲《ノ》念佛《ヲ》一定《メ》レ數《ヲ》給《ヘル》也。一萬二萬三萬五萬乃至十萬也⑦。

懷感禪師者《ハ》法相宗《ノ》學匠⑧也。廣《ク》解《トリ》二經典《ヲ》一不レ信二念佛《ヲハ》一。問二善導《ニ》一曰⑨《ク》、念佛⑩《セハ》奉⑪《ランヤ》レ見レ佛《ヲ》一乎。善⑫導和尚答《テ》言⑬《ハク》、佛《ノ》⑭誠言何《ソ》疑《ハン》耶。壞⑮（ママ懷）感就《テ》二此事《ニ》一忽《ニ》開《キ》レ解《ヲ》、起《メ》レ信《ヲ》入《テ》二道場《ニ》一、高聲念佛《メ》願《ルニ》レ奉《ト》レ見レ佛⑯《ヲ》、三七日《マテ》不レ見二其靈瑞《ヲ》一。爾《ノ》時感禪師不⑰《メ》レ知二自罪障深《メ》不レ奉《コトヲ》レ見レ佛《ヲ》、斷食欲⑱《メ》レ死《ナント》。善導惣⑲《メ》不レ許《サ》。後造《ニ》二群疑論七卷《ヲ》一。

云⑳云　感禪師㉑《ハ》殊《ニ》勸《メ》二高聲念佛《ヲ》一給《ヘリ》。

少㉒康《ハ》本《ハ》持經者《ナリ》也。年十五歲《ニメ》、讀二覺《タリ》法花楞㉓嚴等《ノ》經五部《ヲ》一。依《テ》レ之高僧傳《ニハ》入《タリ》二讀誦篇《ノニ》一。然《トモ》而非《ス》二啻持經者《ノミニ》一、瑜伽唯識學《ノ》匠㉔也。後詣《ニ》二白馬寺《ニ》一見《レハ》二堂內《ヲ》一、有二放㉕《ツ》レ光《ヲ》物一。探㉖《リ》二取《テ》之《ヲ》一見《レハ》者、善導西方化道文㉗《ノ》也《ナリ》。少㉘康見《テ》レ之、心忽《ニ》歡喜《メ》發《メ》(レ)願《ヲ》二云《ク》、我若淨土《ニ》有《ラハ》レ緣者、此《ノ》文再放《ヒ》㉙《ヘシト》レ光《ヲ》。如《ク》レ此誓《ヒ》㉚《テ》已見《レハ》者、重《テ》放《ツ》レ光《ヲ》。其光《ノ》中有㉛《ニ》二化佛菩薩一。歡喜難《メ》レ休、終《ニ》又詣《テ、》二長安善導和尚《ノ》影堂《ニ》一見《レハ》二善導《ノ》眞像《ヲ》一者、化作《メテ》二佛身《ト》一告㉜《テ》二少㉝康《ニ》一言《ハク》、汝依《テ》二我敎《カニ》一可《シト》下利二益《シ》衆生《ヲ》一、同生《ク》中淨土《ニ》上。聞《テ》レ之《ヲ》㉞少康如レ有二所證一。後欲《スルニ》レ勸《ント》レ人《ヲ》、人不レ隨《ハ》二其《ノ》敎化《ニ》一。然《ル》間設《ケテ》レ錢《ヲ》、先《ツ》勸《テ》二少㉟（ママ小か）童等《ヲ》一念佛一遍與《フ》二㊱錢一文《ヲ》一。此後㊲《ノハ》十遍十㊳（一歟）文、如《スル》レ此間《ニ》、少㊴康故㊵《ノ》行付《テ》二小童等㊶《ニ》一各念佛《ス》。又非《ス》二小童《ノミニ》一、不㊷レ簡二老少㊸男女《ヲ》一、皆悉念佛《ス》。如《ク》レ是後《ノ》造《リ》二淨土堂《ヲ》一晝夜行道念佛《ス》。隨《テ》二所化《ニ》一來《ニ》集《スル》道場《ニ》一輩《ラ》、三千餘人也。又少㊹康高聲《ニ》念佛《ス》、見《レハ》佛㊺口《ヨリ》出《ルコト》如二善導《ノ》一。是《ノ》故《ニ》時《ノ》人名《タリ》二後善導《ト》一。淨土堂《トハ》者唐《カラノ》

習《ヒ》、㊻奉《ル》レ居《スヘ》二阿彌陀佛《ヲ》一之堂《ヲハ》、名《タル》二㊼淨土堂《ト》一也。五祖《ノ》㊽功德取《ルニ》レ要《ヲ》如レ斯。

㊾次無量壽經《トハ》者、如來設《下フ》レ教《ヲ》事皆爲二㊿衆生濟度《ノ》一也。故衆生《ニ》根機《ノ》51區《マチ〳〵ナルカ》故《ニ》、佛經《ノ》敎亦《モ》52無量《ナリ》。而今經《ハ》爲《ニ》二往生淨土《ノ》一說《下》二衆生往生《ノ》法《ヲ》一也。阿彌陀佛《ノ》修因感果《ノ》次第、極樂淨土《ノ》二報莊嚴之有樣委《ク》說《キ》給《ヘルモ》、爲レ令《カ》下勸《テ》二衆53生《ヲ》一發《サ》中54欣求心《ノヲ》上也。然《ニ》此經《ノ》55所詮《ハ》、說《ヘル》下我等衆生《ノ》可《キ》二往生《ヲ》一之旨上也。但釋《スルニ》二此經《ノヲ》一、諸師《ノ》意不同《ナリ》也。今且《ク》以《テ》二善導和尚《ノ》御意《ヲ》一心得候《ニ》、此經《ノハ》偏說《ニ》56《テ》二專修念佛《ノ》旨《ヲ》一、爲《下フ》57二衆生往生《ノ》業《ト》一也。何以《ヲテカ》知レ《ルトナラハ》之者、先說《ツク》二彼佛《ノ》

①云云―と
②道綽―道綽云〔いはく〕
③至心―こゝろを至〔いたし〕て
④云云―と云〔いへり〕
⑤故―しかれば
⑥増師終也―師に勝〔まさり〕たるなり
⑦也―と云〔いへ〕り
⑧匠―生
⑨曰―云〔く〕
⑩念佛―念佛して
⑪奉―たてまつりてむやと
⑫善―（なし）
⑬言―云〔いはく〕
⑭誠言〔なり〕―誠言
⑮壊―懐
⑯佛―（なし）
⑰不知―恨て
⑱欲死―死せむとす
⑲惣―制
⑳云云―と云々〔いへり〕
㉑禪―（なし）
㉒少康―小康法師
㉓楞嚴―華嚴
㉔匠―生
㉕放―はなちたる
㉖採―採〔さぐり〕
㉗道―導
㉘少―小
㉙放―放〔はなて〕と
㉚已―了〔おはり〕て
㉛有―まします
㉜告―（なし）
㉝少―小
㉞少―小
㉟少―小
㊱遍―返
㊲此―（なし）
㊳十―一
㊴少―小
㊵故行―行〔あるく〕に
㊶等〔に〕―等
㊷不簡―きらはず
㊸少―小
㊹少―小
㊺佛口出―口より佛出たまふこと
㊻奉―たてまつりたる
㊼淨土堂―みな淨土堂
㊽功德―御德
㊾次―又
㊿衆生濟度―濟度衆生
51根機―機根
52亦―又
53衆生―衆生の信心を
54欣―忻
55所詮―詮にては
56說―說〔とく〕を
57爲―したまへる

因位本願一中云①、設我得佛、十方衆生、至心信樂欲生我國、乃至十念、若不生者不取正覺。云云② 彼佛因位法藏比丘之昔、於二世自在王佛所一、從二二百一十億諸佛妙土中一選發二四十八誓願一③。設二淨土一成佛可レ令三衆生生二我國一行業選願給、全不レ立二餘行一④但立二念佛一行一也。故大阿彌陀經、既⑤彼佛願⑥選擇立給故也。大⑦阿彌陀經與二此經一同本異譯經也。然往生行⑧我等黠今始可レ計事不レ候⑨。皆被二定⑩置一事者也⑪。法藏比丘若惡⑫選立給者、世自在王佛猶左可レ有歟⑬。令レ說二彼願共一之後、何⑭授下記⑮決定可レ成中無上正覺上乎。法藏菩薩立二彼願一、兆載永劫閒難行苦行積功累德、既成佛給者、昔誓願一々不レ可レ疑。而善導和尚引二此本願文一曰、若我成佛⑯、十方衆生、稱我名號、下至十聲、若不生者不取正覺。彼佛今現在世成佛⑰、當知、本誓重願不虛、衆生稱念必得往生。云云⑱ 實我等衆生取三自力許一而求二⑲往生一、此行等爲レ⑳叶二佛御心一、又有レ㉑不レ叶不審㉒覺、往生不定可レ候。申二念佛一願二往生一人、非三自力可二往生一也、只他力往生也。本自唱二㉓佛定置下之名號一、乃至十聲一聲㉔令レ生給㉕者、十聲一聲念佛一定可二往生一、其願成就成佛給云道理候。然者唯一向仰二佛願力一可三決二定往生一也。以二㉖我自力強弱一、不レ可レ思二定不定一㉗。彼願成就文在二此經下卷一。其文云、諸有衆生、聞其名號、信心歡喜乃至一念、至心廻向願生彼國、則㉘（ママ 即）得往生住不退轉。云云㉙ 凡四十八願莊二嚴淨土一、花池寶閣、無レ非二願力一。云云 其中獨不レ可レ疑二念佛往生願一。極樂淨土若淨土者、念佛往生亦㉚決定往生也。

次往生業因雖レ定二念佛一行一、隨二行者根性一有二上中下一。故遂二㉛三輩往生一。卽上輩文云、其上輩者㉜

捨テレ家ヲ棄レ欲ヲ、而㉝モ作リ二沙門ト一、發メ二菩提心ヲ一、一向ニ專ラ念二無量壽佛ヲ一。云云㉞　中輩ノ文ニ云ク、雖㉟モレ不(レ)能ハ三行作メル┐二沙門ト一、大ニ修メ二功德ヲ一當ニ下發メ二無上菩提ノ㊱之心ヲ一、㊲一向ニ專ラ念ス中無量壽佛ヲ上。下輩ノ文ニ云ク、不レ能三作ナシ二修┐功德ヲ一、當ニ發メ二無上菩提之心ヲ一、㊳一向ニ專ニメレ意ヲ乃至十念、念二無量壽佛ヲ一。云云㊴　當座導師ノ、私ニ作リ二一釋ヲ一候。此ノ三輩ノ文中ニ雖レ擧ト二菩提心等ノ餘行ヲ一、望ニ二上ノ佛ノ㊵本願ノ意ニ一、在㊶リ三衆生ヲメ一向ニ專ラ念スルニ二無量壽佛ヲ一。故ニ云二一向ト一。㊷卽又觀念法門ニ善導釋メ㊸ク曰、

①云―（なし）
②云云―と云〔いへり〕
③發―起〔おこし〕て
④餘行―行おば
⑤既―すべて
⑥願―願おば
⑦大阿彌陀經與此經―大阿彌陀經、この經は
⑧行―行は
⑨不候―あらず
⑩被定置―さだめおける
⑪者―（なし）
⑫惡―惡を
⑬可有歟―おはしますべきかは
⑭何―（なし）
⑮決定可成無上正覺―決定無上正覺なるべしと
⑯〔若我成佛…必得往生〕―若し我れ成佛せむに、十方の衆生、我が名號を稱せむこと、下〔しも〕十聲に至〔いた〕るまで、若し生〔ぜ〕ずは、正覺を取〔と〕らじと。彼の佛今〔いま〕現に在〔ましまし〕て成佛したまへり。當に知るべし、本誓重願虚〔むな〕しからず、衆生稱念すれば必ず往生を得〔う〕と
⑰世―（なし）
⑱云云―と云〔いへり〕
⑲求―もとむるに
⑳行等―行業
㉑有不叶―（なし）
㉒不審―なにとも不審にも
㉓唱佛定置之名號―佛のさだめおきて、わが名號をとなふるものは
㉔一聲―一聲までも
㉕給―たまひたれば
㉖以―さだめて
㉗定不定―不定に
㉘則―卽
㉙云云―と云〔いへり〕
㉚亦―（なし）
㉛遂―說〔とけり〕
㉜其―其れ
㉝而―而て
㉞云云―と云〔いへ〕り
㉟〔雖不能…大修功德〕―行じて沙門と作〔な〕り、大に功德を修するに能〔あた〕はずといゑども
㊱之―（なし）
㊲〔一向…菩提之心〕―（なし）
㊳〔一向專意…無量壽佛〕―一向に意を專〔もは〕らして、乃至十念無量壽佛を念〔ねむ〕ず〔べし〕
㊴云云―と云へり
㊵本願意―本願を
㊶〔在衆生…無量壽佛〕―こゝろ衆生をして、もはら無量壽佛を念ぜしむるにあり
㊷卽―（なし）
㊸曰―云〔いはく〕

又此《ノ》經《ノ》下卷《ノ》初《ニ》云《ク》、佛①說一切衆生根性不同、有上中下、隨其根性佛②皆勸專念二無量壽佛名《ノヲ》一、其人命欲終時、佛與聖衆自來迎攝③盡得往生。已④上 此《ノ》釋《ノ》心《ハ》三輩俱《ニ》念佛往生《ナリ》也。誠《ニ》一向《ノ》言《ハ》捨《ル》レ餘《ヲ》一之詞⑤也。例《ハ》如二五⑥天《ノ》竺《ノ》三《ノ》寺一。一《ニハ》一向大乘寺、三⑦《ニハ》（ママ二）一向小乘寺、三《ニハ》大小兼行寺。此⑧《ノ》一向大乘寺《ノ》中《ニハ》無《シ》レ學《ヿ》二小乘《ヲ》一、一向小乘寺《ニハ》 無レ學⑨《スルヿ》二大乘《ヲ》一、大小兼行寺《ノ》中⑩《ニハ》大小乘俱《ニ》兼學《スル》也。大小兩《ノ》寺《ニハ》俱《ニ》安《ク》二一向《ノ》言《ヲ》一、兼《タル》レ二寺《ヲ》不《ニハ》レ安《カ》二一向《ノ》言《ヲ》一。以《テ》レ之意得候《ヘニ》、今經《ノ》中《ノ》一向《ノ》言《モ》亦爾《ナリ》。若《シ》念佛《ノ》外《ニ》⑪《ハ》兼二餘行《ヲ》一者、卽非二一向《ニ》一。准《ヘハ》二彼《ノ》寺《ニ》一者可《シ》レ云《フ》二兼行《ト》一。既《ニ》⑫云《フ》二一向《ト》一。可⑬レ知レ捨《ト云フヿヲ》二諸行《ヲ》一。但此《ノ》三輩《ノ》文《ノ》中《ニ》就《テ》レ說《ニ》二餘行《ヲ》一有《リ》二三《ノ》意一。一《ニハ》者爲《ニ》レ令⑭下捨《テ》二諸行《ヲ》一歸中念佛《ニ》上、竝說《テ》二餘行《ヲ》一、於《テ》二念佛《ニ》一置二一向《ノ》言《ヲ》一。二《ニハ》者爲レ助《ケンカ》⑮二念佛《ヲ》一、說二諸善《ヲ》一。三《ニハ》者爲《ニ》四（丁）念佛⑯與《トニ》二諸行《ニ》一（ママ）竝《ヘ》二（丙）示《サンカ》 俱《ニ》有《ルヿヲ》二（乙）三品《ノ》差別一（甲）、說《ク》二諸行《ヲ》一。此《ノ》三義《ノ》中《ニハ》、但初《ノ》義《ヲ》爲レ正《ト》。後《ノ》二《ハ》傍《ノ》義也。

次此《ノ》經《ノ》流通分《ノ》中《ニ》說《テ》云《ク》、佛語彌勒、其有得聞彼佛名號、歡喜踊躍、乃至一念、當知、此人爲得大利、卽⑰（ママ則）是具足無上功德。已⑱上 上《ノ》三輩《ノ》文《ノ》中《ニ》雖レ說《ト》二念佛《ノ》外《ノ》諸功德《ヲ》一、不（レ）讚二餘善⑲《ヲ》一、但擧二念佛《ノ》一善《ヲ》一、讚二嘆《メ》無⑳上功德一流㉑二通未來《ニ》一。念佛《ノ》功德《ノ》勝《タルヿ》二于餘《ノ》功德《ニ》一明《ナリ》也。大利《トハ》者、對《スル》二小利一之言《ナリ》也。無上《トハ》者、無《キ》二此《ノ》功德上《ノ》㉒《ウヘタル》 之功德《ハ》一之義也。既《ニ》指《シテ》二一念《ヲ》一云二大利《ト》一、亦㉓云《フ》二無上《ト》一。況《ヤ》一念二念乃至十念《ヲヤ》乎。何況《ヤ》百念千念乃至萬念《ヲヤ》乎。是則《レ》擧㉔《テ》レ小《ヲ》況㉕《クラフル》レ多《ニ》也。以《テ》二此《ノ》文《ヲ》一餘行《ト》與二念佛一相對《メ》意得《ルニ》、念佛《ハ》卽大利也、餘行㉖《ハ》卽小利也。念佛《ハ》㉗亦無上也、餘行《ハ》㉘亦有上也。惣《メ》㉙願二往生《ヲ》一人、何《ソ》捨《テ、》二無上大利《ノ》念佛《ヲ》一、而執《セン》二有上小利《ノ》㉚餘行《ヲ》一乎。次《ニ》此《ノ》經《ノ》下卷《ノ》奧《ニ》云《ク》、當來之世、經道滅盡、我以慈悲哀愍、特留此經、止住百歲、其有衆生、値此經者、隨

意所願、皆可得度。云云㉛ 善導釋《メ》二此文《ヲ》一云《ク》、萬年三寶滅、此經住百年、爾時聞一念、皆當得生彼。云云㉜
釋尊《ノ》遺法有《ニリ》二三時差別《ノ》一、正法像法末法也。其《ノ》正法一千年《ノ》間《ハ》、教行證《ノ》三《ツ》倶《ニ》具足《セリ》、如《ク》レ教《ノ》而行㉝《メ》隨《テ》㉞得レ證《ヲ》。像
法一千年《ノ》間《ハ》㉟有《テ》二教行一無(レ)《シ》證、隨《テ》レ教《ニ》雖《モ》レ行《ト》無《シ》レ得《コト》二悉地《ヲ》一。末法萬年《ノ》間《ハ》有《テ》レ教《ノミ》無《シ》二行證一、僅《ニ》雖二教許㊱《ハカリハ》殘《タリト》一、
無《シ》二如《ク》レ教《ノ》而行《ル》者《ノ》一、雖レ行《スト》亦無二得證《ノ》者《ノ》一。夫㊲《レ》末法萬年《ノ》滿《ナン》後《ハ》、如來《ノ》遺教皆失《シ》、住持三寶《ノ》悉《ク》滅㊳《スヘシ》。凡《ソ》無《ク》二佛
像經㊴卷《モ》一、無《ク》二剃《リ》レ頭《ヲ》染㊵《タル》レ衣《ヲ》僧《モ》一、佛法《ト》云事《ハ》不レ可レ聞《ク》二名字《タニモ》一。然《ニ》爾時《マテ》但此《ノ》雙卷無量壽經一部二卷許《ハカリ》殘留《リテ》、

①〔佛說…往生〕—佛、一切衆生の根性不同を說〔と〕きたまふに、上中下有り。其の根性に隨て、皆〔みな〕勸〔すゝ〕めて專ら無量壽佛の名を念ぜしめたまへり。其の人命終らむと欲〔ほ〕する時〔とき〕、佛、聖衆と自ら來て迎接して、盡〔ことごと〕く往生を得しむ
②佛—（なし）
③攝—接
④已上—と云〔いへ〕り
⑤詞—言
⑥五天竺—かの五天竺
⑦三—二
⑧此—かの
⑨學—學するもの
⑩大—大乘
⑪兼—ならぶれば
⑫云—云〔いへ〕り
⑬可知捨諸行—しるべし、餘行をすつといふ事を
⑭令—しめむが
⑮念佛—念佛の人を
⑯〔念佛與諸行…差別〕—念佛と諸行とをならべて、ともに三品の差別をしめさむが
⑰卽—則
⑱已上—と云〔いへ〕り
⑲餘善—餘善おば
⑳功德—功德と
㉑流通—流通せり
㉒上之—上する
㉓亦—又
㉔擧小—少を上て
㉕況多—多を決する
㉖餘行—餘善
㉗亦—（なし）
㉘亦—又
㉙願—願ぜむ
㉚餘行—餘善
㉛云云—と云〔いへり〕
㉜云云—といへり
㉝行隨—行ずるにしたがふて
㉞得證—證えたり
㉟有—あれども
㊱教許—教門は
㊲夫—その
㊳滅—滅して
㊴經卷—經典
㊵染—染〔そむる〕

百年《マテ》住《メ》レ世①《ニ》濟二度《シ下フ》衆生《ヲ》一事、殊②《ニ》哀《ニ》覺《ヘ》候。花嚴經《モ》③涅槃經《モ》、凡《ソ》大小權實《ノ》一切《ノ》諸經、乃至大日金剛④等眞言《ノ》祕密之諸經《モ》、皆悉滅《クタラン》時、但此《ノ》經許《リ》留《リ》給事《ハ》何事《ニ》歟《カト》覺《ヘ》候。釋尊以《テ》二慈悲《ヲ》一留給事、定《テ》深意候覽。佛智實難《ニ》レ測矣。應《ヘシ》下但阿彌陀《ノ》佛機緣深《ク》二于此《ノ》界《ノ》衆生《ニ》一坐《マス》故《ニ》、釋迦大師留《モ下ナル》中於彼《ノ》佛《ノ》本願《ヲ》上矣。就《テ》二此《ノ》文《ニ》一而案《シ》候《ニ》、有二四《ノ》意一。一《ニハ》⑤《聖歟》正《ノ》道得脱《ハ》機緣淺《ク》、淨⑥《ノ》土⑦《ノ》往生機緣深《ハシ》。故說《ニケル》二三乘一乘得《ノ》⑧度《ヲ》一之諸經先《ハタテシ》滅、但說⑨《ク》二一念十念往生《ヲ》一此《ノ》經許《リ》⑩可レ留《ル》。二《ニハ》⑪《テモ》就二往生《ニ》一十方淨土機《ハ》緣淺《ク》、西方淨土機《ハ》緣深《シ》。故勸《ニタル》二十方淨土《ヲ》一之諸經《ハ》⑫皆滅《メ》、勸《タル》⑬二西方往生《ヲ》一之此《ノ》經獨《リ》可レ留。三《ニハ》⑭都《ノ》率之上生機《ハ》緣淺《ク》、極樂之往生機《ハ》緣深《シ》。故上生《ニ》心⑮地《ノ》⑯勸二都⑰率一之諸經《ハ》皆滅《メ》、⑱勸二極樂一之此《ノ》經獨《リシ》可レ留。四《ニハ》諸行《ノ》往生機《ハ》緣淺《ク》、念佛往生機《ハ》緣深《シ》。故說《ニ》二諸行《ヲ》一之諸經《ハ》皆滅《シ》、說⑲二念佛《ヲ》一之此《ノ》⑳經獨《リ》可レ留。㉑此四《ノ》義中《ノ》、《ニハ》眞實《ニハ》第四《ノ》㉒十八《ノ》願念佛往生《ノミ》可《ト云》レ留之義正義《ニテ》候也。被㉓《タル》レ說二持《ヤト》（ママ特）留此經止住百歲《ト》一者、唯㉔此《ノ》二軸《ノ》㉕經卷獨《リ》㉖《シト》可レ殘聞《テ》候。然《𪜈》而實《ニハ》經㉗《ハ》雖《𪜈》レ失《ト》、但念佛《ノ》一門許《リ》留《テ》、百年可レ有乎覺候。彼《ノ》秦始皇《ノ》燒レ書《ヲ》埋《シ》レ儒《ヲ》之時、毛㉘詩許《リ》殘《タリト》申事《ノ》候。其《レモ》文被《ハ》㉙《トモ》レ燒、詩留《ハテト》在レ口《ニ》一申《テ》、詩㉚《ヲ》人々《ノ》暗《ニ》覺《ヘタリケル》、故《ニ》毛詩許《リハ》殘《タリト》申事《ノ》候。㉛以《テ》レ之意得候此《ニ》經《ノ》留《テ》百年可レ在《ト》申、㉜《モ》經卷皆《ハ》隱沒㉝《ストモ》南無阿彌陀佛《ト》㉞云事《ハ》、留《テ》二于人《ノ》口《ニ》一百年《マテモ》㉟聞傳《ト》事覺候。經《トハ》者亦所說《ノ》法《ヲ》申《ス》事《ナレハ》者、此《ノ》經獨《ハ》㊱《リ》㊲說二念佛《ノ》一法《ヲ》一。然者《ハ》爾時聞一念皆當得生彼《ト》、善導《モ》釋《シル》給也。此《レ》祕藏《ノ》義也。輙《ク》不レ可レ申《ス》。

物《メノ》此雙卷無量壽經說《ニ》㊳二念佛往生《ヲ》一文有二七處㊴一。一《ニハ》者本願《ノ》文、二《ニハ》者願成就《ノ》文、三《ニハ》者上輩《ノ》中《ノ》一向專念《ノ》文、四《ニハ》者中輩《ノ》中《ノ》一向專念《ノ》文、五《ニハ》者下輩《ノ》中《ノ》一向專意《ノ》文、六《ニハ》者無上功德《ノ》文、七《ニハ》者持（ママ特）留此經《ノ》文《ナリ》也。

又㊵此《ノ》七處㊶《ノ》文合《ヲ》㊷爲《メ》レ三《ト》。一《ニハ》者本願、此攝《ニス》レ一、謂㊸《ク》初發《ノ》願《ト》願成就《トナリ》也。二《ニハ》者三輩、此攝《ニス》レ三《ヲ》、謂㊹《ク》上輩中輩下輩《ナリ》也。又㊺就《テ》二此《ノ》下輩《ニ》一有《リ》二二類一。三《ニハ》者流通、此攝《ニス》レ二《ヲ》、謂㊻《ク》無上功德《ト》、特留此經《トナリ》也。本願《ハ》在《リ》二彌陀《ニ》一、三輩已下《ハ》釋迦《ノ》自說《ナリ》也。其隨《モテ》二彌陀《ノ》本願《ニ》一而說給《ル》也。三輩《ノ》文《ノ》中《ニ》各勸《メ》二一向專念《ト》一給《ヘルモ》、流通文㊼《ノ》中《ニ》讚㊽《メ》二無上功德《ト》一給《ヘルモ》、特留此經《ト》留給《ヘルモ》、源《トハ》隨《シ》二順彌陀《ノ》本願《ニ》一給《ヘル》故也。然者《ハ》云㊾《フ》二念佛往生《ト》一事《ハ》、本願《ヲ》爲二根本《ト》一也。所詮㊿《ハ》此《ノ》經《ハ》自《リ》レ始㉛《テ》至レ終《ニ》、可《キ》レ意三得《ト》說二彌陀本願《ヲ》一也。雙卷經《ノ》大意略《メ》如《シ》レ斯矣。

①世―（なし）
②殊―まことに
③涅槃經―般若經も法華經も涅槃經も
④金剛―金剛頂
⑤正道―聖道門
⑥淨土―淨土門
⑦往生―往生のみ
⑧得度―得脱
⑨說―とける
⑩可留―ひとりとゞまるべし
⑪就―つきて
⑫皆―ことごとく
⑬西方―たゞ西方の
⑭都―兜
⑮心地―心地等
⑯勸―勸たる
⑰都―兜
⑱勸―勸たる
⑲說―說〔とけ〕る
⑳經―經のみ
㉑留―とゞまりたまふ
㉒十八願―（なし）
㉓被說…者―とかれたれば
㉔唯―（なし）
㉕經卷―經典
㉖可殘聞候。然而―のこるべきかときこえ候へども
㉗經雖失―經卷はうせたまひたれども
㉘毛詩許―毛詩と申す文ばかりは
㉙被燒―やかれたれども
㉚詩―詩おば
㉛候。以之―候をもて
㉜申―云〔いふ〕も
㉝隱沒―隱滅したりとも
㉞云―まふす
㉟傳―つたへむずる
㊱獨―ひとへに
㊲說―說〔とけ〕り
㊳說―（なし）
㊴處―所
㊵又―（なし）
㊶處―所
㊷合―また合して
㊸謂―（なし）
㊹謂―（なし）
㊺又―（なし）
㊻謂―（なし）
㊼文―（なし）
㊽讚―讚嘆し
㊾云―まふす
㊿所詮―詮ずるところ
51 至終―おはりまで

第[1]六七日　阿彌陀佛　觀無量壽經

佛《ノ》功德《ハ》前々《ノ》每《ニ》㆓七日㆒悉《ク》奉㆓讚嘆㆒事《ニテ》候《ヘバ》、必《シモ》不㆑申《サ》㆓前《ニ》申《タル》事《ヲハ》㆒。可㆑思別《ノ》之德《ヲ》珍《シク》奉《ル》㆑讚事《ニテモ》不㆑候、讚㆓嘆《スルニ》同事《ヲ》㆒功德增《ル》事《ニテ》候《ヘハ》、猶可㆑奉《ル》㆑釋《シ》㆓名號功德《ヲ》㆒。相好《ノ》功德《ハ》佛《ノ》六根《モ》、凡夫《ノ》六根《モ》、眼耳鼻舌身意《ハ》同物也。但《シ》佛《ノ》六根《ハ》勝《レ》、凡夫《ノ》六根《ハ》劣《ル》許《リ》也。名號《ノ》功德《ハ》一切《ノ》諸佛《ニ》皆有《マス》㆓二種《ノ》名號㆒。謂《ク》通號《ト》別號《トナリ》也。別號《トハ》者、藥師瑠璃光阿閦釋迦牟尼《ナント》申《ハ》是《レ》別號也。念佛《モ》准《ノ》㆑之可《シ》㆑知《ル》。阿彌陀佛《ニモ》有《マス》㆓通號別號㆒。阿彌陀《トハ》者別號也。此《ニハ》云㆓無量壽無量光《ト》㆒。此《ノ》別號《ノ》功德《ハ》前々《ニ》奉《リ》㆑釋《キ》候。通號《トハ》者云《フ》㆑佛《ト》是《ナリ》也。一切《ノ》諸佛皆具《下ヘリ》㆓此《ノ》名《ヲ》㆒、一佛《モ》無㆑替《ルヿ》。佛《トハ》者具《ニハ》云㆓佛陀《ト》㆒、此《ニハ》翻《メ》云㆓覺者《ト》㆒。付《テ》㆑之有《ニ》㆓三《ノ》意㆒。自覺覺他覺行圓滿也。自覺《トハ》者異《リ》㆓凡夫《ニ》㆒、覺他《トハ》者異《リ》㆓二乘《ニ》㆒、覺行圓滿《トハ》者異《ナリ》㆓菩薩《ニ》㆒。付《テ》㆑之得《ニハ》㆑意、阿彌陀佛《ノ》極樂世界《ノ》中《ニ》取《テ》矣異《カ》㆓其《ノ》國《ニ》所《ル》㆑有人天《ニ》㆒故《ニ》云㆓自覺《ト》㆒、異《カ》㆓彼土《ノ》聲聞等《ニ》㆒故《ニ》云㆓覺他《ト》㆒、異《カ》㆓彼土《ノ》菩薩《ニ》㆒故《リ》云㆓覺行圓滿《ト》㆒。劫初《ニハ》無㆑名、聖人相議《ノ》付《タリ》㆑名《ヲ》。初《ニハ》有㆓百千萬《ノ》名㆒。云云 釋迦《ノ》時《ニハ》有㆓十號㆒、卽如來應供等也。如來《トハ》者、乘《ノ》㆓如實《ノ》法《ニ》㆒來《リ》給《ル》故《ナリ》也。乃至天人師《トハ》者、不㆑限《ラ》㆓人天《ノミニ》㆒通《ス》㆓六道四生《ニ》㆒。今擧《テ》㆓人天《ヲ》㆒攝《ス》㆑餘《ヲ》也。世尊《トハ》者、非《ス》㆘相㆓對《メ》十方世界《ニ》㆒而言《ニハ》㆖、約《メ》㆓一世界《ニ》㆒而名《クルナリ》也。一百倶胝界《ニ》一尊不㆓竝出《テ》㆒。云云 一世界《ノ》中《ニ》無㆓同《シ》樣《ニ》二佛《ノ》出給事㆒。又一四天下《ノ》中《ニ》無《シ》㆓輪王二人出事㆒。但《シ》一世不二佛竝出《ノ》事《ハ》、大事《ノ》之論議《ニテ》候也。然《トモ》而本義《ノハ》者、大小乘倶《ニ》不㆑許《サ》㆓二佛竝出《ト云》事《ヲハ》㆒。然者《ハ》淨瑠璃淨土《ニハ》藥師佛《ノ》外《ハ》又無《ク》㆑佛、極樂世界《ニハ》阿彌陀佛《ノ》外《ハ》不㆑有《マサ》㆑佛。乃至十方《ノ》佛土皆如《シ》㆑是。往生要集《ノ》對治懈怠《ノ》中《ニ》擧《タル》㆓二十種《ノ》佛《ノ》功德《ヲ》㆒第二《ニ》、讚《ルニ》㆓名號《ノ》功德《ヲ》㆒、引《テ》㆓維摩經《ヲ》㆒云《ク》、諸佛《ノ》色身威相種姓戒定智惠解脱知見力無所畏不共之法大慈大悲威儀所行及其《ヒノ》壽命、説法、教化、成就衆生、淨佛國土、具二諸佛法一悉皆同等《ナリ》。是《ノ》故《ニ》名《テ》爲二三藐三佛一、名《テ》爲二多陀阿伽度《ト》一、名《テ》爲二佛陀《ト》一。阿難若《シ》我廣《ク》説《カハ》二此《ノ》三句義《ヲ》一、汝以《テモ》二劫壽一、不レ能ニ(レ)盡《ク》レ受《ヿ》一。正《ニ》使《メテ》下三千大千世界《ノ》中《ニ》滿《テル》衆生《ヲメ》、皆如《ク》二阿難《ノ》一多聞第一《ニメ》、得中念惣持上、此《ノ》諸人等以《テ》二劫《ノ》之壽一、亦不レ能レ受《ヿ》。已上 要決云、成實論釋《ニメ》二佛《ノ》名號一。云云 又西方要決《ニ》云、諸佛願行、成此果名、但能念號、具包衆德、故成大善。已上 是《レ》通號《ノ》功德成二大善一也。然《ニ》永觀律師《ノ》十因《ニ》釋《スル》二阿彌陀《ノ》三字《ヲ》一之處《ニ》、引《テ》二此文《ヲ》一釋二成《セラレタルハ》別號《ノ》功德《ノ》大善《ナル》樣《ヲ》一者、僻事也。申二南無阿彌陀佛《ト》一功德殊勝《ナルヿハ》者、通號《ノ》之佛《ト》云《フ》一字《ノ》之故《ナリ》也。云《フ》二阿彌陀《ト》一之名號《ノ》目出《ク》貴《キモ》、彼《ノ》佛《ノ》之名號《ナルカ》故《ナリ》也。然《ニ》阿彌陀《ノ》三字《ヲ》付《キ》レ名《ニ》給《ヘル》故《ニ》、功德殊勝《ナル》佛《ニテ》坐《マス》樣《ニ》申《スモ》人候。其《レハ》僻事《ニテ》候也。

次《ニ》觀無量壽經《トハ》者、欲《ハ》レ得《ト》レ意《ニ》二大意②《ヲ》一者、必《ス》可③《キ》レ知《ル》二教相《ヲ》一也。不《レハ》レ沙二汰教相《ヲ》一者、法門《ノ》淺深差別不レ明④《カナラ》故《ナリ》也。然《ニ》諸宗皆《ニ》有《リ》二立教開示一。法相宗《ニハ》立《テ》二三時教《ヲ》一攝《シ》二一代《ノ》諸教《ヲ》一、三論宗《ニハ》立《テ》二二藏教《ヲ》一攝《シ》二大小《ノ》諸教《ヲ》一、花嚴宗《ニハ》立《テ》二五教《ヲ》一、天台宗《ニハ》立《ツ》二四教一。今我淨土宗《ニハ》道綽禪師《ノ》安樂集立⑤《ツ》二聖道淨土《ノ》二教《ヲ》一。一代聖教五千餘軸、不レ出二此《ノ》二門一。初《ニ》聖道門《トハ》者、三乘一乘《ノ》得道《ナリ》也。即於《テ》二此《ノ》娑婆世界《ニ》一斷惑開悟《スル》⑥之道也。惣分《メハ》有レ二。謂《ク》大乘⑦小乘《ノ》聖道也。別論《スレハ》者、有二四乘《ノ》聖道一。謂《ク》聲聞乘緣覺乘菩薩乘佛乘也。淨土《トハ》者先出《ツテ》二

①「第六七日…候也」―（なし）
②大意―この大意
③可―べき事也
④不明故也―あきらかならざる也
⑤立―たてたり
⑥之―（なし）
⑦大乘―大乘の聖道

此《ノ》娑婆穢惡境《ヲ》一、生二彼《ノ》安樂不退國《ニ》一、自然《ニ》增進《ノ》證二得《セント》佛道《ヲ》一而求《ムル》道《ナリ》也。立《ヿハ》二此《ノ》二門《ヲ》一者、非二道綽一
師《ノミニ》一、曇鸞法師引《モテ》二龍樹菩薩《ノ》十住毘婆娑論《ヲ》①一立《下ヘリ》二難行易行《ノ》二道《ヲ》一。難行道《ハ》如《ク》②二陸地《ヨリ》歩行《スルカ》一、易行道《ハ》如《シト》③レ乘《カ》レ
船《ニ》④譬《ヘ》給《ヘリ》。立《ヿハ》二此《ノ》二道《ヲ》一不レ限二曇鸞一師《ニ》一、天台《ノ》十疑論《ニモ》同《ク》引釋《シ》給《ヘリ》。又迦才《ノ》淨土論《ニモ》同《ク》引《ケリ》。⑤其難行道《トハ》者、
卽聖道門也、易行道《トハ》者卽淨土門《ナリ》也。加之、又慈恩大師云、親《マノアタリ》⑥逢二聖化《ニ》一、道悟《リ》⑦二三乘一、福薄因《ク》
疎《ナルヲハ》⑧勸《テ》歸《シムト》二淨土《ニ》一。云云⑨ 此中《ノ》三乘《ニ》者《トハ》、卽聖道門《ナリ》也、淨土《トハ》卽淨土門也。難行易行、三乘淨土、聖道
淨土、其《ノ》言雖《ト》レ異其《ノ》意皆同《シ》。凡《ソ》一代《ノ》諸教不レ出二此《ノ》二門《ヲ》一。⑩乃非《ノ》⑪三啻淨土宗經論《ノミ》⑫攝《ムルノミニ》二此二門《ニ》一、乃至諸
宗《ノ》章疏皆不レ出二此《ノ》⑬二門《ヲ》一也。天台宗《ニハ》正《ク》明《ハシ》二佛乘《ノ》聖道一、傍《ニハ》明二往生淨土《ヲ》一、卽往安樂文《ノ》⑭是《ナリ》也。花嚴宗《ニハ》⑮
又如《ク》二天台宗《ノ》一、云《フ》⑯下修《ルハ》二聖道《ヲ》一難レ得レ可レ生中淨土上。⑰願我臨欲命終時。云云⑱
達磨宗⑲《ニハ》不レ依《テ》レ經立《テ》レ教、申《テ》二
前佛後佛以心傳心不立文字《ト》一、不レ依《ラ》二經論《ニ》一宗也。釋迦入滅之《ノ》刻《ニ》、僅以《テ》二一偈《ヲ》一密々授《ケ》二之迦葉《ニ》一給《ヘル》法
也。其偈曰《ク》、法本法無法《ナリ》、無法法亦法《ナリ》、今付《スル》二無法《ヲ》一時《キ》、法法何曾法《ナラン》。云云 或授《ケ》二如《ノ》レ此偈《ヲ》一、或申《テ》二揚
眉動目《ト》一、擧《テ》レ眉搖《ヲ》レ目意得《ト》云法也。更無《シ》二受習《スル》事一、解《テ》二卽身卽佛《ト》一、惣不レ沙《セ》二汰往生淨土《ヲハ》一。眞言宗《ニハ》
申《テ》二父母所生身速證大覺位《ト》一、約《シ》二大日如來《ニ》一說《キ》二卽身成佛旨《ヲ》一、胎藏《ニハ》立二三部《ヲ》一、金剛《ニハ》立二五部《ヲ》一。此兩部《ノ》
大法《ニハ》不レ說二淨土《ヲ》一、唯卽身得《ニ》二大日如來位《ヲ》一也。此無《キ》下普通《ヲホロケノ》人可《キ》二修得《シ》一樣《モ》上事也。然者《ハ》菩提心論《ニハ》云《ヘリ》下爲《ニ》二
上根上智人《ノ》一說中此法《ヲ》上。近來《コノコロノ》人《ハ》不レ及二下根《ニタニモ》一欲《トモ》レ修《ント》不《マシキ》レ叶事也。申《テ》二韻高《メハ》和《スルモノ》少《シト》一、歌《ニ》レ歌《ヲモ》誦《スルニ》二伽
陀《ヲモ》一、初餘《リ》高出《シツレハ》者、後《ニハ》不レ及二我聲《ニモ》一、人不レ付也。教韻高《ケレハ》行者和《ノ》不レ可レ及。譬《ヘハ》如二強弓《ノ》一、雖二究

竟《ノ》弓《ト》一値《ヌレハ》下少《モ》不《ヌ》二引搖《ハタラカサ》一之者《ノニ》上、劣《ヲトリタル》下弱弓《ヲ》安《ク》引射《テタル》之者《ノニハ》上也。此《ノ》之祕藏甚深法《ノ》亦《モ》如レ是。爲《ニハ》二修得《シヘン》者《ノ》一、實《ニ》此《レ》不《ノ》レ改二父母所生《ノ》肉身《ヲ》一、至《ラン》二遮那同體《ノ》覺位《ニ》一事、可二好《ク》目出《カル》一事《ナレ𪜈》、爲二機根不《ル》レ及者《ノ》一、有《テ》レ言《ノミ》不レ可レ有《ル》レ實《ト》。然者《ハ》計《ヒテ》二身器《ヲ》一可レ持レ法《ヲモ》也。此《ノ》花嚴天台達磨眞言《ノ》四宗《ハ》、或《ハ》卽身成佛、或《ハ》卽心是佛《ニメ》、皆佛乘《ノ》聖道《ナリ》也。其《ノ》中《ニ》雖三自《ヲ》說《ト》二往生《ヲ》一、非二正《シキ》意《ニハ》一傍《ノ》義也。三論法相《ハ》、又明二歷劫成佛《ノ》旨《ヲ》一、是《ハ》菩薩乘《ノ》聖道《ナリ》也。三論宗《ノ》祖師嘉祥《ハ》、觀經雙卷經俱《ニ》造《タレ𪜈》レ疏《ヲ》、不《ル》下用《テ》二淨土《ヲ》一爲中我《カ》本意《ト》上故《ニ》不二委《ク》釋《セ》一。此《ノ》朝《ニハ》元興寺《ノ》智光、賴光、捨《テ、》二本宗《ヲ》一入《リ》二淨土門《ニ》一、智光《ハ》造《レリ》二往生《ノ》論疏一。近《ハ》永觀入二念佛《ノ》一門《ニ》一、造《ル》二往生十因《ヲ》一。此等猶《モ》本宗《ノ》意《ニテハ》不レ沙二汰往生《ヲ》一、皆捨《テ、》二本宗《ヲ》一入二淨土《ニハ》一也。法相宗《ノ》祖師慈恩大師《ハ》造二西方要決《ヲ》一、雖《モ》三偏《ニ》勸《ト》二往生淨土《ヲ》一、非二自宗《ノ》意《ニ》一。但爲二化道《ノ》一剩《ソヘ》二釋《シ》往生《ノ》旨《ヲ》一給《ヘル》也。然者《ハ》自身《ハ》上二生《シ》兜率《ニ》一給《ヘリ》。俱舍成實律宗、此等《ハ》是《レ》小乘宗也。明《ノ》二聲聞緣覺二乘《ノ》得道《ヲ》一、而惣《メ》不レ說二淨土《ヲハ》一。然者《ハ》聲聞乘《ノ》聖道、緣覺乘《ノ》聖道也。而今《ニ》此《ノ》經《ハ》往生淨《ノ（ママ）ノ》土敎

①娑—沙
②陸地—陸路
③乘船—水路を船に乘ずるが
④譬給—たとへたり
⑤其—かの
⑥逢—逢〔あ〕ふしもの
⑦悟—悟〔さと〕りき
⑧疎—疎〔おろそか〕なるものは
⑨云云—と云り
⑩乃—（なし）
⑪啻淨土宗—（なし）
⑫攝—攝するに
⑬二門—二門おば
⑭文是也—といへり
⑮宗—宗にも
⑯〔云…淨土〕—聖道を修してえがたくは、淨土に生ずべしと云へり
⑰願我臨欲命終時—願〔はく〕は我れ命終せむと欲〔ほ〕する時に臨て、盡〔ことごと〕く一切の諸の障碍を除く。面〔おもて〕に彼〔か〕の佛阿彌陀を見〔み〕たてまつりて、卽ち安樂國に往生を得〔う〕
⑱云云—と云〔いへ〕り
⑲〔達磨宗…聖道也〕—（なし）

也。不レ明二卽身頓悟之旨一、不レ說二歷劫迂廻之行一、說下娑婆之外有二極樂一、我身之外有中①阿彌陀上、而明乙可レ願下厭二此界一生二彼國一得中②無生忍上之旨甲也。善導釋曰、定散等廻向、③速證無生身。云④云

凡此經⑤遍說二往生行業一。則初說二定散二善一、惣與二一切諸機一、次簡⑥二念佛一行一、別流二通未來群生一。故經云、⑦佛告阿難汝好持是語。等⑧云云 善導釋レ之言、⑨⑩從佛告阿難汝好持是語已下、正明下付二屬彌陀名號一流中通於遐代上。等⑪云云 然者依二此經意一、今捨二聖道一入二念⑫佛一也。就二其往生淨土一亦⑬其行是多。依レ之善導和尚立二專雜二修一、判二諸行勝劣得失一給。則此經疏云、就⑭行立信者、然⑮行有二二種一、一正行、二雜行。云⑯云 專修二彼正行一云二專修行者一、不レ修⑰二正行一而修二雜行一、申二雜修者一也。付二其專雜二修⑱得失一、今私料簡有二五義一。一親疎對、二⑲遠近對、三有間無間對、四廻向不廻向對、五純雜對也。初親疎對者、修二正行一、親二于阿彌陀佛一、修⑳二雜行一疎㉑二於彼佛一。則疏云、㉒衆生起レ行口常稱レ佛、佛卽聞レ之、身常禮二敬佛一、佛卽見レ之、心常念レ佛、佛卽知レ之、衆生憶二念佛一者、佛亦憶二念衆生一、彼此三業不二相捨離一、故名二親緣一也㉓。云㉔云 其雜行者口不レ稱レ佛者、佛卽不二聞給一、身不レ禮レ佛者、佛卽不二見給一、心不レ念レ佛、佛不二知召一、不レ憶二念佛一者、佛又不二憶念一㉕彼此之三業常捨離、故名レ疎也。次近遠對者、正行近二彼佛一、雜行遠二彼佛一也。疏又云、衆生欲レ見レ佛、佛卽應レ念現在二目前一、故名二近緣一。云㉖云 雜㉗行之者、㉘不レ欣二奉見一レ佛、佛卽不二應レ念給一、不下現二目前一給上、故名レ遠也。但常義申二親近一者、聞㉙二一事樣一善導和尚親與㉚レ近如レ此別㉛物釋給。

依テレ之今又分テ二親近ヲ一爲レ二ト也。次ニ有間無間對トハ者、無間トハ者修ニハ二正行ヲ一於テ二彼佛ノ一憶念無間ナルヿ。故ニ文ニ云憶念不斷名爲無間ト是也。有間トハ者、雜行ノ之者阿彌陀佛ニ懸レ心事間多キカ故ニ、文ニ云(二)、心常間斷一ト是也。次ニ迴向不迴向對トハ者、㉜正行ノ者ハ不レモ用二迴向ヲ一、自然ニ成ル二往生ノ業ト一。卽疏ノ第一ニ云、㉝今觀經ノ中ノ十聲稱佛ハ、卽有二十願十行具足一、云何具足スル、言二南無ト一者、卽是レ歸命、亦是發願迴向ノ之義ナリ。言ハ二阿彌陀佛ト一者、卽是レ其ノ行ナリ。以テノ二斯義ヲ一故ニ必

①阿彌陀―阿彌陀佛
②無生忍―無生忍おも
③〔定散…無生身〕―定散等〔ひと〕しく迴向して、速〔すみや〕かに無生の身を證せよ
④云云―といへり
⑤說―說〔とけ〕り
⑥簡―選〔えらびて〕
⑦〔佛告…是語〕―佛、阿難に告〔げたま〕はく、汝〔なんぢ〕好〔よ〕く是の語を持てと
⑧等 云云―と等〔ら〕云〔のたまへり〕と
⑨言―云く
⑩〔從佛告…遐代〕―佛告阿難汝好持是語より已下、正しく彌陀の名號を付屬して、遐代に流通することを明〔か〕すと
⑪等 云云―と等〔ら〕云〔いへ〕り
⑫念佛―淨土の一門に
⑬亦―又
⑭〔就行…雜行〕―行につきて信を立〔た〕つといふは、行に就〔つ〕きて二種有り。一には正行、二には雜行
⑮然―就
⑯云云―と云〔いへ〕り
⑰正行―正行おば
⑱修―種
⑲遠近―近遠
⑳修―修すれば
㉑疎―疎なり
㉒〔衆生…親緣也〕―衆生行を起〔お〕こすには、口に常に佛を稱〔とな〕へよ。佛卽之〔これ〕を聞〔き〕こしめす。身〔み〕に常〔つね〕に佛を禮敬すれば、佛卽之を見〔み〕そなはす。心に常に佛を念ずれば、佛卽ち之〔これ〕を知〔し〕ろしめす。衆生佛を憶念すれば、佛亦〔また〕衆生を憶念したまふ。彼此の三業相〔あひ〕捨離せず。故に親緣（と）名（づ）く。
㉓也―（なし）
㉔云云―と云
㉕之―（なし）
㉖云云―と云り
㉗雜行之者〔のは〕―雜行者〔は〕
㉘不欣奉見佛―佛を見たてまつらむとねがはざれば
㉙聞一事樣―一事のやうにこそは聞〔きこゆ〕れども
㉚親與近如此―親と近とのごとしと
㉛別物―別しては
㉜正行〔の〕者〔は〕―正行は
㉝〔今觀經…必得往生〕―今觀經の中に十聲稱佛すれば、卽ち十願十行有〔あ〕て具足す。云何〔いかんぞ〕具足。南無と言〔い〕ふは卽是歸命なり、亦〔また〕是れ發願迴向の義也〔なり〕。阿彌陀佛と言〔い〕ふは卽（ち）是れ其〔そ〕の行なり。斯の義を以（て）の故に必ず往生を得〔う〕

得二往生一。云々① 廻向②者必用二廻向一時成二往生業一、若不二廻向一者不レ成二往生業一、故文云二③雖可廻向得
生一是也。次純雜對者、正行純④極樂行也、不レ通二餘人天及三乘等業一、不レ⑤成二十方淨土業因一、故名レ
純。雜行非二純⑥極樂行一、通二人天業因一、通二三乘得果一、亦⑦成二十方淨土往生業因一故云レ雜也。然以二此
五相對一判二二行一、願二西方往生一捨二雜行一可レ修二正行一也。又善導和尚往生禮讃序、判二此專雜得失一
給。專修者十卽十生、百卽百生、雜修者百之⑧一二、千之⑨五三。云々⑩ 何以故云⑪、專修者⑫無二雜緣一得⑬二
正念一故、又相二應彌陀本願一故⑭、⑮又⑯隨二順⑰釋迦佛語一故。云々⑱ 雜修者雜緣亂⑲動失二正念一故、又與二佛
本願一不二相應一故、又不レ⑳隨二佛語一係念不二相續一故、廻願不二慇重眞實一故、乃至與二名利一相應故、非レ㉑
障二自往生一、障二他往生正行一故。云々㉒ 加レ之、㉓卽此文次云㉔、㉕豫比日見二聞諸方道俗一、解行不同專
雜有レ異。然專修者㉖十卽十生、雜修者㉗千中無レ一。云々㉘ 以二前義一而判候、雖下許二千中五三一給上、今
㉙正見無レ一宣給也。其時行者無二㉚雜行往生者一候。㉛増彌時機下當世行者、雜行往生云事
㉜思可レ絶事也。設又可二往生一、百中一二、千中五三之內候。㉝極不定事也。聞二㉞百人九十九人往生、
今一人不レ㉟生、若有下當二其一人一之身上㊱而不審㊲可レ覺。何況、云下㊳百之一二之內一定可レ入上事難
候。然者不レ可下捨二百卽百生之專修一、而執中千中無一之雜行上。唯一向修二念佛一可レ捨二雜行一也。是則
此經大意也。望佛本願意在衆生一向專稱彌陀佛名。云々㊴ 返々仰二本願一可二念佛一也。㊵仰願云々

①云々—（なし）
②廻向者—不廻向といふ。雑行は
③云雖可廻向得生—廻向して生を得〔う〕べしといゑどもと云〔いへる〕
④純—純に
⑤不成十方淨土業因—又十方淨土の業因ともならず
⑥純—純に
⑦亦—又
⑧百之一二—百に一二
⑨千之五三—千に五三
⑩云云—云へり
⑪云—（なし）
⑫無—なし
⑬得—えたるが
⑭故—ゆへに、又釋迦の教にたがはざるがゆへに
⑮又—（なし）
⑯隨順—隨順せるが
⑰釋迦—（なし）
⑱云云—と云へり
⑲亂動—亂動す
⑳不隨佛語—佛語にしたがはざるがゆへに、又釋迦の教に違するがゆへに、
㉑非障自往生—又自の往生を障のみにあらず
㉒云云—云へり
㉓即此文次—やがてその文のつゞきに
㉔云—（なし）
㉕豫—餘
㉖十郎十生—十は十ながら生じ
㉗千中—千が中に
㉘云云—のたまへり
㉙正見—正見〔しやうけん〕には
㉚雜行—雜行にて
㉛候—候なれ
㉜思可絶事—おもひすつべき事
㉝候—候はむずれ
㉞聞—きかむだにも
㉟不生—すまじと
㊱身—身にてもや
㊲不審—不審に不定に
㊳云—おもはむ
㊴云云—と云り
㊵仰願 云云—（なし）

山田恵文（やまだ　けいぶん）

擬講。1970（昭和45）年、三重県に生まれる。1993（平成５）年、立命館大学文学部文学科中国文学専攻卒業。1999（平成11）年、大谷大学大学院文学研究科博士後期課程真宗学専攻満期退学。2002（平成14）年、課程博士（文学）。同年、大谷大学短期大学部助手。同講師、文学部講師を経て、2017（平成29）年、大谷大学文学部准教授。2022（令和４）年、同准教授退任。同年、大谷大学非常勤講師。三重教区三重組安正寺住職。専門は真宗学。主な論文に「漢訳〈無量寿経〉における生因願と重誓偈について」（『真宗研究』第58輯）、「親鸞と『西方指南抄』―「勢至」に関する言説を巡って―」（『親鸞教学』第107号）、「「獲得名号自然法爾御書」の考察―特に「獲得名号」の因果を巡って―」（『親鸞教学』第114号）など。

『西方指南抄《さいほうしなんしょう》』序説《じょせつ》

二〇二四（令和六）年七月　五日　発行
二〇二四（令和六）年七月十七日　開講

著者　山田恵文

編集　真宗大谷派宗務所教育部

発行者　木越渉

発行所　東本願寺出版（真宗大谷派宗務所出版部）
京都市下京区烏丸通七条上る（〒六〇〇―八五〇五）
電話（〇七五）三七一―九一八九（販売）

印刷所　中村印刷株式会社

ISBN978-4-8341-0690-9　C3015